中国社会科学院创新工程学术出版资助项目

当 代 中 国 社 会 变 迁 研 究 文 库

# 县域社会现代化：太仓故事

王春光 等◎著

Social Modernization:
Taicang Story

社会科学文献出版社
SOCIAL SCIENCES ACADEMIC PRESS (CHINA)

# 总序
# 推进中国社会学的新成长

中国社会学正处于快速发展和更新换代的阶段。改革开放后第一批上大学的社会学人，已经陆续到了花甲之年。中国空前巨大的社会变迁所赋予社会学研究的使命，迫切需要推动社会学界新一代学人的快速成长。

"文化大革命"结束后，百废待兴，各行各业都面临拨乱反正。1979 年 3 月 30 日，邓小平同志在党的理论工作务虚会上，以紧迫的语气提出，"实现四个现代化是一项复杂繁重的任务，思想理论工作者当然不能限于讨论它的一些基本原则。……政治学、法学、社会学以及世界政治的研究，我们过去多年忽视了，现在也需要赶快补课。……我们已经承认自然科学比外国落后了，现在也应该承认社会科学的研究工作（就可比的方面说）比外国落后了"。所以必须急起直追，深入实际，调查研究，力戒空谈，"四个现代化靠空谈是化不出来的"。此后，中国社会学进入了一个通过恢复、重建而走向蓬勃发展和逐步规范、成熟的全新时期。

社会学在其恢复和重建的初期，老一辈社会学家发挥了传帮带的作用，并继承了社会学擅长的社会调查的优良传统。费孝通先生是我所在的中国社会科学院社会学研究所第一任所长，他带领的课题组，对实行家庭联产承包责任制后的农村进行了深入的调查，发现小城镇的发展对乡村社区的繁荣具有十分重要的意义。费孝通先生在 20 世纪 80 年代初期发表的《小城镇　大问题》和提出的乡镇企业发展的苏南模式、温州模式等议题，产生广泛的影响，并受到当时中央领导的高度重视，发展小城镇和乡镇企业也随之成为中央的一个"战略性"的"大政策"。社会学研究所第三任所长陆学艺先生主持的"中国百县市经济社会调查"，形成了 100 多卷调查著作，已建立了

60 多个县（市）的基础问卷调查资料数据库，现正在组织进行"百村调查"。中国社会科学院社会学研究所的研究人员在 20 世纪 90 年代初期集体撰写了第一本《中国社会发展报告》，提出中国社会变迁的一个重要特征，就是在从计划经济走向社会主义市场经济的体制转轨的同时，也处于从农业社会向工业社会、从乡村社会向城市社会、从礼俗社会向法理社会的社会结构转型时期。在社会学所的主持下，从 1992 年开始出版的《中国社会形势分析与预测》年度"社会蓝皮书"，至今已出版 20 本，在社会上产生较大影响，并受到有关决策部门的关注和重视。我主持的从 2006 年开始的全国大规模社会综合状况社会调查，也已经进行了三次，建立起庞大的社会变迁数据库。

2004 年党的十六届四中全会提出构建社会主义和谐社会的新理念，这标志着一个新的发展时期的开始，也意味着中国社会学发展的重大机遇。2005 年 2 月 21 日，我和我的前任景天魁研究员为中央政治局第二十次集体学习作"努力构建社会主义和谐社会"的讲解后，胡锦涛总书记对我们说："社会学过去我们重视不够，现在提出建设和谐社会，是社会学发展的一个很好的时机，也可以说是社会学的春天吧！你们应当更加深入地进行对社会结构和利益关系的调查研究，加强对社会建设和社会管理思想的研究。"2008 年，一些专家学者给中央领导写信，建议加大对社会学建设发展的扶持力度，受到中央领导的高度重视。胡锦涛总书记批示："专家们来信提出的问题，须深入研究。要从人才培养入手，逐步扩大社会学研究队伍，推动社会学发展，为构建社会主义和谐社会服务。"

目前，在恢复和重建 30 多年后，中国社会学已进入了蓬勃发展和日渐成熟的时期。中国社会学的一些重要研究成果，不仅受到国内其他学科的广泛重视，也引起国际学术界的关注。现在，对中国社会发展中的一些重大经济社会问题的跨学科研究，都有社会学家的参与。中国社会学已基本建立起有自身特色的研究体系。

回顾和反思 20 多年来走过的研究历程，社会学的研究中也还存在不少不利于学术发展的问题。

一是缺乏创新意识，造成低水平重复。现在社会学的"研究成果"不可谓不多，但有一部分"成果"，研究之前缺乏基本的理论准备，不进行已有的研究成果的综述，不找准自己在学科知识系统中的位置，没有必要的问题意识，也不确定明确的研究假设，缺少必需的方法论证，自认为只要相关的问题缺乏研究就是"开创性的""填补空白的"，因此研究的成果既没有学术积累的意义，也没有社会实践和社会政策的意义。造成的结果是，低水平重复的现象比较普遍，这是学术研究的大忌，也是目前很多研究的通病。

二是缺乏长远眼光，研究工作急功近利。由于科研总体上资金短缺，很多人的研究被经费牵着鼻子走。为了评职称，急于求成，原来几年才能完成的研究计划，粗制滥造几个月就可以出"成果"。在市场经济大潮的冲击下，有的人产生浮躁情绪，跟潮流、赶时髦，满足于个人上电视、见报纸、打社会知名度。在这种情况下，一些人不顾个人的知识背景和学科训练，不尊重他人的研究成果，不愿做艰苦细致的调查研究工作，也不考虑基本的理论和方法要求，对于课题也是以"圈"到钱为主旨，偏好于短期的见效快的课题，缺乏对中长期重大问题的深入研究。

三是背离学术发展方向，缺乏研究的专家和大家。有些学者没有自己的专门研究方向和专业学术领域，却经常对所有的问题都发表"专家"意见，"研究"跟着媒体跑，打一枪换一个地方。在这种情况下，发表的政策意见，往往离现实很远，不具有操作性或参考性；而发表的学术意见，往往连学术的边也没沾上，仅仅是用学术语言重复了一些常识而已。这些都背离了科学研究出成果、出人才的方向，没有能产生出一大批专家，更遑论大家了。

这次由中国社会科学院社会学研究所学术委员会组织的"当代中国社会变迁研究文库"，主要由社会学研究所研究人员的成果构成，但其主旨是反映、揭示、解释我国快速而巨大的社会变迁，推动社会学研究的创新，特别是推进新一代社会学人的成长。

李培林

2011 年 10 月 20 日于北京

# 目　　录

# 图目录

# 表目录

# 导　论

太仓曾是皇帝粮仓，历史上相当富庶。到了计划经济时代，太仓虽然仍保持着江南粮仓的地位，但是，相当缓慢的现代化进程使其基本上还处于农业社会状态，人们过着温饱不愁、没钱可花、商业并不发达的生活。由于紧邻我国最大的工业城市上海，早在中国开启改革开放之前，太仓已经嗅到了工业化的气息，开始摸索乡村工业化道路。太仓与周围许多县、市一道，趁着改革开放之势，蓬勃发展乡镇企业，诞生了闻名中外的苏南发展模式。太仓的工业化发展不但引起经济学家的关注，也吸引了许多社会学家的目光。20 世纪 80 年代初，著名的社会学家费孝通先生就深入太仓、吴县、昆山等地，开展苏南模式和小城镇研究。1992 年，中国社会科学院社会学研究所与太仓市委、市政府结成合作研究伙伴，共同设立了"中国社会科学院社会学研究所太仓社会经济研究中心"。自中心成立以来，中国社会科学院社会学研究所与太仓市展开了多项合作研究，出版和发表了一系列有关太仓社会经济的研究成果。2012 年我们又与太仓市达成共同研究太仓社会现代化的协议，从 2012 年到 2013 年，先后派出 10 多名中青年研究人员对太仓展开深度的田野调查，并在此基础上撰写了本书。

虽然研究人员中的大多数并不是自 1992 年起就一直关注太仓 20 多年来的发展历程，但是，项目主持者却有着这样的全程经历。1992 年初到太仓，我们为当地乡镇企业的蓬勃发展而惊叹，特别是参观了王秀村和马北村后。那里的老百姓住上了楼上楼下电灯电话的崭新民居，我们首先想到的是，20世纪 50 年代的共产主义理想似乎已经在那里实现，这似乎给中国其他地方点亮了一盏希望之灯。事实也是按这样的想法进行的：全国许多地方的农村乃至政府纷纷派人到苏南参观和考察，仿照苏南发展乡镇企业的模式搞建设，呈现"处处点火、村村冒烟"的农村工业化景象。但是，成功者并不多，大多数以失败告终，欠下不少债务。这就提出了一系列的问题：太仓这样的苏南工业化、现代化模式是否具有可复制性？如果可复制，需要具备什么样的条件？如果不可复制，原因是什么？农村发展企业是否只需要资金、技术、土地和市场？为什么太仓具备这些要素而其他许多农村就不具备呢？通过对太仓过去20多年的观察、研究，我们认为，所有经济要素并不都具有纯粹的经济性，必然与当地的社会、文化、政治、传统、教育乃至地理环境密切有关。如果没有相应的激发经济现代化、农村工业化的社会、文化、政治、传统、教育等因素的话，经济现代化和工业化就难以实现、难以成功。我们能否把非经济因素也当作社会现代化的因素呢？如果是，为什么在工业化早期太仓农村就已经具备这样的因素呢？这就落入了马克斯·韦伯新教伦理研究的命题中，或者落入了"先有鸡还是先有蛋"的哲学陷阱。虽然我们不想在这个圈子里打转，但必须意识到农村工业化并不是一个纯经济现象，或者说首先不是一个纯经济现象。因此，我们不能不从更宽的角度和视野去观察、思考和分析太仓的经济发展与进步。这样的思路不仅对剖析太仓的经济发展有价值，而且也有助于去观察中国改革开放30多年来的发展。也就是说，我们的研究从太仓出发，但我们的视野不限于太仓，而是中国乃至世界的发展和变化。

对过去30多年中国经济社会中发生的变化，最常用的说法就是"现代化建设"，这是被中外所认可了的事实，几乎没有受到什么质疑。但是，什么是现代化，我们每个人并不能很清楚地说出来，甚至学术界也争议不断，因为"现代化概念的普及绝不是因为它作为学术交流的工具而具有的清晰性和准确性，而是因为它有能力揭示那些用来概括十八世纪末和十九世纪随着工业化和民族国家的兴起而产生的社会生活各种转变的含糊和笼统的想象。诚然，这些想象已被证明有充分的说服力，以致无人否认'现代化'这个概念所表达的现象确实存在"①。太仓作为中国东部一个发达的县级市，过去30多年间发生的变化合乎人们对现代化的"含糊和笼统的想象"，也印证了中国现代化的建设历程：从社队企业开始的农村工业化，带动了小

①  迪恩·C.普蒂斯：《现代化理论与社会比较研究的批判》，载西里尔·E.布莱克编《比较现代化》，杨豫、陈祖洲译，上海译文出版社，1996，第93页。

城镇发展；招商引资，进入工业化后期，小城镇演变成了城乡一体化的具有中等规模的大城市。在过去 20 多年中，我们目睹了太仓翻天覆地的变化，一座座高楼，一条条江南少见的平坦宽敞的马路，一栋栋别墅，一排排标准化的厂房，一片片绿地公园，让人仿佛觉得到了欧洲某个国家。连太仓人也自诩的欧洲般的环境，让德国企业家愿意将工厂设在太仓，出现了一个德资企业群。对这种现象，不用"现代化"还能用其他什么更确切的语言来表达呢？江苏省委和省政府明确要求苏南地区在 2015 年基本实现现代化。我们提出的问题是，如何看待这样的现代化？尤其是如何看待社会现代化？

## 第一节　现代化与社会现代化

现有的研究文献都没有将社会现代化与其他现代化进行清晰的区分，往往将两者混同使用。百度中是这样界定社会现代化的："社会现代化是指人们利用近、现代的科学技术，全面改造自己生存的物质条件和精神条件的过程。狭义的社会现代化指的是工业化和民主化。社会现代化的过程一般认为开始于 17～18 世纪的英国资产阶级革命、工业革命和法国大革命，19 世纪扩展到欧洲大部分地区和北美地区，至 20 世纪 60 年代成为一股世界性的潮流。"[①] 实际上我国是与世界同步提出现代化的：1954 年第一届全国人民代表大会首先提出实现四个现代化的口号，即工业现代化、农业现代化、交通运输业现代化和国防现代化；1964 年第三届全国人民代表大会上，周恩来在《政府工作报告》中将四个现代化改为现代工业、现代农业、现代国防和现代科学技术，没有了交通运输业现代化一说；1979 年邓小平重提周恩来的四个现代化，并将在 20 世纪末中国国民生产总值达到人均 1000 美元视为中国现代化建设的阶段性成果——"小康之家"。西方的现代化理论大多由社会学家、历史学家、政治学家提出来，没有将社会现代化作为现代化中的独立现象进行讨论和分析。事实上，西方学者大都认为，现代化就是社会现代化，两者没有根本的区别。这就给我们研究太仓的社会现代化带来理论的困惑：社会现代化究竟有何所指？社会现代化在现代化中处于什么样的理

---

① http://baike.baidu.com/view/183625.htm。

论位置？因为确实很难从现代化中分离出社会现代化、经济现代化及其他现代化，我们提出的问题是不是真问题？为了使我们的研究具有坚实的、清晰的理论基础，有必要从西方现代化理论中寻找依据，结合太仓过去 30 多年的发展历程来剖析其社会现代化进程。

## 一 现代化理论诞生的两条线索

现代化理论的诞生有两条线索，一条是对欧美近代发展的透视和概括，另一条是对发展中国家发展的注视和分析。

近现代西方社会科学和人文科学的重要使命就是解释和分析它们所处时代出现的社会、经济、政治和文化变迁，尤其解释欧洲启蒙运动以来围绕西方社会乃至整个人类社会发展而展开的长时间的争论和研究。按美国社会学家布莱克的分析，在对近代以来社会发展的反思过程中，首先是用进步的概念取代神学的解释，认为进入欧洲近代后是理性力量驱动社会的进步和发展；其次是用精神理念来解释人类社会发展，如哲学家黑格尔将历史看作是自由原则这样的精神理念在不断冲破给它设置的障碍中取得发展的过程；马克思用经济基础与上层建筑的辩证法解释欧洲的社会发展。所有这些研究都以近代西欧社会发展为模板，无形中奠定了一种"西方种族中心论"的西方化或西方文明的观点，"西方仍然被认为是决定性地取代着世界上其他各地的传统文化"[①]。因此，西方一些学者曾将欧洲近代发展概括为"西方化"，直到 20 世纪 50 年代人们才找到一个被绝大多数人认可的解释和分析框架——现代化。

现代化理论产生的另一个动力源自西方学者乃至一些发展中国家的学者对发展中国家的注视和解释。20 世纪五六十年代，美国一些社会学家越过欧美国家，将眼光瞄向非欧美国家的发展。这些学者用现代化理论取代过去的西方化观点，解释西方社会近代以来的进步和发展，并为非西方社会提供了所谓的发展路径——按西方社会那样去做就可以实现现代化。特别是对那些研究发展中国家发展问题的学者来说，现代化专指发展中国家的发展过程，而欧美已经实现了现代化，因此，不存在现代化问题了。所以，在他们看来，现代化理论虽然是从欧美发展中总结出来的，但是主要用于解释和指

---

① 西里尔·E. 布莱克编《比较现代化》，杨豫、陈祖洲译，上海译文出版社，1996，第 3 页。

导发展中国家的发展，而与欧美发达国家的发展没有什么关系。在这个意义上，现代化理论被视为一种发展理论。

## 二　现代化理论的具体内涵和变化

现代化理论的影响依然很大，特别是发展中国家都在以自己的方式有选择性地采用现代化理论的一些观点。改革开放后中国重新提出现代化建设，学术界对现代化研究开始活跃起来，并对现代化理论的内涵做了系统的介绍和梳理，其中，历史学家、北京大学教授罗荣渠的研究最有影响。罗荣渠教授将中外庞杂的现代化定义进行了归纳，指出迄今有关现代化的定义可分为四大类：第一类定义认为，在近代资本主义兴起以后，现代化是经济上落后的国家如何通过技术革命从经济和技术上赶上世界先进水平的历史过程。从这一观点来看，现代化是指发展中国家追赶发达国家的过程，不包括发达国家从近代以来出现的工业化、城市化过程，后者已经成为前者的标杆。这类定义是针对非发达国家而言的。第二类定义认为，现代化就是工业化，是指人类社会从传统的农业社会向现代工业社会转变的历史过程。这一定义自然也包括发达国家的工业化进程，而不仅仅限于发展中国家的工业化过程。第三类定义把科学革命以来人类急剧变动的过程统统视为现代化。第四类定义认为，现代化代表了我们这个历史时代的一种"文明的形式"。后三类定义并没有将发达国家与不发达国家区别对待，而是笼统地将所有人类社会由科技进步而带来的所有变化过程（如工业化、城市化以及其他文明形式）都视为现代化。作为历史学家，罗荣渠教授显然更多的是从历史进程中把握现代化的定义并进行分类，但对这个过程中的许多变化属性（所谓现代性）等关注不够，而社会学家和政治学家却更关注现代性在现代化定义中的作用。

现代化是一个从传统社会向现代社会转变，最终实现具有现代性的社会的过程。在这个过程中，科技知识的进步起到关键性作用，社会的组织形式发生了明显的变化。美国政治学家塞缪尔·P. 亨廷顿认为："大多数现代化理论家主张现代社会和传统社会的主要区别在于现代人对其自然环境和社会环境有更强的控制能力。而这种控制能力又建立在科学和技术知识扩大的基础上。"[①] 还有

---

① 塞缪尔·P. 亨廷顿：《导致变化的变化：现代化、发展和政治》，载西里尔·E. 布莱克编《比较现代化》，杨豫、陈祖洲译，上海译文出版社，1996，第42页。

一些研究者列举了传统社会与现代社会的不同特点。按亨廷顿的说法，弗兰克·萨顿对这两个社会的特点的概括（见表 0－1）"被大多数人普遍承认"①。"'传统'社会和'现代'社会的区别，是从 M. 韦伯和 T. 帕森斯等人的理论中推演出来的。"② 在韦伯和帕森斯看来，现代社会与传统社会的最大区别在于社会组织原则的不同，传统社会更多是采用特殊性、先赋性等原则组织起来的，而现代社会则是通过普遍性、获致性原则组织起来的。帕森斯用五对变量来区分传统与现代，与萨顿的区分有着明显的相似性。中国哲学家梁漱溟所说的中国以职业分立为特点，与西方的以阶级分化为特点不同，在一定程度上也道出了中国作为一个传统社会与西方现代社会的差别。

表 0－1　农业社会与工业社会的区别

| 农业社会（传统社会） | 工业社会（现代社会） |
|---|---|
| 1. 以归属性、维护自身利益和泛能型式为主 | 1. 以全体性、专门性和成就决定地位的准则为主 |
| 2. 稳定的地方群体和有限空间的流动 | 2. 高度的社会流动（指一般意义上的流动，未必是"垂直流动"） |
| 3. 比较简单和稳定的"职业"分化 | 3. 完善的职业体制，与其他社会结构无关 |
| 4. 泛能作用的"低差异"的分层 | 4. 以职业成就的一般化型式为基础的"平等的"阶级体制 |
|  | 5. 具有特殊功能的、独立的结构（即"协会"）盛行 |

尼日利亚政治学教授詹姆斯·奥康内尔从三个方面阐释现代化的内涵：一是因果分析法是现代化的核心，这实际上是一种科学技术发明创造的方法；二是工具和技术的大量增加；三是社会结构的灵活性和连续性的认同。"一个社会若要充分现代化，就必须对自己充满信心，对欢迎变革的社会成员抱有信心，对可以加以改造而不至于被破坏的社会结构抱有信心。"③ 鲁道夫夫妇很具体地描述了现代性的内涵："'现代性'意为：地方纽带和地

---

① 转引自塞缪尔·P. 亨廷顿《导致变化的变化：现代化、发展和政治》，载西里尔·E. 布莱克编《比较现代化》，杨豫、陈祖洲译，上海译文出版社，1996，第 42 页。表 0－1 中的表述比较拗口，可能是由于翻译的问题，但是仔细琢磨，基本意思还是可以理解的。

② 科林·莱斯：《塞缪尔·亨廷顿与"经典"现代化理论的终结》，载亨廷顿等《现代化：理论与历史经验的再探讨》，张景明译，上海译文出版社，1993，第 374 页。

③ 詹姆斯·奥康内尔：《现代化的概念》，载西里尔·E. 布莱克编《比较现代化》，杨豫、陈祖洲译，上海译文出版社，1996，第 25～29 页。

区性的观点让位于全球观念和普世态度；功利、计算、科学的真理压倒了感情、神圣和非理性的思想；社会和政治的基本单位不是集体而是个人；人们在生活和工作中的相互联系不是依据出身而是选择；他们以主宰者的态度而不是用听天由命的态度去对待物质环境和人类环境；认同是被选择和被获得的，而不是被硬性确定和被认定的；工作在行政组织中进行，而不在家庭、住所或社区中进行；成年期被推迟，年轻人准备承担他们的任务和责任；人类的寿命延长，但即使如此，他们将把很多权力交给年轻人，男人将他们的权力交一些给妇人；人类不再作为种族分开而是在社会和政治中认识到共同的人性；政府再也不是超人的权力象征，不让普通人进入，而是以参与、允诺和对公众负责作为它的基础。"①

　　不论是韦伯、帕森斯，还是萨顿、奥康内尔、鲁道夫夫妇，现代化理论家们对现代社会或现代化都有一些共同的看法：随着科技的创新和发明，人类对环境的控制能力显著提高，从而影响到社会组织形式、职业结构、权力结构、男女结构乃至健康和生命。但现代社会不是突然就达成的，也不是完全与传统社会断裂的，而是通过一个较长时间的演变过程而实现的，因此，亨廷顿认为，对现代化过程，大多数作者或明或暗地达成了对九个特征的一致看法：现代化是革命的过程、复杂的过程、系统的过程、全球的过程、长期的过程、有阶段的过程、同质化的过程、不可逆转的过程、进步的过程。为此，他提出了现代化的五大目标，即增长、公正、民主、稳定以及自主，"广泛接受这些目标也意味着一种美好社会的理想：富裕、公正、民主、有秩序、自己完全掌握自己的事务，简言之，酷似西欧北美已经建立的社会。落后社会是贫穷的、不平等的、压制性的、粗暴和依附于人的。发展就是从后者转变为前者的过程"②。亨廷顿认为，这五大指标在不同理论看来有着不同的关系，可区分为相容性假说、冲突理论和调和政策。但是，不管这些指标的关系如何，都说明现代化是一个不断取得进步的过程，尽管在指标实现上会有先后，甚至紧张、矛盾和冲突等问题。

---

① 转引自迪恩·C. 普蒂斯《现代化理论与社会比较研究的批判》，载西里尔·E. 布莱克编《比较现代化》，杨豫、陈祖洲译，上海译文出版社，1996，第 105～106 页。

② 塞缪尔·P. 亨廷顿：《发展的目标》，载亨廷顿等《现代化：理论与历史经验的再探讨》，张景明译，上海译文出版社，1993，第 333 页。

### 三 现代化理论遭受到的批判

现代化理论虽然影响很大，但也是受批评最多的一种理论。这些批评不仅来自现代化理论外部，而且来自其内部；不仅来自发展中国家的学者，而且来自发达国家的学者。当然，这些批评一方面扩大了现代化理论的影响，另一方面也促进了现代化理论的发展。对现代化理论的批评主要集中在两个方面：西方中心论、传统与现代二分法。

1. 对西方中心论的批判

现代化理论中最受人诟病的就是其西方中心论视角，不仅发展中国家的学者对此大加鞭伐，连西方发达国家内部的一些学者也对其进行了深刻的反思性批判。"即现代社会中确实普遍存在的一些特征与个别先进国家不同的制度传统在当代的各种变体中的那些特征之间的区别。这种批判既来自西方各社会内部，也来自那些受西方影响的其他社会。"① 美国社会学家迪恩分别从意识形态、经验主义和方法论或纯理论方面对现代化理论进行全面的批判，其核心是，现代化是西方中心论世界观的产物，"它首先从西方社会的一般形象中获得'现代性'的属性，然后又把这些属性的获得设想为现代化的标准。现代化理论家试图把对非西方社会的分析强行纳入本迪克斯所说的'欧洲经历的普罗克卢斯特床'"②。在迪安看来，这种西方中心论不利于现代化理论的学术发展。

2. 对传统与现代二分法的批判

现代化理论另一个受到广泛质疑的是将人类社会做二分法的分类和分析，提出了传统社会与现代社会、传统性和现代性。二分法认为，所谓现代社会就是具有现代性的社会，传统社会就是缺乏现代性而只有传统性的社会。"影响较大的倒是现代化理论家自信的乐观主义，在他们看来，'现代性'是善与进步的结合，'传统性'则是实现'现代性'的障碍。"③ 传

---

① 塞缪尔·P. 亨廷顿：《发展的目标》，载亨廷顿等《现代化：理论与历史经验的再探讨》，张景明译，上海译文出版社，1993，第 5 页。

② 迪恩·C. 普蒂斯：《现代化理论与社会比较研究的批判》，载西里尔·E. 布莱克编《比较现代化》，杨豫、陈祖洲译，上海译文出版社，1996，第 103 ~ 104 页。

③ 迪恩·C. 普蒂斯：《现代化理论与社会比较研究的批判》，载西里尔·E. 布莱克编《比较现代化》，杨豫、陈祖洲译，上海译文出版社，1996，第 105 页。

统性是什么呢？现代化理论没有给出一个确切的界定，而是模糊地认为，凡是不属于现代性的东西，都属于传统性，两者相互排斥。"拉斯托说，现代性'可以明确地下定义'，而'传统性却基本上仍是个残留的概念'。"①但是，人类社会实践并不如此，在西方进入现代化社会之后，所谓的非现代社会却有着巨大的差异，并不是同质的，而且，传统性并不一定与现代性不能相容共存。按以色列社会学家艾森斯达德的研究，现代性并不都像西欧、北美那样，而是多种多样的：既有基督教文化中的现代性，也有伊斯兰世界的现代性，还有儒家世界的现代性。对现代化理论二分法的批判向我们揭示了，现代化具有多样性，现代与传统、现代性与传统性并非绝对对立。实际上，现代性不可能离开传统性而出现，否则历史不可能是延续的。

### 四　现代化理论的启示和本书的理论分析架构

尽管现代化理论从其提出的那一天开始，就受到各种批评，但仍然受到学术界和各国政治家们的关注和青睐，这与其包含的一些精彩观点和分析密不可分。我们不应因其存在的一些缺陷而完全抛弃它，而应看到它之所以受重视的独特视角，去芜存菁，进行有选择的扬弃。首先，现代化并不是一些学者凭空捏造出来的概念，而是人类文明在近现代的具体体现；其次，虽然各国的现代化过程有自己的特殊性，但是也存在一些普遍性，只要进入这个进程，这些普遍性就会呈现出来；再次，特殊性与普遍性之间并不天然地对立或契合，而是一个相互建构的过程，从而造就世界的多元现代性。我们的重点不是讨论普遍性与特殊性问题，而是从现有的现代化理论中寻找分析和研究太仓社会现代化的一些独特视角和观点，当然这也是一个特殊性与普遍性的对话过程。

在这里，我们可以看到，迄今为止，有关现代化的理论都没有对现代化与社会现代化做明显的区分，在它们看来，两者似乎不应该有区别。社会现代化就是现代化，正如亨廷顿提出的五大指标有可能并不是同步达到的，现代化内部也可能存在先后、快慢的问题。从这个角度来看，我们在这里所说

---

① 塞缪尔·P. 亨廷顿：《导致变化的变化：现代化、发展和政治》，载西里尔·E. 布莱克编《比较现代化》，杨豫、陈祖洲译，上海译文出版社，1996，第52页。

的社会现代化、经济现代化、政治现代化在很大程度上都与现代化的某些目标有关系，经济现代化也许体现了增长目标，表现为工业化和经济结构的调整，社会现代化体现了公平、稳定和自主，政治现代化可以用民主这个指标来衡量。当然，这样用亨廷顿的五大指标来说明经济现代化、社会现代化和政治现代化，显然会犯过于简单化的错误，实际上，现代化是一个复杂得多的过程。另外，现代化理论以及相关的批判都无法避免寻求现代化参照系的问题：或者寻找一个现代化的社会原型代表，或者寻找一个非现代化的社会原型代表，以此说明现代化是怎么回事。尤其需要指出的是，虽然那些对现代化理论具有西方中心主义色彩的批评认为非西方社会不会照搬西方社会的现代化做法，但并不清楚非西方社会的现代化究竟是一个怎样的过程。艾森斯达德提出多元现代性，以缓解有关现代化"西方色彩"或"西方中心主义"的理论争论，但其中不少现代性内容还是具有西方社会近代以来的发展变迁属性。这不能不让人感到很难避开西方社会现代化这个门槛。

在探讨和研究中国（包括太仓）社会现代化的时候，我们必须从现有的现代化理论中去寻找思想智慧。现有的现代化理论大多是在研究西方现代化的基础上提出来的，我们既要保持高度的理性意识和反思精神，又要看到西方在现代化进程中的先行角色和经验。现代化理论揭示的是一个由科技发明和推广带来的经济发展方式、社会组织方式和能力的变化过程。据此，社会现代化就是指社会组织方式和能力的变化过程。在这里，社会是相对于政府、市场而言的，主要包括社会结构、社会组织、社区村落、家庭家族、社会关系、个人等。在社会现代化过程中，社会从隶属、依附于政府（或神权，如天主教）迈向自主、自立，成为具有与政府平等地位的主体，从原来的封闭状态迈向开放和流动的状态，从简单的、两极的社会结构转变为复杂的、多元的社会结构，从世袭等级转变为职业等级，从传统权威转变为多元权威并存。

社会现代化的一个重要方面就是社会、政府和市场三者的演变和互动关系。如果说社会现代化是一个从传统社会迈向现代社会的过程，那么，其中一个最大的变化就是社会、政府和市场这三者关系的变化。传统社会里，社会和市场隶属于政府（君权），缺乏独立性。正如英国经济人类学家波兰尼所说的："市场在各个国家内部经济中所扮演的角色，直到近代以前，都是不重要的。"① 特别是在欧洲，随着科技的发展，非生物力逐渐取代人力、畜力，社会和市场有了独立的基础，特别是经济有了快速发展，市场竞争力大大增强，从而带来社会的发展，进而有能力冲破君权、神权的监控，动摇它们的基础，于是出现了作为现代化标志的英法资产阶级革命。这实际上就是社会、市场和政府三者关系的重组和重构过程。在这个过程中，社会、市场获得了自己的独立空间和能力。英国历史学家弗格森认为，西方在现代化中能优先于非西方国家，并建立统治世界的地位，是因为具备了六大因素：竞争、科学、财产权、医学、消费社会和工作伦理。② 虽然我们很难从六大因素中区分出社会、市场和政府的关系以及它们的演变过程，但是，在弗格森看来，财产权"为最为稳定的代议制政府提供了基础"，竞争意味着"政治和经济生活的分散"，消费社会为经济发展提供了基础。从这里我们可以看到，社会、市场、国家三者之间的相对独立以及相互合作、竞争和适应，对西方文明进程起到很大的推动作用。美国政治学家布朗认为，近来的许多研究都是从经济、社会结构、政治制度和价值观念四者之间的匹配关系上探讨从传统社会向现代社会转变的现代化过程，"涉及每个成份现代化的那种变化都可简单地归纳如下：①在传统经济中，民众从事于各种形式的维持生存的农业或畜牧业。现代经济的特征是在生活资料的生产中使用科学和技术。②传统的社会结构比较简单。家庭是支配一切的社会单位，并（通过部落、家庭或封建秩序的）面对面关系作为整个社会的特征。现代的社会结构则是复杂的，官僚制度化和高度分化的。个人属于诸如工会、商会、体育协会、宗教组织等专门性协会。③传统的国家像大家庭，而现代的国家却更像是某种专门化的协会。……④传统的价值观念是家庭观念，强调个人的孝顺忠孝，试图以神秘主义、宗教和无法证明的臆测去看待和理解宇宙。……现代的价值观念是科学的价值观念。政治统治由理性的原则来证明其正确性，而不援引君权神授或世袭的原则"③。

---

① 波兰尼：《大转型：我们时代的政治与经济起源》，冯钢、刘阳译，浙江人民出版社，2007，第 38 页。
② 尼尔·弗格森：《文明》，曾贤明、唐颖华译，中信出版社，2012。
③ 伯纳德·E. 布朗：《法国的现代化》，载西里尔·E. 布莱克编《比较现代化》，杨豫、陈祖洲译，上海译文出版社，1996，第 239～240 页。

布朗的归纳说明现代化确实是一个涉及社会、经济、政治和价值变化的过程，四者并不是一种简单的对应和匹配关系，必然会经历动态的、错综的，甚至矛盾的变化。而且，布朗对传统社会与现代社会的两分刻画并不一定与现实吻合，这已经受到各种批判。因此，本书是从社会与市场、政府、价值和环境之间的变迁关系中论述社会现代化进程（见图0-1）：一方面，社会如何受政府、市场、环境乃至价值的影响不断成长；另一方面，社会如何影响政府、市场、环境与价值，从而演变为现代社会。这个进程就是社会现代化过程。

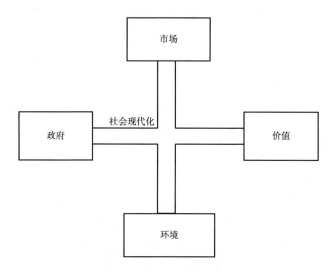

图0-1  现代化中政府、市场、价值与环境的关系

在这里，社会不是一个广义的概念，而是一个狭义的概念，主要包括社会结构、社会组织、社区、社会联系、家庭和个人等，涉及社会结构的合理性、社会流动、社会公平、社会自主、社会平等、社会团结与和谐、社会能力等问题。社会现代化不可能不受一定的市场（或经济）、政府（或政治）、环境和价值所制约，它并不像西方一些理论论述的那样是一个完全对政府进行制约、对市场进行驾驭的主动过程，而很有可能首先需要获得后者的支持，获得一定的条件才能成长起来。社会现代化需要对后者进行一定的主动制约，甚至需要抗争并突破后者的限制，当社会成长到一定阶段，才有可能催生市场、政府和环境更好地为社会提供支持而进行变迁、改革。所以，在现代化过程中，社会与市场、政府、环境、价值之间的关系既有合作又有紧

张，但最终能实现理想的相互契合。需要指出的是，在这样的历史进程中，传统性与现代性并不是一味相斥的关系。中国的现代化进程并不是按照西方社会的方式和路径进行的，原因有三：首先，现代性是在传统性的土壤中滋生出来的，这意味着传统性蕴含着一些现代性的基因或因子；其次，某些因素在传统社会中与其他因素联合成为传统社会的组成部分，在现代社会也可以与其他新的因素组合支撑现代社会的存在；再次，不同社会对现代性和传统性的看法和接受能力不同，这就决定了某些国家认为是传统性的东西在另一些国家可能被认为是现代性的，某个时期是传统性的东西在另一个时期则不是。以上三个原因是否意味着现代性与传统性在社会现代化进程中是相对的、不确定的？这取决于社会、市场、政府、环境和价值五者之间的适应度、兼容度以及社会自身的适应与发展能力。由此，我们在研究中国社会现代化进程中找到了理论创新空间。本书正是基于以上的理论知识和背景而展开的研究。当然，影响我们理论视角的最关键因素还是太仓本土社会现代化的进程和境况。

## 第二节　改革开放与太仓社会现代化

太仓市是中国改革开放后在东南沿海地区率先获得快速发展的发达县级市。从经济水平来看，太仓市位居全国十强县市区之列，2011 年 GDP 达到862 亿元，户籍人均 GDP 达 18.73 万元，常住人口人均 GDP 达 11.3 万元，达到中等以上发达国家的经济水平。太仓市户籍人口只有 46 万人左右，加上外来的常住人口，总人口接近 80 万人，区域面积 800 多平方公里。在中国，从常住人口规模来看，太仓市是一个中等规模的县级市，但从户籍人口和区域面积来看，它却是一个规模比较小的县级市。所以，太仓市属于人口少、面积小而经济强的县级市。虽然太仓在中国的 2000 多个县（含县级市、区）中并不具有普遍的代表性，但作为一个完整的县级市，其先发而出现的问题和取得的经验对中国其他县市的现代化具有"镜子"的功能，也为我们管窥中国现代化进程提供了一个鲜活的案例。

太仓的发展一直为学术界和理论界所关注，有过一些深入的调查研究和分析，但是迄今为止，这些研究大多是停留在经济发展层面的分析，或者说只关注经济现代化，把太仓发展作为苏南工业化和城市化的一个重要典型看待，而对太仓的社会现代化问题缺乏系统的深入调查和研究。"来自全国各地的 35 名专家详尽地分析了地处苏南、经济社会比较发达的太仓市 30 年的现代化发展之路，从个案中寻找苏南模式演进、升华的真谛。"① 当然，大部分学者已经意识到太仓市在经济现代化过程中出现的城乡一体化、社会事业的发展、社会福利的改善、社会组织的发展等社会现代化态势，尤其是太仓市委市政府也深深地认识到社会现代化对太仓的重要性，认为"从 2005年开始，太仓市开始了现代化建设的新征程"。"太仓市现代化的运作模式集中地选择了'三化'（即工业化、城市化和社会事业现代化）的并举推进作为走向现代化的主要通道，通过'三化'并举来实现城乡协调和经济社会协调的发展，在全面协调中逐步走向现代化。"② 江苏省已经提出 2015 年苏南率先实现基本现代化的目标，这样的现代化不只是经济方面的，更是包括社会现代化在内的全面的现代化。

从我们对现有现代化理论的梳理中可以看出，社会现代化始终伴随着经济现代化的发展而发展。一方面，经济现代化离不开社会现代化的基础；另一方面，经济现代化必然会带来社会现代化。科技知识的创新是社会现代化的重要内容，它对工业化起着关键的作用，而工业化会改变传统社会的组织方式，比如职业分化、职业活动脱离家庭场域、以成就衡量社会地位而不是以世袭决定身份高低等，这都是社会现代化的应有含义。那么，太仓的社会现代化是如何从乡镇企业甚至更早的经济发展中出现和发展的？什么样的机制和方式推进了太仓的经济发展？这些问题对我们深入解读太仓乃至苏南地区率先实现现代化目标有着重要的理论和现实意义。这里，从政府、社会、市场三者关系的角度去把握过去 30 多年太仓的现代化历程，尤其是社会现代化进程，为本书构建相应的分析架构。

## 一 总体性社会时代的社会空间

我们把太仓的现代化进程放在历史长河中去观察，就会看到中国的现代化车轮首先从珠三角、长三角等地出发，不仅仅是因为 1978 年后国家首先开放沿海地区，而且因为那里是中国近代化的诞生地，也是西方最先用坚船

---

① 陆学艺、浦荣皋主编《苏南模式与太仓实践》，社会科学文献出版社，2009，第 1 页。
② 陆学艺、浦荣皋主编《苏南模式与太仓实践》，社会科学文献出版社，2009，第 13 页。

利炮轰开中国大门的地方。1949 年后，中国的工业大多集中在上海及其周边地区，计划时代建立了系统的现代国有工业生产体系。1978 年前，国家试图用高度集权的计划方式推进现代化。在这个阶段，市场被视为资本主义标志，受到严重的扼杀，几乎没有生存的制度空间；社会被高度行政化，失去了相对独立的地位和空间。这种状况被孙立平教授称为"总体性社会"，实际上是一种没有"社会"的社会状态。在总体性社会里，经济、社会、政治和文化高度统一，所有行动都由政府来控制和安排，严重扼杀了社会的自主性和经济的独立发展能力，给中国现代化进程带来诸多消极的影响。但是，近代历史遗留下来的工业化、商业化基因潜藏在民间，农民渴望经济发展和生活富裕。由于现实生产和生活压力的倒逼，苏南广大农村地区利用作为上海腹地的有利地理位置，从 20 世纪六七十年代开始就以集体的方式兴办社队企业（也就是后来的乡镇企业）。太仓一名离休老干部对当初社队企业的兴办经过的回忆，很能说明生产和生活困难倒逼的作用。

　　1970 年开始，以"阶级斗争为纲，粮食为纲"，上面搞革命，下面抓生产。太仓过去是"一粮一棉"，各种作物都可以种，棉花、水稻四六开。之后，粮食多种，棉花就种的少了。减少棉花、油菜等作物，把湖泊填起来造田（县委书记带我们去学习吴仁宝，挑土方填湖）。棉花是经济作物，收入大，减少种植后，老百姓的收入就受影响了。当时我所在的花桥，是田多的地方，人均两亩多地，都是集体分配的；人均收入一百一二十块钱，是江苏省除市郊区（种蔬菜）之外最高的。

　　1973 年乡里建农机站，生产大队里有打水机（灌溉用）、手扶拖拉机，公社里有中型拖拉机。有了这些农机之后，带来维修问题，所以就开始办农机维修厂，公社办的。人才好多是原来打水机上的老师傅，还有 60 年代困难时期下放的一批人里面的人（里面有工人）。

　　花桥先办农机厂，之后因为每个生产队的打谷场都是泥场，粮食损失大，所以就办了窑厂，就地取材，农糠、麦秸等用来烧。大砖窑，我特地到常熟去请老师傅来建的，干部自己掏钱，请师傅吃饭都要分摊。我当时是 19 级，70 多块钱每月，其他的小乡干部都是三四十块钱。出差每天补助四毛几分钱，出县境才有。开始办社队企业之后，请师傅来要花钱，出去推销产品的时候要和人打交道，买香烟、茶叶，这些都是自己带的。老是这样，回家也不好交代，所以就用卖大粪的钱、卖废报纸的钱（预算外收入）解决请客吃饭的问题。

后来还办了个船厂，实际上就是木船的维修厂。这些厂都是和农业有关的，季节性的，赚不了多少钱，养活不了几个人，也不发工资，记工分的。公社的厂，除去吃饭钱，之后的钱按照从哪个队出来的人，就交给生产队，生产队再记工分，年终分红。后来璜泾就改了，假设40块钱，交给生产队当积累钱10元（三提五统），剩下的30元就给个人了，集体的福利还是有的。1977年分配制度调整，因为钱交给生产队，个人的积极性就不高了。

当时还生产洋钉，因为家用和集体用的洋钉很缺乏。有需求，但是需求有多大不知道，只是大体上估计。洋钉的原料——钢材也很紧张。苏州下放的知识青年很多，其中有一个是苏州城市建设院的干部子女，城建局长和我认识的，我说造房子要用钢材，问能不能支援一些。从无锡服务社买来了制钉机，找了个肯钻研的小青年来负责生产洋钉，销量倒是好的，但是原料搞不到。为了把粗的钢丝拉细，就又成立了一个拉丝厂，开始由分管思政的同志来搞，后来乡里配了一个管工业的干部。大概1974年、1975年就有了专门管工业的干部。

那时花桥乡只有100来个居民，而璜泾乡有2000多名居民（居民户口，吃国家粮的），因为有小学、初中、高中，教师多，工商所等也多。璜泾、沙溪、浮桥、双凤都是区所在地，所以大。璜泾有几个大厂，几十万的利润，其中一个是大集体（1955年工商业改造，联合起来组成的厂，县里的手工业联社下属的企业就叫"大集体"）的棉纺厂，一个是公社办的棉纺厂。国民党统治时期，璜泾中学叫王水中学，解放后改成职业中学（棉职学校，中专），校长对棉纺比较熟悉，培养了一批棉纺人才，这批人才分配到南通等地。再后来，才改成璜泾中学。花溪有个利泰纱厂，是抗战时候办的，一个大厂，50年代初期由常熟市管（常熟是市，太仓县只管农业，没有工业部门。苏州是地区，常熟也属于苏州地区。1952年前叫常熟县，1952年分成常熟市、常熟县）。1978、1979年把大集体的棉纺厂和社办的棉纺厂合并成太仓县第三棉纺织厂（第一棉纺织厂是利泰纱厂、第二棉纺织厂在城厢镇），由公社提出来，向县里打报告。合并以后，规模大，效益高，技术上依托利泰纱厂。

苏南地区各个镇的工业是从农机厂开始的，都是乡办的五小企业（小农机厂、小水泥厂、小窑厂、粮食加工厂、轧棉花厂）。最早搞社队企业的是无锡，条件很好（田少，劳动力找出路，原来工业发达，老师傅多。）我们这里原来灌溉是用牛拉水车（牛车篷，像蒙古包一样，稻草盖的，四面通风的，牛在里面拉，用轴承带动水车）。沙溪有老同志专门收集了解放前的家具、农具等，建了个类似博物馆的地方。还有人踩的水车，叫"踏水车"，两个人、三个人、四个人的都有。后来进步到水泵，用船去打水。因为打水车是季节性的，所以打米的时候，用轴承来碾米。这些都是私人的，大部分人是无锡过来的，后来本地人也开始操作了。太仓田多，以种田为主，无锡田少，外出打工的人多，出了个大资本家荣德生，带了很多人出去。乡镇企业就是这样发展起来的。（BM20120219QTXW）

当然，当时不仅公社办企业，生产队、生产大队也办企业，从这位老干部的回忆中我们可以看到，公社干部为了解决生产中出现的各种问题，兴办了与生产、生活有关的企业。表面上看，这样的企业还是由政府主导，却是由地方兴办，服务于当地的生产和生活，已经渐渐地显露出不受中央集权调控、迈向市场的趋势。地方获得了一定的自主空间和权利，带动了生产大队发展工业企业的积极性，也赋予了这样做的合法性。与此相应的是，农民可以进企业打工，地方政府有了计划外的收入和消费，产品可以自主销售。社会逐渐变得多样，各地千篇一律"以粮为纲"的做法被打破了。人民公社、生产大队和生产队办企业，需要相应的技术力量，国家下放到农村的知识青年以及从城市国有企业出来的技术人员等，成了社队企业的中坚，这是原有体制无意中为农村现代化提供的一个社会空间。由此可见，太仓社队企业在总体性社会中已经有了社会自主萌芽的空间和基础。

改革开放为社队企业发展拓展了更大的社会和市场空间，也提升了社会的自主能力。相对于温州等以民营企业为主的地区，太仓在改革初期有个更大的体制优势——社队（后来改为乡镇和村社）比私人和个体有更大的合法条件（即集体所有制），不但较容易从银行借到钱，而且更容易注册为合法企业，在市场上受到更好的保护。集体的合法性以及原有社队企业的发展经验、上海大城市的技术和市场辐射、长三角的商品经济传统等，为太仓乡镇企业发展构筑了比以前更大的社会和市场空间，村社成为苏南乡镇企业强势发展的社会空间和平台。有研究表明，20 世纪六七十年代苏南乡镇企业之所以能够发展，不在于乡镇企业有多大的竞争力，而在于"以中国乡土文化积淀为基础的村社理性在农村自主推进工业化之中的魔力"，"乡镇企业与国有企业相比有竞争力的秘密既不是企业家的能力，也不是经营机制，而主要在于村社将资源内部化地进行资本化开发形成的企业利润中隐含了以企业组织形式实现 70% 以上的社区转移收益"[①]。村社既能为乡镇企业发展提供廉价的土地、劳动力，又能为企业承担经营风险，当然企业的利益和就业机会也在社区内部获得相对公平的配置。由于乡镇企业的发展，太仓的许多农村都发展了自己的社区福利。

改革开放后，光靠农业不行。靠上海，靠发展乡镇企业，亦工亦农，农忙务农，农闲务工。一是经济发展，二是解决剩余劳动力。县里面办工业，乡里面办工业，村里办小作坊。好多乡镇到上海去找工程师、老师傅，请他们来帮忙。公共车票我们出，把他们请过来，有的还要用拖拉机把师傅拉到村里，叫"星期天工程师"。利用上海的技术和市场，发展我们的乡镇工业。

例如，太仓有个很大的企业——香塘集团，资产大概十几亿，是 80 年代后期的村办企业，老板当初是大队干部，办拖鞋厂，出口日本，90 年代后期改制。再如，雅鹿集团，原来是个乡办的小服装厂，后来同上海的人立服装厂合作，生产"人立"牌夹克衫，给上海人立服装厂交管理费。后来，发展自己的品牌，雅鹿的牌子渐渐打出来了。

1980 年左右，苏南地区财政收入第一个超过亿元的是太仓。是因为搞了个经编厂，搞化纤原料。原来太仓棉花最多达 22 万亩。"两纲"后缺棉花，搞化纤来代替棉花，也就是"的确良"。县里组织，各个公社出资，既解决了产品市场紧缺的问题，也解决了大批高中生的工作问题，他们就没有"上山下乡"。那时候，大的乡镇有钱，像璜泾，社办

---

① 温铁军等：《解读苏南》，苏州大学出版社，2011，第 26～27 页。

企业利润交给公社，公社交给县里。后来经编厂把股本逐渐还给公社了。（BM20120219QTXW）

美国学者戴慕珍教授（Jean Oi）将苏南乡镇企业发展概括为地方政府法团主义或公司主义[1]，华裔社会学家林南将此概括为地方市场社会主义[2]。他们的基本观点是，在苏南乡镇企业的发展过程中，地方政府与村社社区以及相应构建的社会关系网络对土地、资本、技术、市场起到了重要的配置作用。林南认为，在乡镇企业发展过程中，政治权力结构并不一定会随着市场转型而发生根本的变化，反而能依赖亲属网络很好地与市场机制相结合，相融共存。这就是地方市场社会主义，地方经济的组织模式、产权的归属都是集体性质，但其具体的运作已经转向市场化了。"在乡镇企业原材料来源中，县及县以上政府机构和乡（镇）、村组织分配所占的比例达到37.3%；创办企业的占地中由乡（镇）、村组织划拨的比例达到41.26%；创办企业的投资中，政府机关担保的占20.5%，乡（镇）、村用一定的财产作为担保的占17%，干部出面担保的占11%。"[3]

由此可以看到，改革开放后，太仓的乡镇企业发展与中央政府在经济发展上放权有着密切的关系。过去所有经济计划都是由中央政府制定，下达到地方政府，由地方政府去执行，这是总体性社会的特点，严重地制约了地方政府的积极性和创造力；改革开放不仅是政府向社会放权，也是上级政府向下级政府放权，在这个放权过程中，乡镇企业有了相应的发展条件和动力。总而言之，乡镇企业从原来的社队企业发展过来，借助于体制改革和政策动员，依靠地方政府和村社的支持，从而得以快速发展。乡镇企业获得发展的基本前提是：一方面，地方政府和村社为乡镇企业提供法律、体制、资金、土地、劳动力等保证；另一方面，乡镇企业的发展目标是谋求政府、社会和老百姓的富裕，从而获得强有力的政治和社会支持。由此可见，市场机制、经济理性、技术等现代性因素在太仓的乡镇企业发展过程中得以滋长、扩

[1] Oi, Jean C., "Fiscal Reform and the Economic Foundations of Local State Corporatism in China," *World Politics*, 1992, 45（2）.

[2] Lin, N., "Local Market Socialism：Local Corporation in Action in Rural China," *Theory and Society*, 1995, 24（3）：301 - 354.

[3] 转引自温铁军等《解读苏南》，苏州大学出版社，2011，第60页。

大，这一过程也带动了太仓的社会结构多样化、复杂化以及自主社会空间的形成和扩大。

## 二 向市场社会的转型

有人将中国过去30多年的社会形态划分为三类——伦理社会、市场社会和介于两者之间的中间社会，并认为中国当前正处于中间社会状态。我们认为，伦理社会还不足以解释改革前的社会形态，用总体性社会更切合现实，而市场机制在改革后渐渐地从社会中"脱嵌"成为重要的社会资源配置机制，意味着中国社会向市场社会转型。在市场社会中，"比较完备的市场体系成为配置社会资源的主导机制，市场从最初'嵌入'到传统的政治和社会关系之中'脱嵌'了出来，成为独立自主的力量"①。就太仓而言，虽然从社队企业开始，市场已经在资源配置方面起到很大作用，尤其到乡镇企业时代，作用更加明显，但是，在20世纪90年代中期以前，地方政府公司主义色彩还是相当浓厚，乡镇企业都依附在地方政府的行政力量上，行政力量与市场同时发挥着资源配置的作用。我们还不能断定这是一种市场社会形态。到了90年代中期，地方政府退出了直接参与企业的经营，而将企业直接交给了市场，乡镇企业才纷纷改制，太仓从此进入了市场社会阶段。

为什么太仓的乡镇企业到90年代中期一定要改制呢？这种改制会给社会带来什么样的影响？带着这些问题，我们请教了当地一些知情者，得到的看法大致相同：改制势在必行，但改制方式并不一定是最好的。在他们看来，从社队企业演变过来的乡镇集体企业确实存在许多个适应市场竞争的问题，不少企业陷入了经营和生存困境。石某曾在20世纪70年代末从部队转业到某集体企业工作，后来担任了该厂的书记，他回忆：

> （我们厂）转制是在1997年。当时城厢镇有好多乡镇企业，基本上是同时转制的。转制的原因包括管理松懈，物资采购方面漏洞百出，上面条条线线到厂里来吃吃喝喝（造成资金问题），等等。乡镇企业一

---

① 王永钦：《伦理社会、市场社会与中间社会》，http：//www.douban.com/group/topic/17703247/。

开始是蛮好的，后来风气不行了，银行、税务、工商、派出所等许多条条线线的人都跑到乡镇里来吃喝。转成私营之后，情况就不一样了。上面和中央应该也是考虑到这一点。当时的集体企业效益是下降的，消耗费用大，其中一部分是条条线线下来吃喝造成的，另一部分是厂里中层干部对原材料的浪费。进材料的时候，假设应该进10个杯子，他进了30个，资金一下就压住了，活钱变成了死钱；有的把产品销售出去后，钱收不回来，资金无法及时回笼。转制前，考核不严格，反正到月底会拿工资的，供销员的思想观念是，"反正是集体的、共产党的"，这样，企业效益就逐步地下来了，出现了亏损。原材料进得太多，销售后资金不回笼，管理层松懈，产品不合格增多，再加上国家的宏观调控，转制势在必行。原来我们娄东乡的工业经济很强，工业公司开大会，我坐前排，会上总讲"我们太仓电机厂是前无标兵、后无追兵"，后来就不行了，当然有多方面原因。不管从哪个角度去考虑，集体经济这种模式都是有问题的。比如说，我们生产电动机的，一张集装片，应该计算和套用一下可以出几台电机，但在集体企业中，工人根本不考虑这些，做坏了之后就算了，再拿张新的片子，造成了很大的浪费。转制之后，集装片就开始套用了，中间大电机，边上小电机，再边上还可以做变压机，这样充分利用材料，利润就上去了。私营企业可以充分利用材料，做好成本控制、精打细算，管理上也严格了。而且，工时定额也上去了，生产电动机外壳时，根据运转率和时间，用半个小时保养机床，剩下半个小时应该能生产多少的量算得很紧，这样工效就跟着上去了。但原来在集体企业则无人测算，工作马马虎虎，本来10分钟可以生产的一个外壳却要花20分钟。集体企业时，质量管理上也很松懈，坏了就坏了，没人管，后来就抓紧了，建立赔偿制度，每个车间都配了检验员。转制后需要记录台账，月底结算，做了多少工时，加工坏了多少产品，都要算清楚。还有，在设备使用上，集体的时候不好好保养，经常坏掉，私营之后就不一样了。（SQ20120215XQHQ）

显然，当时改制的背景是：1992年中央明确地提出了社会主义市场经济体制建设，在国有企业改制、市场快速发展中，集体企业的体制性缺陷显现出来，"无论是市场环境还是政策环境，乡镇企业低成本优势赖以发挥的关键机制几乎全都不复存在，而乡镇企业自身也面临着企业资本有机构成提高、社区福利开支刚性等不利因素，伴随着信贷紧缩政策的实施，乡镇企业出现了大面积的运转困难……使乡镇企业退出历史舞台的真正推动力，不是乡镇企业自身的产权明晰化要求，而是企业经营亏损情况下公司化的地方政府的'理性'"①。这里且不说乡镇企业改制的真正动力是什么，有一点是确定的，那就是政府须退出企业生产经营而让市场对企业的生产经营发挥更大的作用。

从经济学角度看，乡镇企业的改制确实有利于推进太仓的市场经济发展，但对社会的冲击是挺大的。

> 好多人一夜变成了百万、千万富翁。但是，不改（制）的话，很多厂就要垮掉。原来企业中工资体制有问题，也没有激励机制，还是绝对平均主义思想，这对企业的发展非常不利。客观上，"人不为己，天诛地灭"的规律是起作用的。利人不利己是做不到的，要利人也要利己。如果集体企业垮了，工人就没有事情可做，但是转制以后，企业保留了下来，工人工作也保住了，这对社会有好处。太仓三个大厂，垮了两个，机械厂没有改制就垮了，棉纺厂留了下来。但是，改制中确实也存在一些问题。一个镇的一个塑料厂，改制的时候，很多应收款收不回来，假设有1800万，如果打掉1/3，那么也应该是1200万，但是领导拍板后就变成600万。拍板的领导是不是得到了什么好处，谁也不知道。改制的方向没错，改制对经济发展有好处，大家的积极性被调动起来了，但是有些领导也从中为自己谋了好处。实际上，在招商引资方面也存在这个问题。用招商引资降低成本，老板得益，给领导回报。抓到的是腐败，抓不到就看到领导的政绩不错。

> 企业主要转给厂里面的几个领导，厂长、生产厂长、供销科长等。当时我是没有参加的，因为我是搞行政工作的，政工的，所以就调走了，到了某社区。这个厂现在还在，但规模很小，只有几十个人，因为小电机生产的厂家多了，竞争也多了。转制不是上面规定转给谁的，是几个人搭伙一起接手的。转制的时候，上面专门有部门下来评估，房

---

① 温铁军等：《解读苏南》，苏州大学出版社，2011，第97页。

子、机床设备、材料等都要评估。但是关上门来说，里面问题很大。好东西当报废算，产品当半成品、废品算。因此，有的人发了，现在个体搞得都不得了，他们和采购、销售的单位都很熟。是共产党为他们铺了路。现在太仓的大老板都是转制过来的。即使有的人想办厂，但是由于没有经验，搞着搞着就不行了。转制对劳动力就业有影响，有的工人年龄大了就不要了。有的企业转制后，与集体没关系了，大部分企业自己买地、造厂房、建厂。也有社区建标准厂房的，如太胜社区的民营工业园，村级经济就靠这个。2003 年的时候大拆迁，村办企业全部拆掉了。不过，没有听说给村里留下债务。（BM20120219QTLDQ）

从以上的访谈中，我们看到，改制至少从三个方面改变了太仓的社会关系形态：首先，社会分化明显加快，改制中少数人成为老板，绝大多数人从集体企业的享有者变为纯粹的打工者，有的人甚至下了岗、失了业，当地人的就业完全依赖于市场竞争，没有以前那么稳定了；其次，集体企业转变为股份制企业甚至私营企业，影响到社区、村庄的福利；再次，改制中产生的社会矛盾增加，老百姓对于改制的具体做法并不是很满意。

改制应该是失败的，把集体财产都无偿送给个人了。那时的论调是"损失比消失好"。那些人是共产党让他发财的，不是个人想当资本家。那时候可以搞股份制啊，像现在这样，但是基本上都是送的，作价很低，而且还是分几年归还。工人需要更换，除了一些技术工人和管理者外，都换上了自己的人。搞集体企业的时候，当然也是有一些问题，大家的积极性没有充分调动。当时也有人提出来搞股份制，但是像一股风，很快就消失了，没有搞起来。如果搞股份制，应该也会搞好的。转制后企业一夜之间变成个人的了，老板发了财，但是工人工资也就一个月一千来块钱，贫富差距拉大了。

由此可见，改制前，乡镇政府、村社、企业与老百姓在经济上通过集体所有制捆绑在一起，改制后，这四者出现利益分离，联系的纽带不再是集体所有制，而是市场机制：企业盈利如何与老百姓没有直接的关系，老百姓不能再靠集体身份进厂打工，而只能作为市场上的劳动力竞争就业；社区和村庄的收入不再靠企业提供，而是靠出租厂房和土地。转制后的一个时期，市场似乎成为社会资源的绝对主导机制。这显然是一种不同于以前的社会形态，是合乎市场的社会形态。

改制后，太仓市政府的经济工作重心在于利用沿江、沿上海的"双沿优势"，大力开展招商引资，"太仓市已实现了由单一所有制结构向民营、外资、新国资等的转变"。"2008 年，新增注册外资由 9.3 亿美元增至 12 亿美元，实际利用外资由 3 亿美元增至 5 亿美元，分别增加 29% 和 67%；民营经济的注册资本由 22 亿元增至 33 亿元。"① 太仓加快招商引资，加快企业发展，吸引了大量外来人口，其人数与太仓户籍人口数量相当。从乡镇企业改制、招商引资，到外来人口增多，背后的推手都是市场机制，体现了市场社会的形态和特性。

## 三 行政社会与社会建设

从社会现代化理论来看，从总体性社会向市场社会的转变是明显的社会进步，经济和社会从行政和政治权力中获得了相对的独立，开始按照自身的逻辑——市场原则、共同体原则等——运行。"与中央集权的经济规划相比，充满竞争的市场肯定贻害较浅，并且会为知识和道德上的优点提供更多的发挥余地。"② 在这一转变过程中，职业分化、阶层分化明显加快，职业体系越来越复杂，以成就为导向的社会流动形式取代了传统的以先天为依据的社会流动形式，社会结构由简单、封闭形态转变为复杂和开放形态，尤其是，人们有了更多的自由流动和选择的空间与机会。但是，市场社会并不是社会现代化的终极形态，它过度追求市场的作用，把市场视为处理社会关系的唯一手段或者主导手段，对社会的损害也是不可避免的。"我们的主题是：这种自我调节的市场的理念，是彻头彻尾的乌托邦。除非消灭社会中的人和自然物质，否则这样的一种制度不能存在于任何时期；它会摧毁人类并将其环境变成一片荒野。而不可避免地，社会将采取措施保护它自己，但是无论采取什么措施，都会损害到市场的自我调节，打乱工业生活，从而以另一种方式损害社会。正是这一两难境地，迫使市场体系的发展进入一个特定

---

① 陆学艺、浦荣皋主编《苏南模式与太仓实践》，社会科学文献出版社，2009，第 8～9 页。

② Acton, H. B., *The Morals of Markets: An Ethical Exploration*, London: Longmans, 1971.

的瓶颈，并且最终使得以它为基础的社会组织陷入了混乱"。① 在波兰尼看来，人类历史上不存在独立自主的市场，市场都是嵌入社会和政治乃至文化之中的，当市场影响过大，就会出现社会的"反向运动"。按照西方的发展经验，"反向运动"就是工人运动或社会运动等。就太仓的实践而言，政府是市场化改革的重要推手，尤其是在乡镇企业发展和招商引资方面。当然，市场也给政府的市场化改革带来一定的压力：乡镇企业竞争力下降是其经营制度不适应市场竞争的结果，市场在这里起倒逼作用；太仓利用与上海这个发达市场的地域邻近关系，可以吸引更多的外资。但是，太仓的市场发展在促进太仓经济繁荣的同时，也确实带来不少问题，贫富差距、城乡差距、村社差距不断扩大，利益分配矛盾及外来人口管理问题日益突出。这可以归纳为太仓在发展中的三大问题：城乡差别问题、外地人与本地人之间的问题、阶层关系问题。这些问题都是市场经济快速发展过程中出现的社会结构转型和社会秩序重建问题。太仓通过进一步扩大市场的作用，确实为经济发展开辟了新的动力，提高了生产要素的配置效率，但是，过度地追求经济效率，也损害了人和社会的其他一些属性，比如传统的合作关系、集体福利等，导致弱势群体在市场的竞争中难以获得有效保护，正如波兰尼对英国圈地运动的分析：在市场经济的助推下，这一运动导致英国传统乡村的瓦解和破败，"它破坏了乡村的自我防护体系，废弃了城镇建筑，大量削减了人口，将那些过度开垦的土地变成了沙地。它骚扰了居民，将他们由淳朴的农民变成了一群小偷和乞丐。虽然这仅仅在局部地区发生，但是这些小污点仍有可能集合为一场大灾难"②。虽然我们不能将太仓的市场发展与圈地运动中市场不断侵蚀乡村社会的情况相提并论，但是，过度重视市场的经济效力，必然会侵害社会的运行规则，从而导致以上所说的社会问题。

面对向市场社会转变带来的社会问题，太仓政府首先作出"反向运动"的反应，而不是像波兰尼所说的那样，以社会运动或工人运动方式作出反应。在市场社会状态中，太仓乡镇企业改制过程中出现的工人上访、农民工讨薪等问题，解决的主要行动主体是政府，一方面是因为太仓历来都是

---

① 波兰尼：《大转型：我们时代的政治与经济起源》，冯钢、刘阳译，浙江人民出版社，2007，第3~4页。

② 波兰尼：《大转型：我们时代的政治与经济起源》，冯钢、刘阳译，浙江人民出版社，2007，第31页。

政府占主导地位，社会相对比较弱，另一方面是因为太仓经济发展快，政府财力增长迅速，可以通过转移支付和增大公共服务、基础设施等的投入解决一些社会问题。在过去 30 多年，从兴办社队企业和乡镇企业，到乡镇企业改制以及招商引资等，都有太仓政府的积极行动。市场经济发展过程中出现的问题，也首先是由政府出面来解决。在这里，政府在一定程度上扮演了相当矛盾的角色：市场的催生者和社会的呵护者。进入 2000 年后，中央提出新农村建设、和谐社会建设、科学发展观，以解决市场社会面临的问题。事实上，太仓政府也有这样的需求，并先后采取了一系列的社会转型、社会秩序和社会现代化行动，比如强村并弱村、城乡一体化、公共服务均等化、撤乡并镇、撤村并村、富民强村、"政社互动"、"三社联动"以及社会建设规划等。

政府的强力行动，不但有效地遏制了市场对社会关系、社会组织以及公共利益的侵蚀，而且通过工业化、城市化和社会事业现代化这"三化"有效地推进了太仓社会现代化。当前太仓基本上实现了社会保障全覆盖、公共服务和基础设施城乡一体化、义务教育和高中教育普及、医疗服务有保障等社会现代化基本目标。在太仓，政府的作用是相当明显的，在一定程度上大大地缓解了市场产生的许多问题，同时也体现了行政社会的优势，强大的行政动员能力和资源投入，可以弥补和化解市场社会出现的贫富差距、弱势群体生存、公共利益不足、公共资源配置中"搭便车"和"公地悲剧"等问题，"由于存在着公地悲剧，环境问题无法通过合作解决，……所以具有较大强制权力的政府的合理性，是得到普遍认可的"①。

但是，在这种行政主导的社会中，由于在大多数领域存在行政逻辑替代社会逻辑现象，政府有可能不利于社会资源的配置，也会模糊政府与社会的分工，有可能将自己推向与社会、民众发生摩擦和冲突的一面，这一方面削弱了社会联系纽带、社会共同体的自主与自治能力，另一方面在资源配置上也存在低效率、不合理以及供需错位等问题。

对此，太仓市政府有清醒的认识，认为政府职能有调整的必要，"苏南现代化发展更多地依赖于强市场调节和强体制推动，政府的职能从'主角'

---

① 转引自埃莉诺·奥斯特罗姆《公共事务的治理之道》，余逊达、陈旭东译，上海三联书店，1999，第 21 页。

变成了'导演'、'监制'、'保证人'，从包揽一切具体事物更多地变成了
选择战略、制订规划、监督协调和服务保障，政府对事业的支持更多地体现
在通过政策的制定，逐步形成体制性的保证和机制性的参与，造就有利于推
动现代化的先进体制和保障发展有足够动力、活力的灵活机制"①。在社会
建设方面，太仓市推出了"政社互动"和"三社联动"的社会管理体制改
革，试图扭转政府过于强势、包揽一切而社会自治弱小的局面。

行政社会不同于总体性社会的一个重要标志是，行政社会并不排斥社会
的自主性、自治性，没有意图也没有能力将社会纳入行政控制和管理之中。
原因在于，市场社会为社会的自主性和自治性奠定了制度和观念基础：市场
的发展为人们提供了一定的自主的社会空间和社会资源，人们可以不需要求
助于政府而在市场上获得机会；与此同时，由于有了自主的社会空间和社会
资源，人们对自主的社会组织有现实的需求，一些互助性的社会组织应运而
生。当然，由于总体性社会的运行逻辑并不能在短时间内改变，因此，尽管
进入了市场经济发展时代，靠行政逻辑管理和配置社会资源的做法依旧成为
首选，因此造就了行政社会这样的社会形态。

## 四　社会现代化和现代化社会

伴随工业化、城市化，太仓经历了从总体性社会到市场社会再到行政社
会的变化。如何看待这样的变化呢？我们认为，这种变化总体上是沿着社会
现代化轨迹和按着逻辑进行的，虽然变化的形态有一定的独特性。在太仓的
不同变化阶段，我们都可以看见行政力量的主导作用，尤其是在总体性社会
阶段和行政社会阶段，即使是在向市场社会阶段的转变过程中，行政力量至
少与市场的作用具有同等的重要性。不过，行政力量在推动不同社会阶段发展
变化的过程中，想完全撤出自己的影响并非易事，转型过快容易产生经济、社
会与文化之间相互不适应问题，这也是迈向现代化的社会阵痛。在表 0 - 2
中，我们粗略地罗列了太仓从总体性社会到行政社会转变过程中一些社会基
本层面的变化情况，从中可以看出社会现代化的演进轨迹：社会结构从单一

---

① 中国社会科学院社会学研究所太仓经济社会发展研究中心：《太仓三十年现代化发展之
　　路》，载陆学艺、浦荣皋主编《苏南模式与太仓实践》，社会科学文献出版社，2009，
　　第30页。

表 0 - 2    太仓社会现代化的阶段性表现

| 社会现代化属性 | 总体性社会 | 市场社会 | 行政社会 |
| --- | --- | --- | --- |
| 身份 | 单一性:身份政治化 | 多样性:身份市场化,多种身份并存 | 主导性:身份行政化,处于主导地位,但没有垄断,其他身份仍有存在空间 |
| 职业 | 比较简单和稳定的职业分化 | 职业分化越来越复杂 | 职业分化继续朝着复杂化方向进行 |
| 社会流动 | 社会阶层结构简单,社会流动少,先赋性因素成为社会流动的决定因素 | 社会阶层分化明显,结构越来越复杂,社会流动加快,成就决定地位这样的获致性因素的作用明显增大,但是户口、行政体制依然对社会流动有着重要的影响 | 社会阶层分化中,中产阶层在扩大,成就决定地位的作用还在扩大,户口、行政体制的影响虽然在减小,但是仍然有着不可忽视的作用 |
| 家庭 | 家庭的生产功能、文化传递功能、社会联系功能被政治取代,成为纯生活和生育单位 | 家庭的生产功能获得一定的恢复,受市场的影响在扩大,成为重要的消费单位 | 家庭的传统功能在恢复,但是由于计划生育以及人口流动,家庭功能在衰减 |
| 社会联系 | 社区和社会组织政治化,社会联系单一化 | 社区出现瓦解危机,社会组织弱小,社会联系呈现断裂危险 | 社区行政化,社会组织处于萌动状态,社会联系在恢复之中,仍然薄弱 |
| 社会福利 | 单位福利、社队福利,城乡福利分割 | 单位福利缩小,集体福利减弱,外来人口没有任何福利 | 社会福利迈向城乡均衡化、体制内外均衡化,外来人口仍然处于社会福利的边缘 |
| 价值观念 | 意识形态化 | 市场化 | 多元化 |

的城乡分层、工农分层转变为多样的、多个阶层并列、中产阶层不断扩大的状态，这是所有发达国家在现代化过程中都会经历的社会现代化进程；社会流动在扩大，决定社会地位的因素由原来的政治身份转变为经济因素、教育因素、行政因素，后天成就对个人的社会地位和社会流动影响越来越大；社会联系从单一政治机制转变为市场、社会共同体、社区、家庭等多种机制，但是各种机制之间还没有形成有效的合作关系，甚至出现相互抵消和矛盾的现象，社会联系相当脆弱，社会风险明显增大，当然有人将社会风险视为社会现代化不可避免的副产品；社会福利从单位福利、城乡区别对待转变为面向所有老百姓（包括外来人口）的社会福利，体现了社会的重要进步；社会价值观念从单一的政治挂帅（意识形态化）到

单一的市场挂帅（市场化），再到现在的多元化，不过，多元价值缺乏有效的整合，存在价值危机问题。

社会现代化是一个漫长的过程，不可能在短时间内实现其目标——现代化社会。当前太仓正处于社会现代化的一个重要时期，在从总体性社会转向市场社会和行政社会的过程中，政府在引导社会发展过程中更多的还是关注经济建设和经济现代化，并没有将重点投向社会建设和社会现代化。这中间出现的社会现代化变迁，主要在转向市场化过程中为社会现代化提供相应的社会空间，同时使社会获得更大的自发空间。但是，由于社会的自主能力不强，难以抗拒市场力量的侵蚀，由此引发了不少社会问题、社会风险和价值危机。正是在这种情况下，行政力量又走向前台，主导社会现代化进程，出现了用行政力量主导社会现代化的行政社会。那么，要迈向现代化社会，行政力量与市场力量、社会力量究竟需要形成什么样的合力和关系呢？这正是本书要回答的关键问题。

显然，按现代化理论，目前这种以行政力量为主导的行政社会还不能算是现代化社会。这里所说的现代化社会是一种目标性的或理想性的社会形态，至少应具备以下要素或条件：合理、和谐的社会结构；普惠、多元的社会福利；完善的公共服务体系；融合的社会关系和联系；自主、自立和合作的社会组织和社会共同体；没有制度歧视和等级歧视的权利结构；城乡共荣、人与自然共生的花园社会；多元、包容、开放、健康的价值观念。这样的现代化社会不仅应具有自主化解传统与现代矛盾、地方特色与开放矛盾、城乡矛盾、阶层矛盾、人与自然矛盾、市场与社会矛盾、社会与行政矛盾的能力，而且还应具有吸纳传统、其他社会优势的能力。就太仓目前的社会现代化进程而言，已经具备了一些实现高水平现代化社会的良好条件和优势资源，比如和睦的传统文化和价值、发达的经济、强大的行政力量和转型中的治理理念、开放的社会环境、多元人群的参与、良好的基础设施等。但是也要看到，太仓离"健全的社会"、现代化社会还有很大的差距。目前欧美发达国家也遭遇一些现代化困境，正如著名社会心理学家弗洛姆对欧美国家的研究发现："西方世界的整个社会—经济发展的目标是：舒适的物质生活、相对平均的财富分配、稳定的民主和持久的和平；但是，正是最接近这个目标的国家表现出了严重的精神不平衡的症状。……这些资料就提出了一个问题：关于我们的生活方式及我们的奋斗目标，是否存在某些根本性的错误？"① 我们在分析和讨论太仓的现代化社会该是什么样这个问题的时候，需要把弗洛姆对欧美发达国家进行研究时发现的这个问题作为我们思考的一个起点。太仓社会建设和社会现代化的目的是创造幸福、快乐、共享、健康、和谐的"健全的社会"，在这个目标中，人应具有核心的目标地位。基于这样的视角，我们认为，太仓的社会建设和社会现代化应更多地去构建和挖掘社会参与、社会自主、社会合作的机制和资源。从行政社会转向市民社会是一种必然，太仓提出的"政社互动"和"三社联动"的理念合乎社会现代化的这种转变和发展。

## 五　本书的基本架构

基于对社会现代化理论的理解以及对太仓过去几十年社会演进的把握，我们确定了本书的分析和研究架构。

对一个社会的研究和解剖，涉及宏观、中观和微观三个层面，只是不同研究对这三个层面的偏重有所不同。我们对现代化社会的理论分析和设想是，一个社会应完成社会结构、社会联系和作为个体的人三个层面的现代化变迁，才可视为现代化社会，这个变迁过程就是社会现代化过程。合理、和谐的社会结构，不仅需要有一个中间大、两头小的"橄榄形"社会阶层结构，还需要城乡一体化、本地人与外地人的融合等。这样的社会结构意味着绝大部分人分享到发展的成果，不存在制度性歧视和阶层性隔阂。这就是本书第一部分所讨论的宏观层面视角。社会联系属于中观层面的现象。对现代化社会来说，社会联系是连接宏观与微观、个体与个体的纽带，社区、社会组织、家庭、单位等都具有社会联系的功能、属性，其中任何一方面的衰落都会损害社会联系，危及社会的良性运行。中观层面的现代化社会应包括具有魅力的社区、发达的社会组织、温馨的家庭和充满活力的单位，社群主义、关系主义都有生存和发展的必要和空间。在这一层面体现出中国现代化社会不同于西方现代化的一些特性。本书的第二部分就是从社会联系的角度探讨太仓社会现代化的中观层面问题。不管是宏观层面还是中观层面的现代化，最终都要落实到作为个体的人的层面的现代化。一方面，现代化应更好地满足人的需要，这就要考虑每个人需要什么样的生活方式和奋斗目标，社

———————

①　艾里希·弗洛姆：《健全的社会》，孙恺祥译，上海译文出版社，2011，第7页。

会结构和社会联系的合理与否很大程度上与是否能满足人的需求以及影响人的需求有直接的关系。另一方面,没有个体层面的人的现代化,就不足以促进宏观层面和中观层面的现代化。所以,本书的第三部分着力讨论作为微观层面的人的现代化问题。

不论是宏观层面、中观层面,还是微观层面,社会现代化都是一个不断建构的过程,行动策略(包括政府的行动策略、各个社会组织的行动策略以及个人的行动策略)显得非常重要。行动策略体现在公共服务、社会福利、社区建设、社会组织行动、社会管理等具体的操作和运行过程中,一方面体现宏观、中观和微观社会现代化的具体路径和机制,另一方面也在塑造现代化社会。同时,行动策略体现社会自我进程的逻辑,也折射出政府、市场与社会三者之间的相互作用关系。本书对社会现代化中的行动策略问题进行探讨,一个最重要的目的在于为地方政府(尤其是太仓政府)提供社会建设的决策依据和建议。

本书体现的基本理论观点有以下三点。

第一,在社会现代化的普遍性与特殊性关系上,本书认为,社会现代化是人类在近代以来出现的一种社会变迁现象,虽然发源于西欧,并带有明显的西方印记和特性,但不能掩盖人类社会一些共同的行为特性。与此同时,每个人都是具体的人,都生活在特定的历史、文化以及地理环境和人际关系中,因此在某些方面就拥有了一些特殊性,尤其是在价值理念以及有关需求方面更是如此。显然,在社会现代化进程中,特殊性与普遍性既有契合的可能,也会出现适度的张力。社会现代化是在契合和张力共存并相互作用中不断建构的过程,是普遍性与特殊性在建构中达成新的关系的过程,因此,各国、各地的社会现代化就呈现丰富性和多样性。

第二,在传统性与现代性的关系上,我们认为,二者不是断裂的关系,而是在张力中扬弃和融合的关系:一方面,现代性并不绝对排斥传统性,不论是先发国家的现代化还是后发国家的现代化,现代性都是在传统性中滋长起来的,这说明传统性中蕴藏着现代性的东西;另一方面,并不是所有现代性的东西都能解决人类面临的困境,传统性对现代性具有修正、补充的功能。当然,现代性毕竟与传统性有很大的不同,且传统性中也确实存在许多已经不适应甚至无法满足人的需求的东西。因此,现代性是在不断扬弃传统性的过程中获得建构的,蕴含着传统性中可以适应变迁的精华。这种扬弃并不是一种"抽象否定"，而是一种"具体否定"（黑格尔语）。正如余英时在文化超越问题中所谈到的，"只有'具体否定'才能完成文化超越的任务，使中国文化从传统的格局中翻过来，进入一个崭新的现代阶段。'具体否定'包括吸收西方文化中的某些成分（例如'认知主体'、'政治主体'）和发挥中国文化中那些历久而弥新的成分（如'道德主体'、'和谐意识'），但更重要的则是培养和发掘中国本有的精神资源以为接引和吸收新资源的保证"[①]。现代性与传统性的关系也是如此。

第三，在政府、市场与社会的关系方面，本书认为，社会现代化是三者相互合作、合力塑造的过程，而不只是社会的自我演进过程。正如市场不是独立的一样，社会也不是独立存在的。不同时期的社会现代化中，政府、市场与社会有可能会扮演不同的角色，甚至有可能出现政府的逻辑、市场的逻辑取代和侵害社会的逻辑的现象，在促进社会现代化的同时，也可能引发社会现代化进程中的问题和矛盾。那么，在整个社会现代化过程中，政府、市场与社会只有达成各司其职、相互促进和制衡的均衡关系，才有可能实现现代化的社会。这就为我们深入进行行动策略的研究腾出了空间。

由此可见，我们依据的是一个混合的、多元的、渐进建构的社会现代化理论，而不是一个照搬的或者全部否定他者而自创的社会现代化理论。

## 第三节  调查研究方法

迄今为止，有关社会现代化的研究都是以国家为对象，而很少以某个县或市为对象。在现有的社会现代化研究中，通常采用的调查研究方法大多是历史比较法、文献分析法、问卷抽样调查和统计分析法等。这些方法虽然对我们研究太仓社会现代化同样有价值，但是，是否足以研究太仓的社会现代化呢？对一个县级市的社会现代化的研究是否还需要一些特殊的方法呢？这里，有必要介绍一下我们把一个县作为研究对象进行研究的理由、价值和相关的研究方法。

---

① 余英时：《中国文化的重建》，中信出版社，2011，第20页。

## 一　以县域为研究对象的价值

最近 10 多年中，在福建省晋江市、四川省大邑县、北京市延庆县和贵州省松桃县等地，我们以县域为单位，开展了一系列社会学调查研究。在以往的社会学研究中，以县域为单位的有百县调查（已经出版了 113 个县的国情研究专著）以及个别博士论文，国外有林德夫妇的《中镇研究》等。这些研究都没有对以县域为研究对象的方法论和理论价值进行深入的讨论和分析。我们曾在《晋江模式新发展——中国县域现代化道路探索》一书中对以县域为研究对象的价值作了简单的讨论，仍没有做深入的分析和揭示。在讨论太仓社会现代化研究的价值问题时，有必要从理论和方法上进一步探讨县域研究的重要性。

目前，社会学对社会现代化的研究都是把个体、家庭、社会组织和社区等作为研究对象，很少把县作为研究对象。固然，县也是一个社区，在把社区作为对象的研究中，自然也包括把县作为对象的研究，但是从美国社会学家怀特的《街角社会》到现在国内大多数有关乡村和城市社区研究的专著和文章，都没有把社区的范围拓展到县这个层面。那么，为什么没有人将县作为社会学研究对象呢？这一方面与一个县内部结构的差异与多样有关，另一方面，国外对县的设置没有中国这么明确和系统。县对中国历史和现实社会有非常重要的作用和价值，这是我们决定把县作为社会学研究单位的关键因素。

从秦朝设郡县以来，在过去 2000 多年的历史中，其他如郡、府、州、省、道等行政设置经常变更，只有县这个设置始终没有改变过。朝代不断更替，县域范围会有变动，但是县却没有被撤销、变更。所以，历史上就有"郡县治，天下安"的说法。从科层制角度来看，从中央政府到地方政府，需要层级安排，尤其在基层，需要一级政府的管理，县就是这样的基层政府设置。在中央与县之间设立的层级政府变动中，对基层的管理影响没有那么大，所以也就没有必要撤销或变更县一级政府。与此同时，当秦朝设县制后，县不仅仅是一个行政设置，也渐渐地代表了一种地域文化，即县文化，成为乡土文化的象征，包括家乡认同的标志、县域内独特的地方文化、日常社会经济活动的空间等。目前我国 2000 多个县市，每个县都有自己的文化特色，包括语言、习俗、信仰、山水文化等，甚至人的表情、性情、长相都受到县文化的影响，以县为单位的活动成为最基本的社会生活和经济活动。

从行政体系来看，县是中国最完整的基层政府。虽然乡镇政府是最基层一级的政府，但没有完整的行政设置，也没有独立的决策权和完整的财政权。县这一级行政除了没有立法权、军事权和外交权之外，其他方面凡是中央政府具备的权力，在县一级都具备。一个县的社会经济发展状况与县行政的运行和政策有着密切的关系。有研究中国的国外学者认为，区域性行政竞争是推动中国经济快速发展的一个重要原因，其中县域竞争尤其重要。我们在太仓调查的时候，太仓市政府经常把太仓跟邻近的昆山进行比较，认为昆山之所以发展快，是因为昆山招商引资比太仓早。不过，虽然太仓 GDP 总量不如昆山，但是人均 GDP 并不低，而且生态环境优美，有北欧之美誉。这种竞争有着复杂的政治、社会和文化背景与原因，它使一个县变得更具内聚力，更能强化县域意识，突出县域特色，实现各种政策的创新，最大限度地发挥自己的优势或特长。所以，尽管一个县内部有明显的多样性和差异性，但是从外部来看，一个县还是具有很多的同质性，表现为独特的经济结构、社会体系和文化特色等，尤其是在社会建设方面，县委和县政府具有主导作用，决定了该县的社会发展和现代化进程方向。

从历史和现实两个角度来看，县域是政府、市场、社会和文化四者发生互动的完整的场域，是我们观察和分析政府、市场、社会和文化四者之间关系的最好的平台和单位。与此同时，县域具有"麻雀虽小，五脏俱全"的国家缩影的特性，从见微知著的角度看，研究和剖析一个县，在一定程度上有助于加深对整个国家的认识和理解。各个县的经济、文化和社会发展水平有差别，但是，不论体制、政策还是社会联系原则、人们的价值观上，县都不可能与整个国家有本质的差异或不同。我们可以从对太仓的研究中找出一些与整个国家相同或相似的运行逻辑和机制，发现一些具有全国普遍性的社会问题和矛盾，将太仓好的经验和实践推向全国。这是否与前面所说的每个县都有自己的特色有矛盾呢？事实上并不矛盾。因为追求特色本身就是全国性的普遍现象，而且每个县所采用的方法和手段以及运行机制相似或相同，县与县之间的独特性和特殊性中不可避免地就具有一定的普遍性。当然，这也不是说每个县都是那么相同，每个县总有自己的一些特殊现象，对此，我们会进行认真的梳理和分析，以确定这些特殊现象是什么以及具有多大的实质性意义。

## 二　调研方法

相对个体、家庭、社区和社会组织，把县作为研究单位，在把握和分析上显然会更具难度，因为县域内部的多样性和差异性比个体、家庭、社区和社会组织大很多。在社会学研究中，越是内部同质性强的研究单位越容易把握和分析，相反，由于内部有着明显的多样性和差异性，我们就很难从一个侧面去深入研究。比如，我们仅仅调查一个乡镇或一个社区，不足以把握和认识这个县，我们更不能从对少数几个人的调查中获得对整个县的了解。所以，把一个县作为研究单位，对我们的研究方法提出严峻的挑战。

我们曾参加过百县调查课题，在一个县（如福建晋江市、成都大邑县等）内进行过社会结构调查和研究，渐渐地积累了不少调查经验，在调查方法上形成了一些行之有效的做法。我们在研究中充分利用现有的研究方法，并结合现实需求对现有方法进行改进，形成了一些有特点的研究方法的套路：以个体或家庭为单位进行问卷抽样调查；对县级党政部门和社会团体进行地毯式的座谈和访谈；根据人口规模以及经济水平对乡镇政府进行分类，从每类乡镇政府中选出一个乡镇进行深入的座谈、访谈和观察；分类抽取行政村和城镇居委会进行多层次的调查（访谈、观察）；对不同阶层的人进行深度访谈，比如离退休干部、教师、医生、社区干部、公务员、社会团体负责人（工青妇、工商联等）、农民、农民工、低保人员、城乡老人、企业老板和管理人员等；收集文本资料，包括统计数据、县志、政府有关文件、民间文献、相关的研究报告等；与当地学者和一些重要官员进行学术交流。虽然我们不能准确地把握所有这些调查有多大的有效性和可信度，但是，通过多种方式、多个侧面、多层次的深入调查，对一个县的了解和把握应该说是比较深、比较客观的，可以为我们的分析和研究提供丰富的资料和依据。

具体地说，我们对太仓市的调查是根据分层的随机抽样方法，抽取1200个样本，通过面谈进行问卷调查，问卷的内容涉及社会分层、公共服务、社会福利、外来人口的社会融入等。同时，我们与太仓市大部分党政部门以及多个镇党政部门就社会建设、社会现代化进行了座谈和交流，并根据部门职能的不同设定不同的座谈议题，座谈的内容涉及各部门在社会建设方面做了什么事、有什么计划以及面临的问题和困境、相关的政策期望和建议等。座谈中，我们要求各部门提供书面材料、相关文件和数据等，并对一些有必要做进一步访谈的部门或领导，另约时间再进行重点座谈或访谈。对党政部门进行访谈或座谈，其优势是有助于对政策、党政行动能力、管理体系等方面的了解，劣势是一些部门往往偏重于自己的工作业绩，对现实中的一些问题以及老百姓的看法和需求等方面有所疏忽甚至遮蔽。对此，我们在调查和研究过程中一方面保持一定的警惕，对各部门提供的材料和数据进行分析和深究；另一方面，核实并确认材料和数据的可靠性，对一些存疑的情况进行讨论和分析，尽可能把握事实的真相。当然这种方法不只是针对各部门，还用于所有调查对象。

个案深度访谈针对各个阶层的访谈对象。在对象的选择上，我们去社区调查时，会要求社区干部帮我们选择调查对象。当然在调查过程中，由于老年人在家的情况居多，社区干部往往把老年人介绍给我们，有可能造成调查对象的年龄偏大，为此，我们要求尽可能选择中青年作为调查对象，以缓解这个问题。对各阶层成员的访谈，大多是在访谈对象的家里进行，其好处是可以在观察家居情况下对访谈对象进行深入了解，坏处是家人的参与可能影响调查对象的看法。但是如果我们把整个家庭作为访谈对象来看待的话，那么他们的观点代表整个家庭，而不只是个人，这也是我们调查所需要的。还有的访谈对象特别是离退休干部，是在宾馆接受的访谈。在宾馆访谈的好处是轻松，不受他人影响，当然对我们来说，就没有办法观察他们的家居情况了。2012 年，我们安排了一次专做个案访谈的调查，参加的课题组成员有 9人，前后花了 10 天时间，访谈了上百位各个阶层的成员，都有录音以及整理后的录音记录。深度访谈是开放式的，一方面问题是开放的，另一方面我们在发现一些关键对象后，会多次找他们访谈。尽管是开放式访谈，但是，我们时时刻刻都想到我们的研究主题是社会建设和社会现代化，试图从访谈者亲身经历中寻找社会的变迁轨迹，一方面去验证我们的一些看法，另一方面从中找到一些新问题、新事件，以修正和完善我们的看法，同时印证其他人和政府部门的相关看法和做法。

与此同时，课题组还进行了一些专题调查，比如对社会组织、养老、医疗、教育（特别是农民工子女教育）、社区建设、"政社互动"等进行深入的调查。专题调查有助于收集到相关的系统资料，厘清某一方面的历史演变和现状，对深化总课题的研究有非常重要的作用。

不论是在问卷调查、部门访谈还是个案访谈、专题调查的过程中，我们都非常注重文本资料的收集。我们收集到的文本资料主要有：太仓市历年的统计年鉴、历年的统计数据、太仓市第六次人口普查数据、太仓市经济组织普查数据、太仓市（县）志、太仓市党政文件、太仓市各部门的有关资料和统计数据、相关的研究报告、已经发表的著作和文章、媒体资料等。我们对这些文本资料进行了详细的分类编号，以便查找和分析。

不论采用什么样的调研方法，目的只有一个，那就是收集足够我们分析和研究的客观资料和数据。要做到这一点，不仅取决于是否采用有效的调研方法以及对方法的合理使用，而且还取决于研究目的和理论分析框架。我们事先对社会建设和社会现代化做过一些理论和实证的研究，用来观察和分析太仓。虽然理论分析框架在实证调研中或之后可以做相应的修正、调整，甚至可以推翻，另建新的分析框架，但是这并不意味着理论分析框架不重要，即使后来被推翻重建，也是一种研究成果。我们基本上是依据一定的理论框架和观点对太仓进行田野调查，在深入的调查过程中不断地将原来的理论框架进行深入的讨论并做出不断的修正和完善。这应该是所有研究者必须要做到的理论与实践之间的结合。

## 参考文献

埃莉诺·奥斯特罗姆：《公共事务的治理之道》，余逊达、陈旭东译，上海三联书店，1999。

艾里希·弗洛姆：《健全的社会》，孙恺祥译，上海译文出版社，2011。

波兰尼：《大转型：我们时代的政治与经济起源》，冯钢、刘阳译，浙江人民出版社，2007。

伯纳德·E. 布朗：《法国的现代化》，载西里尔·E. 布莱克编《比较现代化》，杨豫、陈祖洲译，上海译文出版社，1996。

迪恩·C. 普蒂斯：《现代化理论与社会比较研究的批判》，载西里尔·E. 布莱克编《比较现代化》，杨豫、陈祖洲译，上海译文出版社，1996。

科林·莱斯：《塞缪尔·亨廷顿与"经典"现代化理论的终结》，载亨廷顿等《现代化：理论与历史经验的再探讨》，张景明译，上海译文出版社，1993。

陆学艺、浦荣皋主编《苏南模式与太仓实践》，社会科学文献出版社，2009。

陆学艺主编《晋江模式新发展——中国县域现代化道路探索》，社会科学文献出版社，2007。

尼尔·弗格森：《文明》，曾贤明、唐颖华译，中信出版社，2012。

塞缪尔·P. 亨廷顿：《发展的目标》，载亨廷顿等《现代化：理论与历史经验的再探讨》，张景明译，上海译文出版社，1993。

塞缪尔·P. 亨廷顿：《导致变化的变化：现代化、发展和政治》，载西里尔·E. 布莱克编《比较现代化》，杨豫、陈祖洲译，上海译文出版社，1996。

王永钦：《伦理社会、市场社会与中间社会》，http：//www. douban. com/group/topic/17703247/。

温铁军等：《解读苏南》，苏州大学出版社，2011。

西里尔·E. 布莱克编《比较现代化》，杨豫、陈祖洲译，上海译文出版社，1996。

余英时：《中国文化的重建》，中信出版社，2011。

詹姆斯·奥康内尔：《现代化的概念》，载西里尔·E. 布莱克编《比较现代化》，杨豫、陈祖洲译，上海译文出版社，1996。

中国社会科学院社会学研究所太仓经济社会发展研究中心：《太仓三十年现代化发展之路》，载陆学艺、浦荣皋主编《苏南模式与太仓实践》，社会科学文献出版社，2009。

Acton, H. B., *The Morals of Markets: An Ethical Exploration*, London: Longmans, 1971.

Oi, Jean C., "Fiscal Reform and the Economic Foundations of Local State Corporatism in China," *World Politics*, 1992, 45（2）.

Lin, N., "Local Market Socialism: Local Corporation in Action in Rural China," *Theory and Society*, 1995, 24（3）: 301 – 354.

# 第一章
# 社会阶层结构

现代化社会既要有现代化的经济结构，也要有现代化的社会结构，二者好比一枚硬币的两面。社会阶层结构是社会结构的核心，因为它不仅决定了不同社会群体的活动范围和所拥有的各种各样的机会，也对其他子结构的变迁及各种社会制度的形成产生重要影响。目前，学界已形成较为一致的观点，认为现代化的社会阶层结构应是中产阶级①占主体的橄榄形社会阶层结构，现代化的阶层结构应具有公平、合理和开放的特性。

改革开放以来，太仓成为全国经济最发达的县（市）之一。在经济迅速发展的同时，太仓的社会阶层结构也发生了巨大的变化。那么，太仓社会阶层结构演变的轨迹是什么样的，哪些机制影响着阶层的分化，目前太仓的阶层结构状况是什么样的，阶层之间的流动情况如何，这些情况对太仓和谐社会建设有哪些有益的启示，社会阶层结构变迁如何显示太仓的社会现代化水平，这些就是本章主要探讨的问题。

## 第一节　太仓社会阶层结构的变迁

社会阶层所描述的是人们在资源分配上所形成的阶梯式不平等，在这些阶梯的不同水平上，处于高位的人占有较多的资源，处于低位的人

---

① 中产阶级译自英文"middle class"，国内也有学者将之译为中产阶层。本书在行文中基于忠于引文、使上下文连贯等因素的考量，交替使用这两个概念，其所指基本是一致的。

占有较少的资源。从宏观层面来看，是什么因素决定着人们的社会阶层地位，社会阶层分化的机制是什么，本节将从社会阶层结构变迁的视角来具体分析。

## 一 划分阶层的标准及分析框架

在讨论本节的主题之前，首先有必要对本研究划分阶层的标准和本章的主要分析框架进行介绍。

### 1. 阶层划分标准

迄今为止对社会阶层划分的标准并不相同，这里采用的是陆学艺教授主编的《当代中国社会阶层研究报告》一书提出的职业划分标准，即以职业分类为基础，以组织资源、经济资源和文化资源的占有状况来划分社会阶层。之所以以职业分类为基础来划分阶层，既是出于操作便利的考虑，也是基于理论研究的结果。因为"在当代社会，职业身份的分类是一种最基本的社会性区分，从事不同职业的人，在收入、声望、教育、权力等方面都存在差异，而职业的分类与社会分化紧密相关"[①]。

陆学艺教授等人将社会划分为十个阶层，分别是国家与社会管理者、经理人员、私营企业主、专业技术人员、办事人员、个体工商户、商业服务业员工、产业工人、农业劳动者、城乡无业失业半失业人员。这十个阶层又被进一步划分为社会地位优势者、社会中间位置者和社会基础者，即上、中、下三个层级，其中：国家与社会管理者、经理人员、私营企业主为优势地位者，属于上层；专业技术人员、办事人员、个体工商户为社会中间位置者，属中间层；商业服务业员工、产业工人、农业劳动者、城乡无业失业半失业人员为社会基础层，属于下层。

### 2. 分析框架

社会阶层结构的形成可以从宏观和微观两个层面来分析，前者着重从社会经济形态变迁的角度分析阶层分化的机制，后者着重从个体层面分析影响流动的因素。本章首先从历史变迁的角度分析阶层分化的机制，再描述当前太仓社会阶层结构的现状及不同阶层之间资源占有的差异，然后分

---

① 陆学艺主编《当代中国社会阶层研究报告》，社会科学文献出版社，2002。

析太仓社会阶层的流动,① 最后总结研究阶层结构得到的启示（见图1-1）。

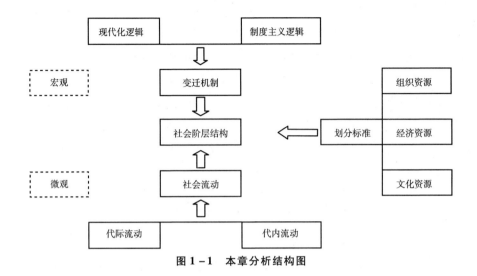

图 1-1　本章分析结构图

## 二　社会阶层结构变迁的理论探讨

李路路教授将中国社会阶层分化的过程和形成逻辑归纳为三种：现代化逻辑、制度主义逻辑和权力逻辑。② 本章将从现代化逻辑和制度主义逻辑的角度来分析太仓社会阶层结构演变的历史及分化的机制。

现代化分层理论认为，"社会阶层结构实质是社会分工的重要体现，而现代社会分工又是经济社会发展的直接后果，工业化、城市化、市场化促进产业结构变化，推动劳动力转移导致就业结构变化，进而影响职业结构的变迁，最终促成阶层的分化与形成"③。因此，职业地位在很大程度上取代了过去的政治地位、身份地位等，成为社会地位的核心和资源、机会分配的基础。

① 关于太仓阶层结构现状使用的是 2010 年第六次人口普查长表（10% 的户填报）常住人口中 16 岁及以上就业人口和失业人口（二者共同构成了整个社会的经济活动人口）的统计数据。关于不同阶层之间资源占有差异和社会流动分析使用的数据来自我们课题组于 2010 年 4 月在太仓组织的社会状况综合调查。

② 李路路：《社会结构阶层化和利益关系市场化——中国社会管理面临的新挑战》，《社会学研究》2012 年第 2 期。

③ 陆学艺主编《当代中国社会结构》，社会科学文献出版社，2010，第 397 页。

制度主义分层理论认为，社会分层机制总是嵌入在特定的社会经济形态之中，并通过规定社会经济形态特征的产权所有制及其与国家政治权力之间的关系进行解释。制度主义指出再分配经济和市场经济中存在不同的社会分层机制，前者的主要机制是是否拥有再分配权力，后者的主要机制是市场能力的高低。转型国家的社会经济形态是由再分配经济和市场经济共同构成的混合经济，其分层机制也是由再分配权力和市场能力共同作用产生的。

像全国一样，太仓经历了从计划经济体制向社会主义市场经济体制的过渡，由再分配经济向混合经济的过渡。在两种不同的社会经济形态中，存在明显不同的社会分层机制。接下来，我们将从历史变迁的角度，分两个阶段描述太仓社会阶层分化的过程及分化的机制。

## 三　改革开放前太仓社会阶层结构的变迁

1. 社会主义改造前的社会阶层结构及分层机制

太仓自然条件优越，农业资源丰富，长期以来，以农业为主。新中国成立初期，太仓处于传统的农业社会，70%以上的人口务农，社会分工并不发达，职业分化也不明显。这一时期，决定社会阶层的因素主要是占有生产资料的多少，显著特点是生产关系和劳动分工比较简单，人们分属于几个界限分明的经济群体，每个群体都和生产资料有明确的关系。如马克思认为的那样，"生产的形式与条件是阶级结构与阶级态度的最根本决定因素"①。表1-1显示了当时太仓农村社会阶层的分化。

表1-1　太仓县1950年各阶层土地占有情况统计表

| 阶　层 | 户数（户） | 占比（%） | 人数（人） | 占比（%） | 占有土地（亩） | 占比（%） | 人均（亩） |
|---|---|---|---|---|---|---|---|
| 雇　农 | 2516 | 3.5 | 7036 | 2.3 | 2357 | 0.3 | 0.33 |
| 贫　农 | 33688 | 47.2 | 133113 | 43.9 | 115864 | 16.8 | 0.87 |
| 中　农 | 25013 | 35.0 | 112782 | 37.2 | 226677 | 33.0 | 2.01 |
| 富　农 | 1343 | 1.9 | 7354 | 2.4 | 38816 | 5.6 | 5.28 |
| 半地主式富农 | 275 | 0.4 | 1382 | 0.5 | 16213 | 2.4 | 11.73 |

---

① 安东尼·克罗斯兰：《社会主义的未来》，轩传树、朱美荣、张寒译，上海人民出版社，2011，第105页。

续表

| 阶　层 | 户数<br>（户） | 占比<br>（%） | 人数<br>（人） | 占比<br>（%） | 占有土地<br>（亩） | 占比<br>（%） | 人均<br>（亩） |
|---|---|---|---|---|---|---|---|
| 地　主 | 1229 | 1.7 | 6809 | 2.2 | 257596 | 37.5 | 37.83 |
| 工商业家 | 378 | 0.5 | 2496 | 0.8 | 5350 | 0.8 | 2.14 |
| 小土地出租者 | 1377 | 1.9 | 5550 | 1.8 | 11968 | 1.7 | 2.16 |
| 未划成分者 | 2334 | 3.3 | 12893 | 4.4 | 2890 | 0.4 | 0.22 |
| 其　他 | 3104 | 4.4 | 13468 | 4.5 | 6065 | 0.9 | 0.45 |
| 公　地 | 145 | 0.2 | 76 | 0.0 | 3850 | 0.6 | 50.67 |
| 总　计 | 71402 | 100.0 | 303229 | 100.0 | 687646 | 100.0 | 2.27 |

注：为忠于引文起见，表中数据未做任何处理。

资料来源：《太仓县志》，江苏人民出版社，1991，第174页。

从表1-1中，我们可以看到：地主人口占总人口的2.2%，占有土地为总数的37.5%，人均占有土地37.83亩；贫农和雇农占总人口的46.2%，占有土地为总数的17.1%，人均占有土地0.84亩；地主人均占有土地为贫农和雇农的45倍，中农的19倍，贫富悬殊。[①] 从中我们可以看出，在传统农业社会里，社会阶层结构呈金字塔形，阶层划分明显与生产资料的占有密切相关。

2. 社会主义改造后社会分层机制

新中国成立后，党和政府领导农民开展土地改革。1951年2月底，太仓土改运动基本结束，同年开始开展农业合作化，1957年完成农业社会主义改造，1958年实现人民公社化。人民公社成立后，太仓实行政社合一，"工农商学兵"五位一体，并在城市对私营工商业和个体手工业进行社会主义改造。1956年完成对私营工业的社会主义改造，1957年完成对个体手工业的改造。

通过社会主义改造，消灭了生产资料私人占有制度，党和政府建立起了高度集中统一的计划经济和政治体制，形成了以政府为主导的再分配经济。在这样的制度下，政府不可能完全平等地分配社会资源和社会机会，在一系列政策体制安排下，广大社会成员之间形成了以"身份体制"为特征的各种结构性的差别。社会成员被户籍制度、干部身份制度、所有制身份制度和单位体制区分为不同的社会群体，享有不同的权利和机会。政策体制安排对

① 《太仓县志》，江苏人民出版社，1991，第171~175页。

这一时期的社会结构和社会分层有着显著的影响。①

第一，户籍制度和人事制度基本确定了社会阶层结构的基本结构。户籍制度导致了社会的下层（农村户口身份的人）与中上层（城镇户口身份的人）之间的阶层分割。

第二，人事制度导致了社会的中层（工人身份的人）与上层（干部身份的人）之间的阶层分割。

第三，单位体制的差别导致社会中间层的工人进一步分化。与集体所有制的工人相比，全民所有制的工人的社会经济地位要高一些。

第四，干部的行政级别不同，其工资收入和福利待遇及管理权限有明显差异。

这一时期，形成了由干部、工人、农民组成的金字塔形的社会阶层结构。在社会阶层结构中，农民阶层处于社会底层，新的集体生产体制影响了农民生活水平的提高，城乡二元管理体制使农民失去了流向城市的机会。20世纪50年代，大规模的工业化建设的开展，使产业工人的规模逐步扩大。国家采取工业优先的发展战略，在资源分配上倾向于城市和工人，产业工人成为社会的中间阶层。干部享有再分配的权力，是资源的实际分配者，处于社会的最高阶层。

## 四　改革开放以来太仓社会阶层结构的变迁

十一届三中全会以来，太仓由传统的计划经济体制向社会主义市场经济体制转变，在工业化、城市化、市场化的推进下，社会阶层结构开始发生变化。

十一届三中全会以后，太仓首先在农村推行家庭联产承包责任制。1983年，太仓改革了人民公社政社合一的体制，实行政社分离，恢复乡人民政府、村民委员会建制。改革极大地调动了农民的生产积极性，收入快速增加，1978～1985年，农村居民人均收入增长了2.4倍。同时，农民有了更多的工作和生活的自主权，可以自由地向非农产业转移。

改革中一个重要的经济现象就是以集体产权形式为特征的乡镇企业的迅猛发展。据《太仓县志》记载，1978年，有社、队和镇办工厂914个，从业人员34572人，年产值10632万元，占本县工业产值的40.39%；1985

---

① 陆学艺主编《当代中国社会结构》，社会科学文献出版社，2010，第399～400页。

年，有乡、镇、村办工厂 1187 个，从业人员 98390 人，年产值 98893 万元，占本县工业产值的 64.24%。<sup>①</sup> 可见，乡镇企业的发展为农村劳动力提供了更多的非农就业岗位，使越来越多的农民成为产业工人。

与此同时，私营经济开始逐渐出现。1978 年以前，政府不允许私人经商办企业，所有产权都属于国家和集体。1978 年以后，政府逐步允许私人经商、办厂，个体工商业得到逐步的恢复和发展。1982 年，太仓全县有个体工业、手工业企业 101 户，从业人员 129 人，产值 10.4 万元；到 1985 年末，个体企业发展到 1113 户，从业人员 2037 人，产值 1128 万元。<sup>②</sup> 随着非公有制经济发展，新的社会阶层逐步产生，个体工商户的数量大量增加，其中一些成员逐渐成长为私营老板，私营企业主阶层开始出现。

20 世纪 90 年代中期以前，由于产权不清和政企不分等先天性体制矛盾，乡镇企业经济出现严重衰退。1994 年，乡镇企业开始转制，1997 年开始了大规模的以产权整体转让为主要形式的产权改革。在改革过程中，乡镇企业经营者（经济精英）与社区干部（政治精英）为企业权力的实际控制者。"改革的过程实际是两大权力实体结盟对真实所有者社区人民和企业职工产权和利益的掠夺过程。"<sup>③</sup> 在这个过程中，造就了更多的私营企业主，使得这一阶层进一步扩大，这也是太仓社会阶层分化过程中的一个特点。

进入 21 世纪以来，随着市场进一步放开，非公有制经济迅速发展，特别是外资、合资经济迅速发展，民营经济也继续壮大。从太仓规模以上工业企业统计指标来看，2002 年，国有、集体企业 56 个，私营企业 262 个，港澳台及外商投资企业 263 个，其他类型企业<sup>④</sup> 57 个；2010 年，国有、集体企业只有 9 个，私营企业猛增至 850 个，港澳台及外商投资企业发展到 540 个，其他类型企业 34 个。从占工业总产值的比重来看，太仓国有、集体企业 2002 年占 9.29%，2010 年跌至 0.85%，而私营企业则从 18.56% 上升至 34.54%，港澳台企业则从 58.62% 降至 50.89%，其他企业所占比例基本不

---

① 《太仓县志》，江苏人民出版社，1991，第 262~266 页。

② 《太仓县志》，江苏人民出版社，1991，第 270 页。

③ 郑凤田、阮荣平、程郁：《村企关系的演变：从"村庄型公司"到"公司型村庄"》，《社会学研究》2012 年第 1 期。

④ 包括股份合作企业、联营企业、有限责任公司、股份有限公司、其他企业。

变。① 在这个过程中，传统的私营企业主、个体工商户人数继续增加，受雇于外资、合资企业的职业经理人阶层出现并扩大，受雇于非公有制经济的专业技术人员和产业工人的队伍也在壮大。随着经济发展对劳动力的需求不断增加，外地来太仓务工的人员也不断增多，特别是在产业工人阶层，外地农民工已经占大多数。

随着太仓所有制结构的调整和工业化、市场化的发展，产业结构和职业结构发生了转变，不同职业就业人数的比例也发生了变化（见图 1-2），特别是产业工人和商业服务业人员显著增加，而农业生产人员大幅减少。职业之间的差异增强，不同职业之间在社会声望和收入方面的差距逐渐扩大。在这个过程中，现代化社会阶层的基本构成成分（即前文所述十大阶层）逐步形成，社会阶层的位序也基本确立。

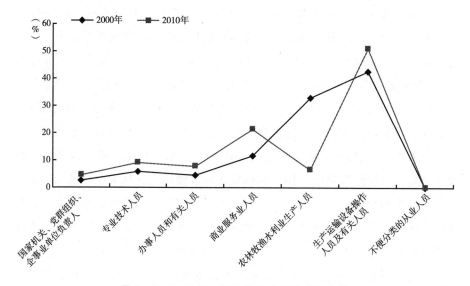

图 1-2　2000 年、2010 年太仓从业人口构成

资料来源：第五次人口普查数据参阅《江苏省苏州市 2000 年人口普查资料》（中国统计出版社），第六次人口普查数据来源于太仓市统计局。

在改革开放以前，整个经济都是政府控制的，人民的就业、工作、福利几乎都是由政府来安排并受政府支配的。随着所有制结构的调整，特别

———————————

① 参见相应年份的太仓统计年鉴。

是私营经济和外资经济的发展，市场机制逐渐影响资源的分配，市场能力的分层作用开始显现，人力资本（如学历、劳动技能等）、财产权开始成为影响资源分配的重要因素。私营企业主和经理人员具有较强的市场能力，成为社会的上层，专业技术人员的社会经济地位逐步提升，并形成一个独立的社会阶层。

尽管市场分配在较大范围内、很大程度上取代了国家再分配，市场机制发挥着越来越重要的作用，但是，在社会转型过程中，国家权力仍然在资源和机会分配中具有重要影响。国家与社会管理者（权力精英）在转型过程中是受益者，他们掌握着国家公共权力，拥有一定的再分配权力，处于社会阶层的最高位置。那么，他们能够进行再分配的基础是什么？有学者指出，"地方或基层政府的经济命脉，在合作化和人民公社化时期体现为土地的集体所有或经营，后来体现在发展工商业上，集体企业失败、公有企业改革后，主要体现在建设用地的开发权上，基层组织和地方政府从亲自办企业转入了对开发区和城镇建设的经营，并从土地的升值中获得大量预算外收入"①。于是，那些拥有再分配权力的国家与社会管理者以及接近权力精英的体制内人员，就成为再分配经济的直接受益者。我们从两方面来对这一现象进行简要分析。一方面，一些国有垄断行业的职工工资明显高于其他行业，如 2010 年，电力、煤气、水生产和供应业在岗职工平均工资为 102170 元，是制造业职工工资的 2.9 倍，是建筑业职工工资的 3.2 倍②。另一方面，从城镇企业、事业、机关在岗职工年均工资水平来看，机关、事业单位职工工资增长的幅度和速度明显要快于企业单位职工（见图 1-3）。2000 年，机关、事业、企业单位职工工资的比值为 1.5∶1.3∶1，到 2010 年比值扩大为 2∶1.9∶1。机关、事业单位职工除了在职职工工资水平高于企业职工外，其退休职工待遇也远远高于企业职工，这也是本次调查中部分企业退休职工感到不公平的地方。

在农村，土地集体所有制为集体经济的发展创造了前提。一方面，尽管经历了乡镇企业产权改革，但是很多乡镇企业与乡村社区之间仍然存在资

---

① 熊万胜：《基层自主性何以可能——关于乡村集体企业兴衰现象的制度分析》，《社会学研究》2010 年第 3 期。

② 参见当地统计年鉴。

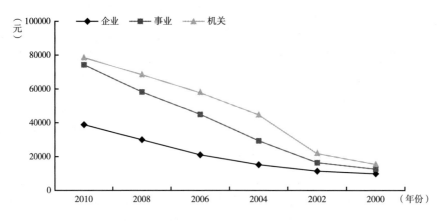

图 1 - 3　2000～2010 年太仓在岗职工年平均工资

资料来源：2000～2010 年太仓统计年鉴。

金、土地、劳动力等资源的交易，乡镇企业仍然需要向乡村社区提供一些福利。另一方面，集体经济又以新的形式出现，如物业出租经济、合作经济（太仓有五大合作社——土地股份合作社、农村专业合作社、富民合作社、劳务合作社、社区股份合作社）等，乡村社区重新聚集了大量的资源。2010 年，太仓市农村社区和涉农社区平均村级可支配收入为 405 万。新的集体经济仍然具有再分配经济的性质，再分配权力主要由乡村社区的领导（书记、主任等）掌握，他们在再分配资源的时候占有更多的资源和机会。

　　如新制度主义者分析的那样，在当前再分配经济和市场经济共存的社会主义混合经济制度安排之下，阶层分化的动力基础是多元的，再分配权力、寻租能力、市场能力共同构成了阶层分化的动力基础。①

　　国家与社会管理者拥有再分配权力、寻租机会和组织资源，处于社会的最顶层。私营企业主拥有强大的市场能力和经济资源，处于社会的上层。经理人员具有一定的市场能力（企业家人力资本）和再分配能力（体现在国有集体企业中），也居于社会上层。专业技术人员由于具有市场能力和丰富的人力资本（文化资源），属于社会的中上层。办事人员具有一定的市场能力（文化资源），公共部门的办事人员还有可能获得有限的寻租权力，他们居于社会中层。个体工商户阶层市场能力（经济资源）有限，处于社会中

---

① 刘欣：《当前中国社会阶层分化的制度基础》，《社会学研究》2005 年第 5 期。

下层。商业服务业人员和产业工人具有较低的市场能力（文化资源），处于社会下层。农民拥有一定的市场能力（经济资源），也处于社会下层。无业、失业者处于社会最底层。

## 五 总结与讨论

现阶段太仓社会资源的主要配置机制是政府和市场。虽然改革开放以来，政府对社会资源的配置作用相对弱化，但仍然是社会资源配置的主导者。不过，市场对社会资源的配置作用越来越大。当前，值得注意的是权力和资本在社会资源配置中独特的作用。如果权力和资本相结合，又缺乏相应的有效管理，将会使社会资源的配置极不合理，造成社会阶层之间的不公平。

从太仓社会阶层结构的构成来看，产业工人占整个社会阶层的比例是最大的，同时也是低收入阶层的主体。如何提高产业工人的工资性收入成为"收入倍增"计划中的重点与难点。相对于资本来说，劳动力是弱势的，劳动力在社会资源配置中作用的大小取决于劳动力的组织化和制度化程度。工会组织作为职工自愿参加的社会团体，具有维护职工合法权益和民主权利的职责，是职工与政府及资方的桥梁和纽带。工会组织的建立及其作用的充分发挥，将有利于政府在制定政策时对工人利益的考虑。更重要的是，工会组织能够代表工人与资方谈判，表达工人的利益诉求，维护工人的合法权益，让工人分享更多的企业利润，有利于稳定劳资关系和企业的可持续发展，实现劳资两利。具体而言，每个企业都必须成立工会组织，工会组织者要从员工中选举产生，工会组织要保持独立性。

在组建工会的基础上，实行工资集体协商制度，使企业形成以市场机制调节、企业自主分配、平等协商确定、政府监督指导为原则，反映劳动力市场供求关系和企业经济效益的工资决定机制和增长机制，让工人对工资标准的设定有更多的决定权。

在工业化和城市化过程中，农民既没有公共权力，也没有较强的市场能力，其利益需要得到有效保护。从户籍统计来看，太仓的农业户籍人口仍然占一半以上，但实际从事农业生产的劳动力只占农村劳动力的10%左右，这与太仓先工业化后城市化的特殊发展路径紧密相关。从太仓市统计局关于2010年农民人均纯收入来源的统计来看，工资性收入、家庭经营收入、财产性收入和转移性收入占农民纯收入的比例分别为68.39%、18.70%、5.11%、

7.80%。可见，工资性收入是农民收入的主要来源。随着城镇化和非农化发展，农村劳动力进厂、进城务工的越来越多，务工收入成为农村家庭比较稳定的收入来源。但是，务工农民属于产业工人阶层，从我们的调查来看，是低收入阶层。要提高农民务工收入，需要提高整个产业工人阶层的薪资水平，也需要务工农民自身素质的提升。与此同时，有必要利用农村自身的资源优势，挖掘潜力，通过增加财产性收入来实现农民增收。特别是要提高农村集体经济的优质经营性资产的比例，提高经营性资产的产出率和合作社分红水平。

## 第二节　当前太仓社会阶层结构状况

上一节分析了太仓社会阶层结构的历史变迁及影响分层的机制，那么当前太仓的社会阶层结构是什么样，不同阶层之间在资源占有上有哪些差异，这是本节要探讨的问题。

### 一　太仓社会阶层结构状况

社会阶层结构总是嵌入在大的社会结构中并受其影响，特别是受传统的城乡二元结构和"本地人与外地人"这一新的二元结构的影响。因此，我们首先从总体上分析太仓社会阶层结构，然后从本地、外地和城乡的视角分别分析不同社会群体阶层结构的特点及其构成情况。

1. 太仓市社会阶层的总体状况

如表1-2所示，在太仓的社会阶层中，国家与社会管理者只占0.29%，私营企业主占2.53%，经理人员占1.30%，专业技术人员占9.05%，办事人员占7.30%，个体工商户占9.31%，商业服务业人员占11.74%，产业工人占50.06%，农业劳动者①占6.18%，失业人员占2.24%。② 总体来看，社会上层占总体的4.12%，社会中层占25.66%，社会下层占70.22%。产业工人阶层占比较大。这样的阶层比例构成，与太仓产业结构的特征大致吻合。太仓的社会阶层结构仍属于金字塔形的。

---

① 由于使用的是普查数据，其中包括少量农副产品和水产品加工人员。

② 本书行文中，没有严格遵守前述陆学艺先生提出的十大阶层概念，而是将"商业服务业员工"称为"商业服务业人员"，将"城乡无业失业半失业人员"酌情调整为"失业人员"或"无业失业半失业人员"，其他概念提法上也略有不同，特此说明。

表1-2  太仓社会阶层构成状况

|  | 太仓社会阶层结构 | |
| --- | --- | --- |
|  | 频数 | 占比（%） |
| 国家与社会管理者 | 134 | 0.29 |
| 经理人员 | 603 | 1.30 |
| 私营企业主 | 1176 | 2.53 |
| 专业技术人员 | 4205 | 9.05 |
| 办事人员 | 3389 | 7.30 |
| 个体工商户 | 4322 | 9.31 |
| 商业服务业人员 | 5453 | 11.74 |
| 产业工人 | 23250 | 50.06 |
| 农业劳动者 | 2872 | 6.18 |
| 失业人员 | 1039 | 2.24 |
| 合  计 | 46443 | 100.00 |

2. 户籍人口与非户籍人口之间社会分层比较

随着太仓经济的发展，外来人口（非户籍人口）越来越成为太仓劳动力的重要组成部分。从绝对数来看，外来人口与户籍人口已经接近，外来人口占总人口的比例为44.2%。特别是在产业工人阶层，外来人口已经超过了户籍人口，多出5.6个百分点。

我们再从户籍人口与非户籍人口各自内部分层来分析，户籍人口中比例最大的仍然是产业工人阶层，占比为39.8%，商业服务业人员占13.1%，专业技术人员占12.19%，办事人员占10.35%，个体户占10.38%；非户籍人口主要集中在产业工人阶层，占比为63%，其次是商业服务业人员，占到10.1%。二者相比较而言，非户籍人口中产业工人阶层的占比远远高于户籍人口，其余各阶层比例均低于户籍人口。接近80%的非户籍人口都分布在产业工人、商业服务业人员和农业劳动者阶层。可见，与户籍人口相比，非户籍人口的就业层次较低，其社会地位也相对较低。

3. 户籍人口中城乡社会分层的比较

在户籍人口中，非农业人口和农业人口社会分层也存在明显的差异。随着太仓城市化进程的推进，越来越多的农业户籍人口在城镇生活和工作，其中不少人转为非农业户籍。但是，农业户籍人口的比例仍然比非农业户籍人口高17个百分点左右（见表1-3）。

表 1 - 3　太仓户籍人口中非农业与农业人口社会分层比较

|  | 频数 | | 占总体比例（%） | | 内部分层占比（%） | |
|---|---|---|---|---|---|---|
|  | 非农业 | 农业 | 非农业 | 农业 | 非农业 | 农业 |
| 国家与社会管理者 | 106 | 21 | 0.41 | 0.08 | 0.98 | 0.14 |
| 经理人员 | 267 | 142 | 1.03 | 0.55 | 2.48 | 0.94 |
| 私营企业主 | 520 | 277 | 2.01 | 1.07 | 4.83 | 1.83 |
| 专业技术人员 | 2275 | 883 | 8.78 | 3.41 | 21.14 | 5.83 |
| 办事人员 | 1461 | 1219 | 5.64 | 4.71 | 13.57 | 8.05 |
| 个体工商户 | 1037 | 1651 | 4.00 | 6.38 | 9.63 | 10.91 |
| 商业服务业人员 | 1308 | 2083 | 5.05 | 8.04 | 12.15 | 13.76 |
| 工业生产人员 | 3245 | 7063 | 12.53 | 27.27 | 30.15 | 46.67 |
| 农业生产人员 | 133 | 1503 | 0.51 | 5.80 | 1.24 | 9.93 |
| 失业人员 | 412 | 292 | 1.59 | 1.13 | 3.83 | 1.93 |
| 合　计 | 10764 | 15134 | 41.56 | 58.44 | 100.00 | 100.00 |

从非农业户籍人口和农业户籍人口各自内部的分层来看，非农业人口中产业工人阶层占比最大，达到 30.15%，其次为专业技术人员阶层，占比为 21.14%，再次为办事人员阶层，占比为 13.57%；农业户籍人口中比例最大的仍然是产业工人阶层，达到 46.67%，其次是商业服务业人员阶层，占比 13.76%，再次为个体工商户阶层，占比 10.91%（见表 1 - 3）。我们可以看到，无论是非农业户籍人口还是农业户籍人口，产业工人阶层所占的比重都是最大的。但是，非农业户籍人口在专业技术人员、办事人员和私营企业主阶层的比例要明显高于农业户籍人口，特别是在专业技术人员阶层，所占比例比农业户籍人口高 15.31 个百分点，农业户籍人口在产业工人阶层和农业劳动者阶层明显高于非农业户籍人口，分别高出 16.52 个百分点和 8.69 个百分点。可见，非农业户籍人口的社会阶层结构接近于橄榄形社会结构，中间阶层占到了 44%，而农业户籍人口的社会阶层结构还是传统的金字塔形社会结构。

## 二　太仓不同阶层的资源占有情况

社会阶层结构的实质是基于对社会资源的占有、分配所形成的地位之间的不平等关系。我们将从经济资源、政治资源、文化资源和社会保障资源四个方面具体描述太仓不同社会阶层之间资源占有的差异，分析不同阶层之间的不平等状况。

### （一）不同阶层经济资源拥有情况

经济资源的分配和流动是社会关系的决定因素，也是影响社会阶层地位的重要因素。各阶层经济资源占有的差异可以从各阶层的收入、消费以及资产的拥有情况得到反映。我们的研究从个人年收入、家庭人均消费支出、家庭人均居住面积、拥有轿车和房产的比例来分析不同阶层之间经济资源占有的差异（见表1－4）。

表1－4　不同阶层文化及经济资源拥有情况

| | 受教育年数（年） | 个人年收入（元） | 家庭人均年消费支出（元） | 人均居住面积（平方米） | 有房产的比例（％） | 有轿车的比例（％） |
|---|---|---|---|---|---|---|
| 国家与社会管理者 | 13.87 | 61755.17 | 20788.87 | 60.00 | 100.00 | 62.50 |
| 经理人员 | 11.04 | 144856.52 | 17973.76 | 55.84 | 87.50 | 45.83 |
| 私营企业主 | 9.52 | 235356.52 | 22427.00 | 73.56 | 100.00 | 82.61 |
| 专业技术人员 | 13.89 | 57489.91 | 20333.12 | 44.25 | 91.03 | 62.82 |
| 办事人员 | 12.45 | 42525.13 | 17546.27 | 46.05 | 93.98 | 51.85 |
| 个体工商户 | 8.93 | 46265.22 | 18552.31 | 50.70 | 72.46 | 36.23 |
| 商业服务业人员 | 8.48 | 23002.68 | 11586.07 | 47.15 | 75.81 | 23.39 |
| 产业工人 | 8.54 | 23539.00 | 11451.12 | 38.35 | 55.85 | 19.57 |
| 农业劳动者 | 5.87 | 25900.80 | 13860.81 | 59.86 | 89.47 | 36.84 |
| 无业失业半失业人员 | 8.28 | 15269.40 | 13578.09 | 43.42 | 77.14 | 38.10 |
| 平　均 | 9.83 | 40384.19 | 15005.03 | 45.06 | 74.47 | 36.33 |

第一，从个人年收入的角度来看。2010年，太仓十大阶层个人年收入均值为40384.19元。个人年收入在均值以上的有六个阶层，由高到低分别为私营企业主（235356.52元）、经理人员（144856.52元）、国家与社会管理者（61755.17元）、专业技术人员（57489.91元）、个体工商户（46265.22元）、办事人员（42525.13元），而在均值以下的四个阶层分别是农业劳动者（25900.80元）、产业工人（23539.00元）、商业服务业人员（23002.68元）、无业失业半失业人员①（15269.40元）。

可见，从收入的角度，不同职业阶层之间出现明显的层化现象。在就业的阶层中，收入最高阶层（私营企业主阶层）的年均收入是收入最低阶层

---

① 该阶层主要包括失地农民、低保户、不稳定就业人员和少量退休人员等，虽然无工作或很少工作，但是有征地补偿、社会救助、退休金或打零工等收入来源。

（商业服务业人员）的 10 倍，收入中间层（个体工商户阶层）的年均收入是收入最低阶层（商业服务业人员）的 2 倍。总的来看，就个人年均收入而言，社会优势阶层是社会基础阶层的 3 倍以上，中间层是基础阶层的 2 倍左右。如果我们将人均收入的一半定义为贫困线的话（国际上常用的定义贫困线的方法是将中等收入的一半定义为贫困线），那么无业失业半失业人员就是贫困人口，他们占社会阶层的 2.2%。

第二，从消费的角度来看。十大阶层家庭人均年消费（日常生活）支出的均值为 15005.03 元，在均值以上的有六个阶层，由高到低分别是私营企业主、国家与社会管理者、专业技术人员、个体工商户、经理人员、办事人员阶层，其中前三个阶层家庭人均年消费支出在 2 万元以上。我们可以看到，消费水平与个人的社会阶层位置高度相关。消费水平的高低不仅可以从日常生活开支来考察，还可以从居住面积及高档消费品的拥有情况来反映。

从人均居住面积来看，所有阶层的平均数是人均 45.06 平方米。人均居住面积高于平均数且在 50 平方米以上的阶层，由高到低排列分别是私营企业主、国家与社会管理者、农业劳动者、经理人员、个体工商户；略高于平均数的是商业服务业人员、办事人员阶层；低于平均数的是专业技术人员、无业失业半失业人员和产业工人阶层，其中，最低的是产业工人阶层。之所以农业劳动者人均居住面积比较大，是因为农民住房通常是自建房屋，宅基地大，人均居住面积也相对较大。专业技术人员和产业工人的人均居住面积比较小，其中重要的原因是非本地员工占了相当大的比例，他们的住房一般是宿舍或出租屋，居住面积通常比本地员工要小。

从轿车拥有率来看，拥有率最高的仍然是私营企业主阶层，达到82.61%，其次是专业技术人员，再次是国家与社会管理者，然后为办事人员。拥有率较低的是产业工人和商业服务业人员，均低于平均拥有率。

第三，从固定资产拥有情况来看。目前对于多数家庭来讲，最大的资产莫过于房产。这里定义的有房产是指有自建房、宅基地置换房、单位福利房、保障房、商品房中的任意一种或多种，无房产包括住集体宿舍、租赁公房、租赁私房及其他（如借住）。从有房产的比例来看，国家与社会管理者、私营企业主全都有房产。个体工商户和产业工人的房产拥有率低于平均数，是因为在这两个阶层中外地人所占的比例最大。

从拥有经济资源的各项指标来看，私营企业主阶层各项指标最高，其次为国家与社会管理者，再次为经理人员，他们构成了整个社会结构的上层。专业技术人员的各项指标与经理人员相近，办事人员阶层和个体工商户阶层的各项指标比前者稍低，他们一起构成社会的中层。商业服务业人员、产业工人、农业劳动者和无业失业半失业人员则构成了社会的下层。

**（二）不同阶层政治资源拥有情况**

一个阶层拥有的合理的利益诉求渠道、利益表达的力度和有效性与该阶层占有的政治资源息息相关。因此，政治资源在社会各阶层的分布状况关系到各阶层关系的和谐。本章将从政治面貌、政治参与、利益诉求渠道三个方面来考察不同阶层政治资源的分配状况。

1. 不同社会阶层的政治面貌

我国现阶段的社会政治制度决定了党在国家经济社会生活中的特殊地位，共产党员和民主党派人士往往比群众有更多参政议政的机会。从表1－5中我们可以看出，国家与社会管理者中党员的比例最高，达到了93.75%，加入民主党派的占3.13%；办事人员中党员的比例占43.28%；经理人员中党员的比例达到了41.67%；专业技术人员中党员的比例为33.97%；私营企业主中党员的比例为21.74%。共产党员比例最低的是无业失业半失业人员，其次为产业工人阶层，均略高于4.8%，这两个阶层参政议政的机会比较少。值得注意的是，专业技术人员中民主党派的比例是所有阶层中比例最高的。

表1－5　不同阶层政治面貌状况

单位：%

|  | 政治面貌 | | | | 合计 |
|---|---|---|---|---|---|
|  | 群众 | 共青团员 | 共产党员 | 民主党派 | |
| 国家与社会管理者 | 3.13 | 0.00 | 93.75 | 3.13 | 100.00 |
| 经理人员 | 54.17 | 4.17 | 41.67 | 0.00 | 100.00 |
| 私营企业主 | 73.91 | 4.35 | 21.74 | 0.00 | 100.00 |
| 专业技术人员 | 50.64 | 10.26 | 33.97 | 5.13 | 100.00 |
| 办事人员 | 52.24 | 3.73 | 43.28 | 0.75 | 100.00 |
| 个体工商户 | 85.51 | 4.35 | 7.97 | 2.17 | 100.00 |
| 商业服务业人员 | 79.03 | 8.87 | 9.68 | 2.42 | 100.00 |
| 产业工人 | 86.71 | 7.25 | 4.83 | 1.21 | 100.00 |
| 农业劳动者 | 83.78 | 5.41 | 8.11 | 2.70 | 100.00 |
| 无业失业半失业人员 | 89.42 | 5.77 | 4.81 | 0.00 | 100.00 |
| 合　计 | 74.11 | 6.58 | 17.45 | 1.85 | 100.00 |

可见，从政治面貌来看，国家与社会管理者、办事人员、经理人员、专业技术人员拥有的政治资源较多。同时，我们发现，这几个阶层的受教育水平也高于其他阶层（见表 1 – 4），政治资源与文化资源关系密切。

2. 不同阶层的政治参与情况

我们从参与社区选举的角度来考察不同阶层的政治参与情况。本次调查问卷中问及"最近一次村/居委会换届选举，您是否去投票了"，从统计结果来看，一半以上的人都参加了投票，投票率为 57.47%。从不同社会阶层来看，国家与社会管理者、经理人员的投票率高达 90.00% 和 82.61%，农业劳动者和办事人员的投票率分别为 72.22% 和 68.22%。投票率最低的是产业工人阶层和私营企业主阶层，投票率分别为 46.72% 和 47.62%（见表 1 – 6）。

表 1 – 6　不同阶层政治参与状况

单位：%

| | 最近一次村/居委会换届选举，您是否去投票了 | | 合计 |
| --- | --- | --- | --- |
| | 投票了 | 没有投票 | |
| 国家与社会管理者 | 90.00 | 10.00 | 100.00 |
| 经理人员 | 82.61 | 17.39 | 100.00 |
| 私营企业主 | 47.62 | 52.38 | 100.00 |
| 专业技术人员 | 53.47 | 46.53 | 100.00 |
| 办事人员 | 68.22 | 31.78 | 100.00 |
| 个体工商户 | 56.45 | 43.55 | 100.00 |
| 商业服务业人员 | 65.25 | 34.75 | 100.00 |
| 产业工人 | 46.72 | 53.28 | 100.00 |
| 农业劳动者 | 72.22 | 27.78 | 100.00 |
| 无业失业半失业人员 | 64.13 | 35.87 | 100.00 |
| 合　计 | 57.47 | 42.53 | 100.00 |

可见，国家与社会管理者、经理人员和办事人员的政治参与度比其他阶层高。农民政治参与度高与村民直选的特殊制度安排相关。产业工人阶层政治参与度低，既与参与渠道不畅有关，又与户籍制度有关。私营企业主参与度低，可能与其对政治参与持冷淡的态度有关。

3. 不同阶层的利益诉求渠道

调查问卷中问及"在工作和生活中，与他人发生纠纷，找谁维护自己权益（请按顺序选出 3 项）"，不同阶层选择解决纠纷途径的偏好如表 1 - 7 所示（表中显示的是所有应答者中有多少比例的人选择了该项）。

表 1 - 7　发生事情找谁帮忙

单位：%

| | 找当事者协商 | 找亲朋好友帮忙 | 托人找关系 | 寻求媒体帮助 | 上访 | 打官司 | 找村委会/政府 | 忍了算了 |
|---|---|---|---|---|---|---|---|---|
| 国家与社会管理者 | 32.8 | 19.0 | 1.7 | 5.2 | 6.9 | 12.1 | 17.2 | 5.2 |
| 经理人员 | 34.1 | 4.9 | 2.4 | 7.3 | 17.1 | 19.5 | 12.2 | 2.4 |
| 私营企业主 | 20.6 | 14.7 | 14.7 | 2.9 | 8.8 | 17.6 | 11.8 | 8.8 |
| 专业技术人员 | 33.2 | 16.9 | 5.1 | 6.4 | 9.6 | 14.1 | 7.7 | 7.0 |
| 办事人员 | 35.4 | 13.0 | 6.1 | 5.7 | 6.1 | 15.9 | 10.2 | 7.7 |
| 个体工商户 | 31.4 | 9.6 | 6.4 | 3.2 | 5.9 | 19.1 | 14.4 | 10.1 |
| 商业服务业人员 | 25.7 | 15.6 | 5.6 | 3.9 | 5.0 | 8.9 | 14.0 | 21.2 |
| 产业工人 | 31.1 | 11.8 | 7.2 | 2.6 | 4.4 | 9.4 | 14.8 | 18.7 |
| 农业劳动者 | 17.3 | 19.2 | 9.6 | 3.8 | 5.8 | 7.7 | 32.7 | 3.8 |
| 无业失业半失业人员 | 30.5 | 16.0 | 4.6 | 2.3 | 2.3 | 8.4 | 19.8 | 16.0 |

找当事者协商是绝大多数阶层选择处理纠纷的方式，其次为找亲戚朋友帮忙，说明大部分人解决纠纷时选择非正式的渠道。当然这需要根据纠纷的性质而定。托人找关系，除了私营企业主选择的比例相对较高外，其余阶层都较低。寻求媒体帮助作为一种半正式的解决纠纷的方式，选择的比例却相对较低。经理人员中选择上访这一方式的人的比例高达 17.1%，其他阶层选择上访这一方式的比例却相对均低。将打官司作为解决纠纷的手段，在社会上层和中间阶层的比例较高，均有 12% 以上的人选择了此种方式，社会下层选择的比例则相对较低，均在 10% 以下。找村委会/政府帮忙，各阶层均有一定比例的人选，但是农业劳动者选择该途径的比例较高，说明村委会/政府在维护农民利益、解决农民矛盾方面有特殊作用，但也体现出农民利益表达渠道相对单一的情况。选择忍了算了作为解决纠纷方式者，比例由高到低的是商业服务业人员、产业工人和无业失业半失业人员，均在 15% 以上。

可见，相比较而言，社会中上层人士更倾向于采取正式的途径来进行利益表达和诉求，社会下层则更多地选择容忍、让步和妥协。

从政治资源的拥有情况来看，在社会上层中，国家与社会管理者居于首位，其次是经理人员，私营企业主是上层阶层中政治资源相对较少的阶层。在社会中间阶层中，办事人员的政治资源相对较多，其次是专业技术人员，个体工商户的政治资源相对较少。在基础社会阶层中，农民的政治资源相对较多，其他阶层相对较少。

### （三）不同阶层文化资源拥有情况

《当代中国社会阶层研究报告》中所界定的文化资源是指社会所认可（通过证书或资格认定）的知识和技能的拥有。本节主要从受教育年数来反映不同阶层对文化资源的拥有情况。如表 1 - 4 所示，专业技术人员拥有的文化资源最高，其次为国家与社会管理者，二者差别不大，分别为 13.89 年和 13.87 年；办事人员文化资源也比较高，平均受教育年数为 12.45 年；经理人员和私营企业主的平均受教育年数相对较低，分别为 11.04 年和 9.52 年；个体工商户、商业服务业人员、产业工人和无业失业半失业人员平均受教育年数较低且接近，大多在 8 年以上 9 年以下，基本完成 9 年义务教育，达到初中文化水平；农业劳动者文化水平最低，人均只有 5.87 年，仅达到小学文化水平。

从表 1 - 4 中我们还可以看出，文化资源的拥有与经济资源的拥有高度相关，文化资源越多，学历越高，个人收入也相对较高，社会阶层的位置也相对较高。

### （四）不同阶层社会保障资源拥有情况

社会保障是政府公共服务的重要组成部分，我们从不同阶层之间社会保障（主要是社会保险）的覆盖情况来分析不同阶层公共服务资源的拥有情况，从不同阶层对目前社会保障制度满意度的角度来验证各阶层对该资源的占有情况。

总体来讲，医疗保险和养老保险的覆盖率比较高，均在65%以上，失业保险、工伤保险和住房公积金的覆盖率比较低，仅超过了20%（见表 1 - 8）。

从各类保险的覆盖率来看，覆盖率最高的是国家与社会管理者阶层，其次是办事人员阶层，再次是经理人员阶层和专业技术人员阶层。与其他阶层相比，个体工商户和无业失业半失业人员各项保险的覆盖率都比较低，甚至存在没有任何保险的情况，出现这一情况的比例分别达 14.6% 和 15.2%。因此，要实现社会保障全覆盖，个体工商户和无业失业半失业人员将是今后工作的重点对象。

表1-8　不同阶层社会保险覆盖情况

单位：%

| | 医疗保险或合作医疗 | 养老保险 | 失业保险 | 工伤保险 | 住房公积金 | 都没有 |
|---|---|---|---|---|---|---|
| 国家与社会管理者 | 100.0 | 84.4 | 53.1 | 59.4 | 75.0 | 0.0 |
| 经理人员 | 100.0 | 91.7 | 29.2 | 29.2 | 16.7 | 0.0 |
| 私营企业主 | 100.0 | 73.9 | 8.7 | 8.7 | 0.0 | 0.0 |
| 专业技术人员 | 98.1 | 80.1 | 41.7 | 30.8 | 53.2 | 0.6 |
| 办事人员 | 98.5 | 86.7 | 41.5 | 40.0 | 43.7 | 0.0 |
| 个体工商户 | 79.0 | 55.8 | 7.2 | 5.1 | 2.2 | 14.6 |
| 商业服务业人员 | 83.9 | 67.7 | 17.7 | 14.5 | 8.9 | 10.5 |
| 产业工人 | 75.2 | 60.0 | 19.7 | 27.2 | 15.0 | 11.7 |
| 农业劳动者 | 94.4 | 83.3 | 5.6 | 5.6 | 5.6 | 2.8 |
| 无业失业半失业人员 | 71.4 | 58.1 | 1.0 | 1.0 | 2.9 | 15.2 |
| 合　计 | 84.1 | 68.1 | 22.2 | 22.8 | 21.2 | 8.4 |

　　从不同阶层对目前社会保障制度的满意度来看，对社会保障制度表示满意比例最高的阶层分别是国家与社会管理者（90.6%）、办事人员（73.1%）和经理人员（62.5%）（见表1-9）。此外，农业劳动者对社会保障制度的满意度也较高（62.2%），这与这一阶层从过去无任何社会保障到现在有各种保障的变化有关。

表1-9　对现有的社会保障制度是否满意

单位：%

| | 满意 | 不太满意 | 很不满意 | 没想过 | 合计 |
|---|---|---|---|---|---|
| 国家与社会管理者 | 90.6 | 6.3 | 3.1 | 0.0 | 100.0 |
| 经理人员 | 62.5 | 33.3 | 0.0 | 4.2 | 100.0 |
| 私营企业主 | 59.1 | 27.3 | 0.0 | 13.6 | 100.0 |
| 专业技术人员 | 57.1 | 32.5 | 3.9 | 6.5 | 100.0 |
| 办事人员 | 73.1 | 18.7 | 0.7 | 7.5 | 100.0 |
| 个体工商户 | 47.8 | 33.6 | 5.2 | 13.4 | 100.0 |
| 商业服务业人员 | 61.5 | 20.5 | 4.9 | 13.1 | 100.0 |
| 产业工人 | 56.6 | 21.6 | 6.0 | 15.9 | 100.0 |
| 农业劳动者 | 62.2 | 24.3 | 5.4 | 8.1 | 100.0 |
| 无业失业半失业人员 | 50.0 | 30.0 | 8.0 | 12.0 | 100.0 |
| 合　计 | 58.8 | 24.7 | 4.7 | 11.8 | 100.0 |

对现有社会保障制度满意度低（包括不太满意和很不满意）的两个阶层是无业失业半失业人员、个体工商户阶层，分别有超过 1/3 的人表示不满意。

由此可见，各阶层对社会保障制度的满意度与社会保障覆盖率高度一致。同时，我们也可以看出，占有组织资源较多的国家与社会管理者和办事人员（主要指政府事业单位中的）享受公共服务的机会更多，受到社会保障的范围更广，保障的水平更高，对社会保障制度的满意度也最高。

### 三　小结

本节主要描述了太仓社会阶层结构的现状及呈现为金字塔形的社会阶层结构。从户籍人口与非户籍人口在社会阶层结构中的分布，我们可以发现，非户籍（外地人）人口大多处于社会的下层。从对户籍人口中非农业人口和农业人口的社会阶层结构进行分析，我们可以发现，前者呈现现代社会阶层结构特征，后者仍然是传统的社会阶层结构。

同时，我们从四个方面具体描述了不同阶层之间资源占有的差异，验证了陆学艺教授关于十大阶层划分标准的合理性。但是，太仓社会阶层之间资源占有的不平等是否合理，合理的界限是什么，这种不平等是否得到各阶层的认可，这些问题仍然需要继续深入的研究。

## 第三节　太仓社会阶层间流动状况

上节我们分析了太仓不同社会阶层人员所占的比例，勾勒了社会阶层结构的轮廓，描述了不同阶层之间资源占有的差异。那么，不同社会阶层人士经历了怎样的路径获得目前的阶层位置，家庭出身与阶层位置获得是否相关，这些问题要通过社会流动分析来回答。社会流动指人们在社会分层结构中地位和位置的变化。我们采用的是代际流动和代内流动分析表技术，"代际流动表是把父亲职业地位与子女职业地位进行交互分析，考查代际之间职业地位或阶层位置的变化；代内流动表是把本人最初职业的阶层位置与当前的阶层地位进行交互分析，考查个人所经历的职业地位或阶层位置的变化"[①]。

---

① 陆学艺主编《当代中国社会流动》，社会科学文献出版社，2004，第 138 页。

借助这一分析技术，我们可以深入探讨太仓十大阶层的来源构成、流动机会和流动路径，并从中把握各阶层的形成过程、阶层间的社会距离。本章我们将着重就某些有代表性的阶层的流动状况进行分析。

## 一 优势地位阶层的流动特征

### 1. 国家与社会管理者阶层

从代际流动交互表（表1－10）来看，国家与社会管理者家庭出身的人中，5.0%的人是国家与社会管理者，45.0%的人是专业技术人员，15.0%的人是办事人员，15.0%的人是个体工商户，15.0%的人是产业工人，5.0%的人是商业服务业人员。

目前职业是国家与社会管理者中，3.4%的人出身于国家与社会管理者家庭，6.9%的人出身于经理人员家庭，3.4%的人出身于专业技术人员家庭，6.9%的人出身于办事人员家庭，6.9%的人出身于个体工商户家庭，13.8%的人出身于产业工人家庭，58.6%的人出身于农民家庭。可见，超过一半的人出身于农民家庭，比例较大。这一方面是由于农民在整个社会中所占的比重较大，另一方面是因为在本次调查的国家与社会管理者中，村（居）民委员会主任和书记所占比例较大。虽然出身于工农家庭的人所占比例较大，但是，并不意味着工农家庭出身者成为国家与社会管理者的机会多。我们可以看到，工人家庭出身的人中每100人只有2.2人成为国家与社会管理者，农民家庭出身的人中每100人只有2.5人成为国家与社会管理者，远低于国家与社会管理者家庭（5.0人）和经理人员家庭（14.3人）。

从代内流动交互表（表1－11）来看，国家与社会管理者是一个多进少出的阶层。最初职业是国家与社会管理者的，大多数目前的职业仍然是国家与社会管理者（42.9%），另外一部分人流入了经理人员阶层（14.3%）、私营企业主阶层（7.1%）和办事人员阶层（28.6%）。代内流动交互表显示，掌握组织资源的国家与社会管理者阶层有向掌握经济资源阶层流动的趋势。代内流动交互表还显示，国家与社会管理者的流向局限于一些固定的范围。19.4%的国家与社会管理者初职即为国家与社会管理者，各有16.1%的国家与社会管理者初职是专业技术人员和产业工人，45.2%的国家与社会管理者初职是办事人员。可见，专业技术人员和办事人员是国家与社会管理者的主要来源。

表 1-10 代际流动交互表

单位：%

| 父亲职业 | | 本人现职 | | | | | | | | | | |
| --- | --- | --- | --- | --- | --- | --- | --- | --- | --- | --- | --- | --- |
| | | 国家与社会管理者 | 经理人员 | 私营企业主 | 专业技术人员 | 办事人员 | 个体工商户 | 商业服务业人员 | 产业工人 | 农业劳动者 | 无业失业半失业人员 | 合计 |
| 国家与社会管理者 | 行 | 5.0 | — | — | 45.0 | 15.0 | 15.0 | 5.0 | 15.0 | — | — | 100.0 |
| | 列 | 3.4 | — | — | 6.6 | 2.4 | 2.4 | 0.9 | 0.8 | — | — | 1.9 |
| 经理人员 | 行 | 14.3 | — | — | 21.4 | 14.3 | 28.6 | — | 21.4 | — | — | 100.0 |
| | 列 | 6.9 | — | — | 2.2 | 1.6 | 3.2 | — | 0.8 | — | — | 1.3 |
| 私营企业主 | 行 | — | — | 25.0 | — | — | — | 25.0 | 25.0 | — | 25.0 | 100.0 |
| | 列 | — | — | 4.5 | — | — | — | 0.9 | 0.3 | — | 1.0 | 0.4 |
| 专业技术人员 | 行 | 3.2 | 3.2 | — | 41.9 | 12.9 | 9.7 | 12.9 | 16.1 | — | — | 100.0 |
| | 列 | 3.4 | 4.5 | — | 9.6 | 3.3 | 2.4 | 3.5 | 1.3 | — | — | 2.9 |
| 办事人员 | 行 | 3.0 | 4.5 | 1.5 | 19.7 | 31.8 | 6.1 | 15.2 | 9.1 | 1.5 | 7.6 | 100.0 |
| | 列 | 6.9 | 13.6 | 4.5 | 9.6 | 17.1 | 3.2 | 8.8 | 1.6 | 3.7 | 5.2 | 6.1 |
| 个体工商户 | 行 | 4.4 | — | 4.4 | 17.8 | 8.1 | 22.2 | 2.2 | 26.7 | — | — | 100.0 |
| | 列 | 6.9 | — | 9.1 | 5.9 | 22.2 | 8.0 | 0.9 | 3.1 | — | — | 4.2 |
| 商业服务业人员 | 行 | — | 3.7 | 3.7 | 7.4 | 14.8 | 7.4 | 22.2 | 25.9 | — | 14.8 | 100.0 |
| | 列 | — | 4.5 | 4.5 | 1.5 | 3.3 | 1.6 | 5.3 | 1.8 | — | 4.2 | 2.5 |
| 产业工人 | 行 | 2.2 | 3.8 | 1.1 | 20.4 | 8.6 | 11.8 | 8.1 | 38.2 | 0.5 | 5.4 | 100.0 |
| | 列 | 13.8 | 31.8 | 9.1 | 27.9 | 13.0 | 17.6 | 13.3 | 18.5 | 3.7 | 10.4 | 17.3 |
| 农业劳动者 | 行 | 2.5 | 1.5 | 2.2 | 7.2 | 9.0 | 11.4 | 11.1 | 40.5 | 3.7 | 10.9 | 100.0 |
| | 列 | 58.6 | 45.5 | 68.2 | 36.0 | 49.6 | 61.6 | 66.4 | 71.4 | 92.6 | 77.1 | 62.9 |
| 无业失业半失业人员 | 行 | — | — | — | 14.3 | 28.6 | — | — | 28.6 | — | 28.6 | 100.0 |
| | 列 | — | — | — | 0.7 | 1.6 | — | — | 0.5 | — | 2.1 | 0.6 |
| 合计 | 行 | 2.7 | 2.0 | 2.0 | 12.6 | 11.4 | 11.6 | 10.5 | 35.7 | 2.5 | 8.9 | 100.0 |
| | 列 | 100.0 | 100.0 | 100.0 | 100.0 | 100.0 | 100.0 | 100.0 | 100.0 | 100.0 | 100.0 | 100.0 |

表1-11　代内流动交互表

单位：%

| 本人初职 | | 本人现职 | | | | | | | | | | |
| --- | --- | --- | --- | --- | --- | --- | --- | --- | --- | --- | --- | --- |
| | | 国家与社会管理者 | 经理人员 | 私营企业主 | 专业技术人员 | 办事人员 | 个体工商户 | 商业服务业人员 | 产业工人 | 农业劳动者 | 无业失业半失业人员 | 合计 |
| 国家与社会管理者 | 行 | 42.9 | 14.3 | 7.1 | — | 28.6 | — | — | — | — | 7.1 | 100.0 |
| | 列 | 19.4 | 9.1 | 5.3 | — | 3.1 | — | — | — | — | 1.1 | 1.3 |
| 经理人员 | 行 | 8.3 | 58.3 | 8.3 | — | 8.3 | 8.3 | — | 8.3 | — | — | 100.0 |
| | 列 | 3.2 | 31.8 | 5.3 | — | 0.8 | 0.8 | — | 0.3 | — | — | 1.1 |
| 私营企业主 | 行 | — | — | 75.0 | — | — | — | 25.0 | — | — | — | 100.0 |
| | 列 | — | — | 15.8 | — | — | — | 0.9 | — | — | — | 0.4 |
| 专业技术人员 | 行 | 3.1 | 2.5 | 0.6 | 74.8 | 6.3 | 3.1 | 4.4 | 1.9 | — | 3.1 | 100.0 |
| | 列 | 16.1 | 18.2 | 5.3 | 85.0 | 7.9 | 4.2 | 6.3 | 0.8 | — | 5.6 | 14.9 |
| 办事人员 | 行 | 12.1 | 3.4 | 1.7 | 3.4 | 56.9 | 6.9 | 6.0 | 4.3 | — | 5.2 | 100.0 |
| | 列 | 45.2 | 18.2 | 10.5 | 2.9 | 52.0 | 6.7 | 6.3 | 1.3 | — | 6.7 | 10.9 |
| 个体工商户 | 行 | — | — | — | 1.7 | 8.6 | 70.7 | 6.9 | 5.2 | — | 6.9 | 100.0 |
| | 列 | — | — | — | 0.7 | 3.9 | 34.5 | 3.6 | 0.8 | — | 4.4 | 5.5 |
| 商业服务业人员 | 行 | — | — | 4.5 | 5.7 | 9.1 | 5.7 | 47.7 | 15.9 | 1.1 | 10.2 | 100.0 |
| | 列 | — | — | 21.1 | 3.6 | 6.3 | 4.2 | 37.8 | 3.6 | 4.8 | 10.0 | 8.3 |
| 产业工人 | 行 | 0.9 | 0.9 | 1.3 | 2.1 | 4.7 | 9.0 | 7.9 | 63.6 | 1.5 | 8.2 | 100.0 |
| | 列 | 16.1 | 22.7 | 36.8 | 7.9 | 19.7 | 40.3 | 37.8 | 88.5 | 38.1 | 48.9 | 50.3 |
| 农业劳动者 | 行 | — | — | — | — | — | 14.9 | 7.2 | 24.3 | 38.1 | 23.0 | 100.0 |
| | 列 | — | — | — | — | — | 16.2 | 10.8 | 4.7 | 57.1 | 18.9 | 7.0 |
| 无业失业半失业人员 | 行 | — | — | — | — | — | — | — | — | — | 100.0 | 100.0 |
| | 列 | — | — | — | — | — | — | — | — | — | 4.4 | 0.4 |
| 合计 | 行 | 2.9 | 2.1 | 1.8 | 13.2 | 11.9 | 11.2 | 10.4 | 36.1 | 2.0 | 8.5 | 100.0 |
| | 列 | 100.0 | 100.0 | 100.0 | 100.0 | 100.0 | 100.0 | 100.0 | 100.0 | 100.0 | 100.0 | 100.0 |

### 2. 私营企业主阶层

代际流动交互表（表 1 - 10）显示，私营企业主家庭出身的人成为私营企业主的概率明显高于其他家庭出身的人，达到了 25.0%，其余则流向商业服务业人员、产业工人阶层、无业失业半失业人员，各占四分之一。从私营企业主的流入情况来看，目前的私营企业主出身于农民家庭的占 68.2%，出身于个体工商户和产业工人家庭的各占 9.1%，出身于私营企业主家庭、办事人员家庭、商业服务业人员家庭的各占 4.5%。

从代内流动交互表（表 1 - 11）可见，流出率的情况是，最初是私营企业主的人，现在大部分（75.0%）仍然是私营企业主，只有少部分转为商业服务业人员（25.0%），私营企业主的流动性比较小。流入率的情况是，目前私营企业主当中 36.8% 的人初职是产业工人，21.1% 的人初职是商业服务业人员，15.8% 的人初职就是私营企业主，初职是办事人员的占 10.5%，初职是国家与社会管理者、经理人员和专业技术人员的各占 5.3%。

可见，私营企业主的代际继承性不明显。目前私营企业主中以农民家庭出身为主，他们中初职是产业工人和商业服务业人员的比例较大，拥有的文化资源（受教育年数）相对较少，阶层的流动性相对较小。

## 二  中间阶层的流动特征

### 1. 专业技术人员阶层

从代际流动交互表（表 1 - 10）来看，专业技术人员阶层的代际传递性较强。父亲职业是国家与社会管理者和专业技术人员家庭的子女成为专业技术人员的概率比较大，分别为 45.0% 和 41.9%，经理人员家庭出身的子女成为专业技术人员的比例为 21.4%。家庭出身于中上层的子女，成为专业技术人员的概率较大，农民家庭出身的子女成为专业技术人员的概率最低（7.2%）。从目前职业身份来看，专业技术人员主要出身于工人和农民家庭，分别占 27.9% 和 36.0%，这主要是由于工人、农民本身基数大。

从代内流动交互表（表 1 - 11）来看，专业技术人员是流动率最低的。初职是专业技术人员的，74.8% 的人仍为专业技术人员，现有的专业技术人员中 85.0% 的人初职是专业技术人员。

但是，初职是专业技术人员阶层的，既有向上流动到国家与社会管理者阶层、经理人员阶层和私营企业主阶层，也有向下流动到其他阶层。可见，流动的跨度相对比较大。

2. 办事人员阶层

代际流动交互表（表 1 - 10）显示，办事人员家庭出身的人，31.8% 的人现职为办事人员，19.7% 的人现职为专业技术人员，合计有 9.0% 的人向上流入国家与社会管理者、经理人员和私营企业主阶层，其余则流入个体工商户（6.1%）、商业服务业人员（15.2%）、产业工人（9.1%）等阶层。目前的办事人员中，49.6% 来自农业劳动者家庭，17.1% 来自办事人员家庭，13.0% 来自工人家庭。可见，除了办事人员家庭外，工人、农民家庭出身者流入办事人员阶层者比较多。

从代内流动交互表（表 1 - 11）来看，初职是办事人员的，56.9% 的人仍然是办事人员，其中有 12.1% 的人向上流入国家与社会管理者阶层，3.4% 的人流入经理人员阶层，1.7% 的人流入私营企业主阶层，另有一部分人流入个体工商户和商业服务业人员及产业工人阶层中。从目前的办事人员构成来看，52.0% 的人初职就是办事人员，说明这一阶层进入的学历要求比较高；19.7% 的人来自工人阶层，说明办事人员阶层是工人阶层向上流动的一个渠道；来自其余各阶层的比例均低于 10%。

办事人员阶层比较开放，代际继承性不是很强，但是其代内流动性比较低。办事人员阶层是较低社会阶层进行向上社会流动的重要途径。

3. 个体工商户阶层

从代际流动交互表（表 1 - 10）来看，个体工商户家庭出身的人中，22.2% 的人是个体工商户，有较高比例的人流入办事人员阶层（22.2%）和专业技术人员阶层（17.8%），有少部分人流入私营企业主和国家与社会管理者阶层，各占 4.4%。目前是个体工商户阶层的人中，61.6% 的人来自农民家庭，17.6% 的人来自工人家庭，8.0% 来自个体工商户家庭。农民和工人家庭出身的人在个体工商户中占的比例较大。

从代内流动交互表（表 1 - 11）来看，初职是个体工商户的，70.7% 目前仍然是个体工商户，少量的人流入办事人员阶层（8.6%）和专业技术人员阶层（1.7%），还有少量流入商业服务业人员阶层（6.9%）和产业工人阶层（5.2%）。所以，个体工商户阶层的流动性比较小。

目前是个体工商户者，34.5% 的人初职是个体工商户，40.3% 的人初职是产业工人，9.2%的人初职是农民。个体工商户中初职是产业工人的人所占比重较大。

可以看出，个体工商户的代际继承性较弱，工农家庭是个体工商户的主要来源；个体工商户的流动性非常低，其来源除了初职是个体工商户外，大部分初职是产业工人。

### 三　基础阶层的社会流动

1. 产业工人阶层

从代际流动来看，产业工人家庭出身的人，38.2%的人目前仍然是产业工人。这一阶层的代际继承性比较强，流向其他各个阶层的人都有，比例较高的有专业技术人员阶层（20.4%）和个体工商户阶层（11.8%）。从产业工人的家庭出身构成来看，71.4%的产业工人来自农民家庭，另有18.5%的产业工人来自工人家庭。这一构成反映了城市化、工业化中农村劳动力转移的主要去向。

从代内流动来看，初职是产业工人的人中，63.6%的人目前仍然是产业工人，有少数人向上流动到个体工商户阶层（9.0%）、专业技术人员阶层（2.1%）和办事人员阶层（4.7%）中，极少数人（3.1%）流入国家与社会管理者、经理人员和私营企业主阶层中。

从产业工人的来源来看，初职是产业工人的占88.5%，反映出该职业代内流动性比较差。此外，4.7%的人初职是农业劳动者，3.6%的人初职是商业服务业人员，初职是其他阶层的人较少。

可见，产业工人阶层代际继承性较强，代内流动性较差，多数产业工人来自农民家庭。该阶层向中层流动的机会有限，向上流动的机会很少。

2. 农业劳动者阶层

从代际流动来看，农民家庭出身的人中3.7%的人仍然是农民，该阶层最主要的流向是工人阶层（40.5%），其次是商业服务业人员阶层（11.1%）和个体工商户阶层（11.4%），再次是办事人员阶层（9.0%）和专业技术人员阶层（7.2%），另有少量的人流向国家与社会管理者阶层（2.5%）、经理人员阶层（1.5%）和私营企业主阶层（2.2%）。可见，农业劳动者代际继承性非常低。从目前的务农者来看，92.6%的人出身于农民家庭，各有3.7%的人来自办事人员家庭和产业工人家庭。

从代内流动来看，初职是农业劳动者中，只有16.2%的人仍然务农，

24.3%的人转为产业工人，10.8%的人转为商业服务业人员，14.9%的人转为个体工商户，10.8%的人转为办事人员，还有23.0%的人成为无业失业半失业人员。该阶层中没有转为其他较高阶层的人，反映了农业劳动者技能少、人力资本少、竞争力弱的现实。可见，虽然农业劳动者代内流动性大，但是流动的距离较短，流入高层的概率非常小。

目前务农的人当中，57.1%的人初职是农民，38.1%的初职是产业工人，另有4.8%的人初职是商业服务业人员。可见，大部分农民的出身仍是农民，也有少部分务工人员回来再务农的情况。

总之，在迅速的城市化和工业化背景下，农业迅速萎缩。农民阶层的代际继承性较低，代内流动性较大。

## 四 流动率的比较

从代际流动来看，太仓的总流动率是86.1%，不流动率是13.9%，而全国的总流动率是48.3%，不流动率是51.7%（见表1-12）。总体来看，太仓的流动率是全国流动率的1.8倍。太仓的向上流动率是全国的1.9倍，向下流动率是全国的1.5倍。在代际流动方面，太仓比较开放，且以向上流动为主。之所以形成这种局面，很大程度上是由于农民的流动率高、流动规模大，而且主要是向工人阶层流动。

从代内流动来看，虽然太仓的流动率略高于全国水平，但是其代内不流动率是流动率的1.5倍。太仓代内流动性不强，表明初职对于个人的最终职业地位影响非常大，代内向上流动率略高于向下流动率，但是远没有代际流动那样高的向上流动率。

表1-12 太仓社会流动率与全国社会流动率的比较

单位:%

| | 代际流动 | | 代内流动 | |
|---|---|---|---|---|
| | 太仓 | 全国 | 太仓 | 全国 |
| 不流动率 | 13.9 | 51.7 | 60.1 | 63.2 |
| 总流动率 | 86.1 | 48.3 | 39.9 | 36.8 |
| 向上流动率 | 68.9 | 37.0 | 23.6 | 23.2 |
| 向下流动率 | 17.1 | 11.3 | 16.3 | 13.6 |

注：全国的数据引自李春玲《断裂与碎片：当代中国社会阶层分化实证研究》，社会科学文献出版社，2005，第399页。

通过对代际流动率和代内流动率的分析比较，我们可以看出，个人的初职对于最终职业阶层的归属的影响要大于家庭出身，它影响着流动的距离和方向。初职的职业地位与自身的职业技能和文化水平密切相关，也就是说，个人的能力（人力资本）在决定社会阶层地位方面的作用显著。这恰恰是一个相对开放的社会的重要特征。

太仓的社会阶层流动体现了工业化社会的诸多特点，例如：代际流动和代内流动的增长；流动的趋势是从第一产业向第二产业、从第二产业向第三产业转移；在分层体系中，等级位置相似或接近的职业群体更容易交换其成员；流动主要是在相邻阶层间的短距离流动，而不是跨越多个阶层的长距离流动。

## 第四节　太仓社会阶层结构的现代化意义

现代化的阶层结构应该是中产阶级比例较大的"两头小中间大"的橄榄形阶层结构。当前太仓的社会阶层结构是社会下层人数居多的金字塔形的阶层结构，且呈现外来人口占社会下层大多数的显著特点。如何来正确认识当前的社会阶层结构，是太仓进行社会建设和社会管理的一个基本出发点。

### 一　金字塔形的社会阶层结构

以米尔斯为代表的西方学者关于中产阶级占主体的橄榄形社会阶层结构的研究，是基于已经完成工业化或者转向后工业社会的国家的分析。同样，东亚地区新中产阶级的出现和整个社会结构的变动也是这一地区资本主义工业化和向后工业化转变的结果。[1] 可见，社会阶层结构必须与社会经济发展水平和发展阶段相适应。

太仓的产业结构中第二产业占一半以上（2010 年，第二产业占国内生产总值的 57.4%），职业结构中产业工人仍占一半以上。总体来看，太仓仍处于工业化中期或后期。工业化的特点之一是半熟练工人[2]是劳动力中最大的一部分。因此，无论从所有常住人口（包括户籍和非户籍）还是从常住

---

① 周晓虹：《中产阶级：何以可能与何以可为?》，《江苏社会科学》2002 年第 6 期。
② 只经过若干星期的训练，便能按照机器工作的要求进行简单的常规操作。

户籍人口的社会阶层结构来看，太仓的社会阶层结构都是呈现为上小下大的金字塔形结构。这与太仓目前的社会经济发展水平相适应，并且是由其决定的。金字塔形的社会阶层结构在目前和将来很长一段时间内仍是占主导的社会结构形态。我们不能跨越社会经济发展水平，盲目追求橄榄形社会结构。因此，方针、政策的制定应当建立在社会经济发展水平的基础之上，重点考虑提高广大低收入者的收入水平和富裕程度，保障弱势群体的基本权益。

有学者指出，中国目前以及将来数十年都将处在工业化阶段，不会整体进入后工业社会，"中国社会结构的第一个历史性转变将是市民化或工人阶级化，第二个历史性转变才会是中产阶级化"，所以目前及今后数十年的主要任务是推动第一个转变早日实现。[①] 这不仅是整个国家的任务，也是太仓的任务。

## 二　中产阶级的规模与作用

虽然我们不应把社会政策的重心放在扶持中产阶级的发展上，但是，还是要重视中产阶级，引导中产阶级在社会建设中发挥应有的作用。

美国社会学家米尔斯所研究的中产阶级包括老中产阶级和新中产阶级，小农场主、小店主和小企业主被称为"老式中产阶级"，后工业社会日益增多的专业技术人员、经理人员、学校教师、办公室工作人员及在商店内外从事推销工作的人员等，则是"新中产阶级"。专业技术人员是新中产阶级的核心。[②] 在我国，对中产阶级的定义争议颇大。通常有四个标准可以用来界定中产阶级，第一是收入标准，第二是职业标准，第三是教育标准，第四是消费及生活方式标准。但是究竟以哪个标准为主，以及该标准的界限在哪里，学界并未达成一致意见。社会学家通常根据职业分类和就业身份来划分中产阶级。[③]

我们对太仓的研究是从广义和狭义两个角度来定义中产阶级。狭义的中产阶级主要是指专业技术人员、办事人员、个体工商户，广义的中产阶级还包括私营企业主、经理人员。从狭义的角度来看，太仓中产阶级在整个社会

---

① 郭强：《试论中国社会结构的断裂与转型》，《北京交通大学学报》2004年第4期。

② 周晓虹：《中产阶级：何以可能与何以可为？》，《江苏社会科学》2002年第6期。

③ 李春玲：《中国中产阶级的发展状况》，《黑龙江社会科学》2011年第1期。

阶层结构中的占比为 25.66%（专业技术人员占 9.05%，办事人员占 7.30%，个体工商户占 9.31%）；从广义的角度来看，中产阶级占 29.49%（其中私营企业主占 2.53%，经理人员占 1.30%）。就太仓目前的经济社会发展状况而言，中产阶级的规模不足整个阶层结构的 1/3[1]，比例相对较小，而且其内部结构不是很合理。首先，现代中产阶级的核心是专业技术人员，但是太仓专业技术人员的比例没有超过个体工商户，不到广义中产阶层的 1/3。其次，与发达地区相比，太仓中产阶级的规模小且内部结构不合理，私营企业主和经理人员的比例偏低，如深圳市 2001 年经理人员占整个阶层结构的比例为 6.7%，私营企业主阶层仅占 4.2%[2]。

从社会结构的角度看，中产阶级拥有重要的社会功能，是维系社会稳定的重要力量。中产阶级是上下社会阶层之间的缓冲层，具有温和而保守的意识形态，是引导社会消费的主要群体。此外，有学者研究发现，中产阶层具有较强的公民身份意识和政治参与愿望。中产阶层比其他阶层在参加单位以外的社会组织、公益活动中更加积极，在所参加的社会组织活动中更有可能是积极的组织者、领导者。[3] 此次调研中，我们发现了这一现象的实例，比如，太仓义工联合会的发起者和组织者都来自中产阶级。

太仓义工联合会是在太仓义工网基础上成立的，是在民政部门登记注册的社会团体法人，由无偿为社会提供义工服务的各界人士组成，宗旨是"服务社会，传播文明"，倡导"参与、互助、奉献、进步"的义工精神。太仓义工网志愿者义工服务时间累计已达 2 万多小时，成功开展了 300 多次公益活动，涉及"救灾""帮困""助学""环保""助残"等多个公益项目。太仓义工网的发起人及理事会的成员都是典型的中产阶级，包括开店的小业主、公司白领、公务员等。

太仓义工联合会的案例告诉我们，要充分意识到中产阶级的社会力量，增强政府与中产阶层人士、社会组织之间的互动，激发中产阶级参与社会建

---

[1] 陆学艺教授提出，一个国家或地区的中产阶层在人口中的比例占到 40% 以上时，政治经济状况就会相对稳定，社会秩序会比较好，社会会比较和谐。

[2] 陆学艺主编《当代中国社会阶层研究报告》，社会科学文献出版社，2002，第 276 页。

[3] 刘欣：《发挥中产阶层在城市社会建设中的作用》，《探索与争鸣》2010 年第 1 期。

设的热情，使中产阶级通过参与社会组织，充分发挥其在社会组织和公益社会事业建设中的作用。

### 三　外来人口社会融合问题

太仓社会阶层结构的另一个特点是，外来人口所占比例大，且主要集中于社会下层。随着经济的迅速发展，本地劳动力已经不能满足用工需求，导致外来人口的迅速增加。据当地县志记载，1985 年暂住太仓县内三个月以上的自由流动人口有 20928 人，绝大多数都是来太仓务工经商的人员。到 2009 年底，据太仓公安部门统计，全市流动人口已经达到 36.08 万。

从社会阶层结构来看，外来人口占整个阶层结构的 44%，其中，农民工①占产业工人的 53%，占外来人口的 83%。在太仓的社会经济体系中，农民工已经成为不可或缺的一部分，为太仓的发展做出了重要的贡献。

尽管外来人口为太仓本地的发展做出了很大贡献，但他们的贡献无法在统计上得以体现（通常统计口径将外来人口排除在外），劳动报酬的差别依然存在，教育、医疗、养老等一系列社会公共服务也无法覆盖这一群体。外来人口的就业状况和收入状况很不稳定，从其居住、收入和享受公共服务的状况看，仍然是城市低收入和贫困人群的主体。外来人口和本地人口在事实上形成了一种新的二元结构。因此，保障外来人口的合法权益，促进外来人口的社会融合，也是太仓工业化的重要任务之一。

社会融合的过程是一个双向互动的过程，一方面取决于外来人口自身的愿望、能力、努力程度等，另一方面取决于流入地对外来人口的态度，流入地的制度结构对外来人口的社会融合具有决定意义。本次调查显示，对很多已经在太仓工作多年、有一定技术和经验的"新太仓"人来说，住房和子女的教育问题（包括义务教育和高中教育）是阻碍他们在太仓安居的两个主要因素。因此，提供外来人口负担得起的便宜的住房、解决外来人口子女就学问题应当成为太仓市政府的一项重要工作。

此外，在社会融合中要逐步放开户籍管理政策，建立由临时居住到长久居住、由暂住证到户口本的制度。外来人口在太仓有稳定工作（比如两年

---

① 指非太仓户籍的农村户籍人员中的个体工商户、商业服务业人员、产业工人、农业劳动者、失业人员。

以上），按期缴纳社会保险或纳税，或者投资达到一定规模，则允许其取得太仓户籍，获得永久居住权，获得与本地户籍居民同样的权利。

## 四 结论与建议

从社会结构阶层化的角度来看，社会建设的目标就是建设和谐的阶层关系，社会管理的创新就是要整合日益分化的阶层结构，形成一个新的协调利益矛盾与冲突的社会体制。结合太仓社会阶层结构的特点，本章提出了社会建设与管理的三个着力点：

第一，重视并提高产业工人的社会经济地位。

产业工人在社会阶层结构的比重最大，他们的社会经济地位是否能够提高关系到社会经济的稳定。一方面，制定合理的工资分配政策和社会保险政策，保证工人的合理收入。另一方面，通过正规的全日制教育和非正规技术培训提高产业工人的技能，同时引导企业提高培训费用，使更多的半熟练工人转变为技术工人。

第二，建立公众参与机制。

通过政府基金、项目指引等，引导社会各阶层，尤其是中产阶层，通过组织或参与社会组织，有序参与社会建设。在社会组织建设过程中，做到适当的政社分离，不但可以使中产阶层所具有的社会力量成为和谐社会的积极因素，也可以大大降低政府管理社会的成本。

第三，促进外来人口融合。

确立外来人口是"新市民"的理念，将外来人口纳入城市统一的人口管理体系。在就业、住房、医疗、社会保障、子女入学、职业介绍等方面提供与本地市民同等的服务。

总之，橄榄形的社会阶层结构是太仓社会阶层结构未来发展的目标。当前，太仓社会建设要秉持社会公正的理念，努力形成一种各阶层"各尽所能、各得其所、和谐相处"的局面。

**参考文献**

安东尼·克罗斯兰：《社会主义的未来》，轩传树、朱美荣、张寒译，上海人民出版社，
2011。

郭强：《试论中国社会结构的断裂与转型》，《北京交通大学学报》2004年第4期。

李春玲：《中国中产阶级的发展状况》，《黑龙江社会科学》2011年第1期。

李路路：《社会结构阶层化和利益关系市场化——中国社会管理面临的新挑战》，《社会学研究》2012年第2期。

刘欣：《当前中国社会阶层分化的制度基础》，《社会学研究》2005年第5期。

刘欣：《发挥中产阶层在城市社会建设中的作用》，《探索与争鸣》2010年第1期。

陆学艺主编《当代中国社会阶层研究报告》，社会科学文献出版社，2002。

陆学艺主编《当代中国社会结构》，社会科学文献出版社，2010。

陆学艺主编《当代中国社会流动》，社会科学文献出版社，2004。

《太仓县志》，江苏人民出版社，1991。

熊万胜：《基层自主性何以可能——关于乡村集体企业兴衰现象的制度分析》，《社会学研究》2010年第3期。

郑凤田、阮荣平、程郁：《村企关系的演变：从"村庄型公司"到"公司型村庄"》，《社会学研究》2012年第1期。

周晓虹：《中产阶级：何以可能与何以可为?》，《江苏社会科学》2002年第6期。

# 第二章
# 城乡结构

　　城乡结构是中国社会结构的一大特色，不仅具有地域的差异，更具有社会等级、社会身份的差异，是中国社会结构中另一个宏观维度。城乡结构的变迁不仅关系到社会的职业结构和阶层结构变迁，也直接关系着中国社会的秩序和整合，更体现出城乡在公共资源和发展机会配置上的公平与否。社会现代化不可能不涉及城乡结构的变迁，现代化是由传统社会向现代社会、由农业社会向工业社会、由农村社会向城市社会、由封闭性社会向开放性社会转变的过程，在这个过程中城乡结构必然会发生明显的变化。虽然中国城乡结构从 19 世纪末 20 世纪初已经显露出变迁的迹象，特别是 20 世纪 30 年代左右，城乡结构已经松动，但是最大的改变发生在 1949 年之后。城乡结构的变迁涉及物质层面、制度层面和观念层面的转变。本章将从城市化、制度、阶层结构、社会关系、生活习惯等维度分析太仓城乡结构在社会现代化进程中的变化和所面临的问题。

## 第一节　太仓城乡结构变迁的历史轨迹和表征

### 一　中国城乡结构历史约束下的太仓社会

　　1949 年后中国形成了城乡二元的经济社会结构。国家通过户籍制度将人口分为农业人口和非农业人口，规定农业人口只能从事农业活动，居住在农村，不能从事非农业活动，更不能未经批准向城镇迁移。户籍身份具有先赋性、等级性，国家公共资源和机会配置都是建立在户籍制度基础之上，农业户口的人通过自身努力变成非农业户口，实现向上层社会流动的机会极小。这样的城乡二元体制以过度索取农业、农村、农民的资源来支持工业、城市、市民，不断强化城乡之间的不平等地位。计划经济体制形成的"总体性社会"的特征是，资源分配在行政体制内进行，在行政计划垄断体制下，国家几乎是资源获得的唯一来源，农村、农民在这种利益分配格局中处于弱势地位。20 世纪 70 年代起，僵化的计划经济体制已经无法满足农业、农村、农民的基本生产生活需求，农村社会内部的力量（特别是基层政府）开始在计划体制之外寻找办法。举办社队企业成为城乡结构变革的起点。进入 20 世纪 80 年代，经济改革逐渐弱化行政计划体制对农村社会的控制，以镇办、乡办、村办集体企业为主体的乡镇企业蓬勃发展，农村产业结构、职业结构、农民收入、农村集镇建设都发生巨大改变。原来僵化的城乡二元体制也有所松动。随着经济体制改革，市场经济取得了很大的发展，市场社会所释放出来的活力进一步推动城乡经济趋向一体。进入 21 世纪，面对市场社会所带来的风险，政府构建了以社会保障、社会福利、社会救助等为主体的社会安全网，并将农民也纳入其中。太仓城乡结构的演变可以很好地说明中国城乡结构的整体变化轨迹，可以说，太仓城乡结构的变化正受中国整体城乡结构变化的影响。因此，讨论太仓城乡结构的变迁，不能不从中国城乡结构的总体角度进行分析，同样，讨论太仓现代化的城乡结构，不能不涉及中国城乡结构的现代化变迁。

那么，现代化社会的城乡结构应该是什么样的？城乡结构现代化的目标是什么？霍华德以"田园城市"来表达理想的城乡结构，"城市和乡村都各有其优点和相应缺点，而城市—乡村则避免了两者的缺点……城市和乡村必须成婚，这种愉快的结合将迸发出新的希望、新的生活、新的文明"[1]。"田园城市"的设想试图建立和谐的现代城乡结构，这种城乡结构不仅包括物质形态层面，还包括制度层面和观念层面。霍华德所处的社会背景并不存在制度层面的城乡分割，其"田园城市"仅仅是规划设计上的城乡结合。陆学艺先生认为，现代化社会的城乡结构是城乡一体化，表现为城乡在经济、政治、社会、文化等方面不存在重大差距，城乡流动不再有政策性障碍，城乡生活方式和价值观念不存在重大差距，农民职业非农化，城市人口占绝大

---

① 埃比尼泽·霍华德：《明日的田园城市》，金经元译，商务印书馆，2000，第 8～9 页。

多数。[①] 霍华德的"田园城市"可能是城乡一体化的理想类型。传统计划体制下的城乡结构是二元分割的，城乡之间在社区层次和个人层次都是不平等的（也是不公平的），城乡之间的流动是封闭的。现代化的城乡结构意味着城乡一体化，城乡之间的权利地位、资源分配平等，城乡之间的流动开放自由。

20世纪70年代，太仓社队企业兴起，在一定程度上突破了计划体制下的城乡二元格局，部分农民能够在"离土不离乡"前提下从事非农产业。社队企业是在既有体制框架的边缘服务农业、农村、农民，对城乡结构影响甚微，但开启了城乡结构变革的历程。在改革开放和计划体制松动的背景下，乡镇企业蓬勃发展，外资企业大规模进入，开发区及工业园纷纷建立，不断推动农村工业化发展。农民就业非农化使得农业产值在地区经济总产值中所占比重降低到5%以下，农民随着工业化进城，城镇化突飞猛进。尽管截至2010年太仓全市户籍登记的农业人口比重仍为56.75%（根据2010年统计公报计算），但是实际上从事农业的人口极少，并且主要是60岁以上的老年人。大部分户籍仍为农业户口的人早已脱离农业，职业身份和户籍身份出现明显的不一致。虽然居住地仍统计为农村，在新建的农民集中居住社区，农民基本上不再从事农业，社区硬件设施也赶上了城市社区。这种新型农村社区不是传统意义上的农村。目前，经济上的城乡二元结构日渐趋同，但是制度体制上的城乡二元结构并未随着经济上的城乡二元结构的趋同而改变，顶层的城乡二元体制已经成为制约太仓城乡结构现代化的制度性障碍。职业非农化、居住城市化等正在重塑农村社区的传统社会关系和社会网络。近年来，太仓市在建设规划、产业布局、资源配置、基础设施、公共服务、就业保障、社会管理等方面进行城乡一体化统筹，从产业、就业、居住、身份等角度来看，太仓市的城乡结构已经发生现代化转型，趋向城乡一体化。

## 二 太仓城市化：中国城乡结构变革的表征

在过去30多年中，城市化是太仓城乡结构变迁的直接体现，其直接表征是落后的农村逐渐演变成发达的城市。城市化表象背后承载着产业、职

---

① 陆学艺：《"三农论"——当代中国农业、农村、农民研究》，社会科学文献出版社，2002，第277页。

业、居住、体制、生活方式的转变。在太仓，乡镇工业企业的蓬勃发展推动了农村地区城市化，外向型工业经济有力地推动了城镇建设，并最终促进政府进行城乡一体化的布局。从产业、就业、职业、居住、城市规模等物质形态来看，农村工业化推动城镇建成区的扩大、人口聚集规模的扩张、镇域非农产值增加、农村青壮年劳动力转移到工业等非农产业就业、大量农村居民特别是年轻人转移到城镇居住，这些都是城乡结构变革的特征。

1. 小城镇的复兴：乡镇企业的作用

20 世纪 50 年代中期，新政权通过"三大改造"实现了对商品生产和流通的垄断，原来的商品自由流通被供销合作社所取代，不从事生产的集镇居民被遣返农村务农，作为农村交易平台的集镇从此萎缩萧条。那么，太仓的集镇从何时复苏？为何得以复苏？太仓城市化的第一阶段是在乡镇企业快速发展时期，以小城镇建设为标志的农村城镇化阶段，属于就地城市化的道路。乡镇企业的兴起，成为太仓自下而上实现城市化的直接动力。费孝通20 世纪 80 年代初在苏南地区调研后认为，"苏南集镇的转衰为兴是由于当时社队工业（后来的乡镇工业）兴起"[1]，社队（乡镇）工业的发展促进小城镇的兴盛。乡镇企业兴起后，农村集镇的商品交换功能也发生转变，不仅向农村输送日用工业品，还大量供应乡镇企业原料、燃料和各类机械设备，乡镇企业的产品也经由集镇运往城市和外地。

此外，"工业发展必须有一个相对集中的地方：一是交通便利，二是对务工社员来说地理位置适中。这两个要求使社队工业找到衰落的原有小城镇，公社集镇都是社队工厂最集中的地方"[2]。历史上形成的农村集镇符合交通便利和到周边农村距离适中的条件，社队乡镇企业选择在集镇落户，主要原因是便利的产品和原料运输、全面的对四周农村的辐射，公社所在地周边农村生产大队的劳动力可以每天往返于工厂和村庄之间。乡镇企业的发展对集镇的基础设施建设提出要求，同时又为基础设施建设提供资金。乡镇工业发展促进 1949 年后因计划经济垄断而衰落的小城镇（或集镇）的重新兴盛，集镇的基础配套设施（如公路等）也因此得以发展。工业工厂在集镇由中心向四周逐步扩散，集镇的建成区随之扩大。城市化可能不是当时政府

---

① 《小城镇　大问题》，江苏人民出版社，1984，第 68 页。

② 《小城镇　大问题》，江苏人民出版社，1984，第 35~36 页。

发展工业的意图所在，小城镇兴盛却是农村工业化的意外结果。乡镇工业的扩张推动相关基础配套的建设，工业生产的利润也为城镇建设提供了资金。

"自兴办乡镇企业后，经济迅速发展，为集镇建设创造了条件。从此，各乡镇开始制定集镇建设规划。1984 年，全县 19 个集镇规划全部编制完成……1985 年末，（这 19 个集镇）有各类厂房、仓库建筑面积 130.86 万平方米比 1978 年的 43.16 万平方米增长了 2 倍……机关办公室、文化教育、医疗卫生、商业服务等单位用房，建筑总面积为 46.20 万平方米，比 1978 年的 27.41 万平方米增长了 68.6%……住宅有公房、私房、企事业自建房，共 144.81 万平方米，比 1978 年的 81.71 万平方米增长 77.2%……街道总长 36.11 公里，比 1978 年的 13.96 公里增长 1.6 倍。"①

"十一届三中全会后，县、镇、社、队四级工业大多数是以原有的县城及集镇为基地迅速发展起来的，大批的农村剩余劳动力到这些小城镇工作，导致小城镇人口数量上的增加和结构上的变化。"②

集镇兴盛的直接表现是建成区面积的扩大和集镇人口的增加。"以工建镇"推动了小城镇建设，从而吸引农民"离土不离乡，进厂不进城"。社队（乡镇）工业发展使一部分农民成为工人，县办、镇办工业也使不少农民工进入了小城镇。20 世纪 80 年代初，伴随乡镇企业的蓬勃兴起，实现了农业、农村和农民的非农转移，大量农民实现了就近非农转移。20 世纪 80 年代中期是太仓小城镇自 1949 年之后变化最大的时期，乡镇工业的发展使镇政府的财政收入增加，社队企业的发展为镇的基本建设提供了主要资金来源，各个体制内单位的新式办公楼拔地而起，旧的街道延长、拓宽，并建成了更多的新街道，小城镇建成区规模日益扩大。社队工业的发展促使小城镇的繁荣，但是对城乡结构的改变并不大，城乡结构仍属于刚性管理，国家对农民进城仍持谨慎态度。

2. 工业园和开发区：推动城镇的扩张

20 世纪 90 年代初至 21 世纪初，经济全球化和制造产业向中国转移的进程加快，太仓的城市化进入以工业园、开发区建设为载体的城市现代化阶段。以 20 世纪 90 年代初的浦东开发、开放为契机，由于紧邻上海，太仓成

---

① 《太仓县志》，江苏人民出版社，1991。
② 《小城镇 大问题》，江苏人民出版社，1984，第 77～78 页。

为外商投资的热点地区。为吸引外资的进驻，太仓市先后建起了一大批各级各类工业园区、开发区，为城市化发展注入新的活力。开发区设在近邻主城区的地方，将该范围内的农村逐渐建成工厂、住宅、办公等城市化的功能布局，最后与主城区连成一片。经过多年发展，开发区不仅成为太仓经济新的增长极，而且成为现代化的新城区，有力地推进了城市化发展。因此，开发区已不再是一般意义上的经济开发，更包含了一种城镇开发，成为工业化和城市化进程中的一个结合点，成为加快城市化进程的一个重要载体。开发区的开发建设，是城市化进程中一个重要的历史阶段，这些依城而建的工业园、开发区的发展，直接推进了城市和城镇面积的扩张，使城市化进程大大加快。

朝阳社区是开发区推动城市化的典型。随着经济开发区的发展，原朝阳村的土地被征用，分别成为工厂、住宅小区、写字楼、城市绿化带等非农建设用地。越来越多的流动人口在开发区企业工作，租住在朝阳社区世代居民的房子里。房地产开发吸引越来越多的购房人入住朝阳社区。1992～1999年，太仓市经济开发区辖区内原朝阳村的失地农民由农业户口逐渐变为非农业户口。1998年3月，朝阳村村委会改为居委会，标志着朝阳社区完成制度身份上的城市化转变。在太仓，像朝阳社区一样通过开发区建设实现城市化的例子很多。

> 朝阳社区是涉农社区，1.1平方公里，位于太仓城区东南方向，以前是农村，1991年开始的开发区建设波及该村，人口从1300人左右迅速增长到8000～9000人，其中流动人口3400人左右。德资企业的进驻，商品房的开发，吸引更多人口迁居朝阳社区，推动了朝阳社区的城市化进程。村里的世代居民多数在企业上班，也有在机关上班的，还有些当保姆、做家政服务，一二十人在办企业当老板，办企业的主要是从事建筑工程。(CY20120215JJL)

太仓市经济开发、港口开发区和各种工业园、新城等正逐步把辖区及周边的农村变成城市，从社区层次和个人层次推进农村城市化。工业园和开发区的开发建设，带动了太仓城市化模式由内生型的农村推动向外生型的外资推动转变。外向型经济发展、乡镇企业由"围城"到"进城"，把分散在各村的工厂企业集中安置在工业园区，大批农民进入外资、合资等企业工作，推动城市化的进一步发展。

由于工业园和开发区建设，太仓市外向型经济发展吸引了流动人口的涌入，全市流动人口由 2000 年的 3.18 万增加到 2009 年的 36.08 万（见图 2 - 1）。绝大多数流动人口从事二、三产业，并且居住在城镇，大大提高了太仓的城市化水平。太仓市"十二五"规划纲要数据显示，2010 年，太仓常住人口城市化率提高到了 58.7%①。太仓市统计年鉴数据显示，太仓市耕地面积从 1989 年的 444.0 平方公里下降到 2009 年的 311.4 平方公里，20 年间减少了近 30%。城镇建设用地的扩张占用了大量的农业用地，主城的建成区面积扩展到将近 50 平方公里。工业园和开发区对太仓城镇化发展起到了非常大的作用，显著促进了城镇规模的扩张和城镇人口的增长。

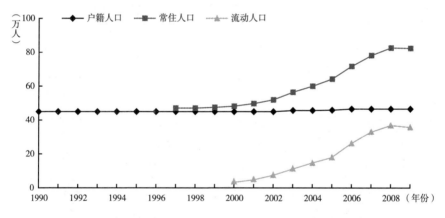

图 2 - 1　太仓市户籍人口、常住人口、流动人口的变化趋势

数据来源：太仓市公安局。

### 3. 农民进城：人口城市化

太仓城乡的产业结构和职业结构已经日益趋同，农村、农民的非农化程度已经足以支撑其城市化。但是，太仓户籍人口统计上的城市化水平并不高。从图 2 - 2 可以看出，太仓市 1990～2010 年户籍人口中非农业户口人口的比例由 18.1% 提高到 43.3%，其中，1998～2001 年非农户口人口的比例

① 另据《太仓市城市总体规划（2010～2030）说明》，截至 2009 年，常住人口城市化水平达到 70.56%。

由 26.7% 提高到 39.7%，增加 13 个百分点。户籍人口的城市化水平（以非
农业户口为标准）自 2004 年至今基本维持在 43%，原因是非农化农业户口
居民的事实城市化未能从统计上反映出来。由于户籍身份是城市化统计的标
准，而已经集中居住在镇区的非农就业居民在统计上仍为农民，所以大大低
估了太仓市本地居民的事实城市化水平。农村工业化推动农村城市化不断发
展，绝大多数农业劳动力转移到第二产业，城镇建成区不断扩大，居住在城
镇的人口的比例攀升，产业结构、就业结构、居住条件等毫不逊色于城市。
既有的统计标准不包括这种城市化，但是事实城市化在改变城乡结构，城乡
二元结构在逐渐瓦解，农民的生活方式、居住方式、社会关系逐渐向现代社
会转型。

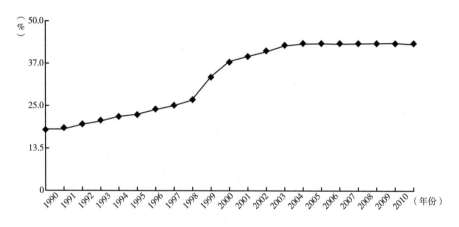

**图 2－2　太仓市非农户籍人口变动情况**

数据来源：1990～2009 年数据来自《太仓市城市总体规划（2010～2030）说明》，2010
年数据来自统计公报。

太仓的城乡结构变化不是通过农村居民向外地流动实现，而是由于自
身工业经济发达，本地农村居民在本市就能实现非农化，并且在本地实现
城市化。此外，由于外向型经济发展，太仓市开发区、工业园建设吸引越
来越多的外地劳动力。从 2000 年开始，太仓流动人口的数量增加迅速，
2009 年登记在册的流动人口高达 36.08 万人（见图 2－3）。绝大多数的流
动人口从事非农产业并且居住在城镇社区，流动人口提高了当地人口的城
市化水平。

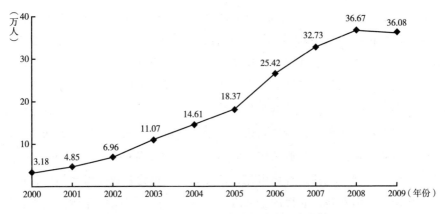

图 2-3　2000 年以来太仓市流动人口变化情况

数据来源：太仓市公安局。

## 第二节　迈向现代化的城乡结构

城乡结构变革不只是表面的城市化，还涉及城乡结构的其他方面。通过乡镇企业发展和外向型经济的确立，太仓农村地区的工业等非农产业产值提高，农村劳动力从农业转移出来，产业结构和职业结构都发生了非农化的改变，农民的收入大幅提高。从产业和职业结构上看，城乡结构已经发生了巨变。乡镇合并和村庄拆并推动城市化进程，城镇的建成区面积不断扩大，特别是工业园和开发区的建立，不断地向城镇的周边扩张，农村变成了城镇，工业取代了农业，农民进厂成了工人。"三集中"① 使农民从农村搬到小城镇集中居住，实现非农化后的农民居住城市化。工业化和城市化从产业结构、职业结构、人口等方面重塑城乡结构。

### 一　城乡阶层关系的转变

1. 城乡产业结构的趋同

乡镇企业的兴起改变了"农村农业、城市工业"的产业格局，农村地区的工业等非农化产业产值在工农业总产值中所占的比例越来越高。产业结构改变对城乡结构的各个方面都会有直接的影响，就业结构、农民收入、财

———————

① 即工业向园区集中、土地向规模经营集中、农民向城镇社区集中。

政税收、人口城市化、公共服务、社会管理等方面都随之发生变化。如图 2-4 所示，太仓的工业总产值占工农业总产值的比例自 1972 年起持续上升，由 1972 年的 39.1% 上升到 1985 年的 86.7%。1985 年末，太仓全县的乡镇及村办工厂产值占本县工业总产值的 62.24%。可见，乡镇工业企业在太仓工业化中起着关键作用。1985 年，在太仓农村"三业"经济总产值中，农业占 12.3%，林牧副渔业占 5.4%，乡村工业占 82.3%。从产业结构角度看，太仓农村工业化在 30 年前就已经达到相当发达的水平，第一产业所占比重从 1995 年的 11.5% 下降到 2010 年的 3.7%（见图 2-5）。

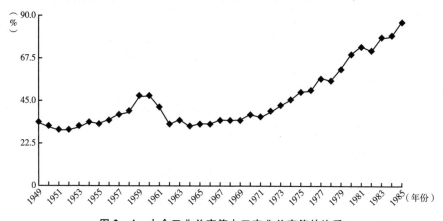

图 2-4　太仓工业总产值占工农业总产值的比重

数据来源：《太仓县志》。

工业化和城市化推动太仓市的产业结构不断调整，第一产业、第二产业、第三产业所占比重由 1995 年的 11.5∶60.0∶28.5 调整为 2010 年的 3.7∶57.4∶38.9（见图 2-5）。改革开放以来，太仓市产业结构逐渐由"一、二、三"向"二、一、三"演进，进而向"二、三、一"转化。随着进一步调整，产业结构将逐步向"三、二、一"方向转变。无论是全市范围内的产业结构，还是农村地区的产业结构，第一产业的比重越来越小，几乎可以忽略不计。农村工业化已经颠覆了传统农村的产业结构，城乡之间的产业结构趋同，工业化已经从产业结构上打破了城乡二元局面。

2. 职业非农化：趋向现代的职业结构

农业户口的人只能从事农业，非农业户口的人只能从事非农业，这种城乡二元分割的就业安排模式在乡镇企业发展的推动下早就被突破。太仓市农

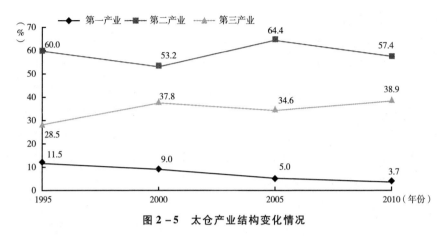

图 2 – 5　太仓产业结构变化情况

数据来源：太仓市"十五"发展规划纲要、"十一五"发展规划纲要、"十二五"发展规划纲要。

村劳动力的职业结构变化与整个太仓的经济发展趋势是一致的。太仓农村劳动力非农转移大致经历了六个阶段。第一阶段是向社队企业转移阶段（1978～1983 年）。社队企业迅猛发展，在农村劳动力转移中起了重要作用。太仓从事农业的农村劳动力的比例从 1978 年的 77.56% 下降到 1983 年的 62.83%（见图 2 – 6）。第二阶段是农村劳动力向社队企业转移阶段（1984～1988 年）。20 世纪 80 年代中期，社队企业异军突起，成为农村劳动力转移的关键时期。1984 年 3 月，中共中央、国务院转发农牧渔业部《关于开创社队企业新局面的报告》①，明确提出鼓励和支持社队企业发展的方针，使社队企业得到空前快速发展。至 1985 年底，从事农业的农村劳动力进一步下降为 45.64%，意味着此时社队企业吸纳了一半以上的农村劳动力从事工业。第三阶段是农村劳动力转移调整阶段（1989～1991 年）。1988 年底，国家开始对国民经济进行为期三年的治理整顿，以控制经济的过快增长，劳动力转移陷于停滞状态。这一时期乡镇企业的发展速度放慢，吸纳劳动力就业的能力减弱，部分农村劳动力回流到农村从事农业生产。第四阶段即农村劳动力转移区域和规模迅速扩大阶段（1992～1995 年）。邓小平南方谈话之后，乡镇企业发展再度加快，农村劳动力转移也再掀高潮。第五阶段是农村经济结构调整阶段（1996～2001 年）。20 世纪 90 年代初期，乡镇企业经营粗

---

①　在这份报告中，提出将社队企业改为乡镇企业。

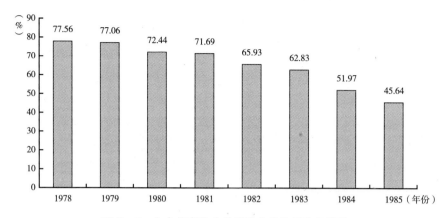

图 2 − 6 太仓从事农业的劳动力的比例变化情况

数据来源:《太仓县志》。

放、管理落后和技术匮乏的劣势逐步显现。在市场经济的冲击和政府宏观调控下,受亚洲金融风暴的冲击,乡镇企业发展速度明显放慢,很多乡镇企业陷入低潮甚至倒闭。这一时期,乡镇企业开始转制。太仓市第二产业从业人口的比例由 1994 年的 55% 降低为 1996 年的 49.2%,第一产业就业人口的比例由 1994 年的 25.5% 增加到 1996 年的 28.2%,乡镇企业的衰败和转制使原来已经转移到第二产业的农村劳动力向农村回流。第六阶段是向三资企业、民营企业转移阶段(2002 年至今)。进入 21 世纪,外向型经济取得了迅猛发展,增加的农村劳动力多数流向了三资企业。从表 2 − 1 可见,2011年,太仓市农村劳动力从事第一产业的比重已降至 25.1%,绝大多数农村劳动力从事非农产业。另据本次调查,从事农业的主要是年龄偏大的劳动力。工业化已经使农村劳动力的就业结构与城市居民趋同,打破了农业户口的居民只能从事农业的限制。从职业结构来说,城乡居民的差距在缩小。

表 2 − 1  太仓市农村劳动力的就业结构分布

单位:%

|  | 第一产业 | 第二产业 | 第三产业 | 机关、事业单位等 | 总计 |
|---|---|---|---|---|---|
| 城厢 | 19.6 | 54.5 | 24.9 | 0.9 | 100.0 |
| 陆渡 | 12.9 | 66.2 | 19.6 | 1.3 | 100.0 |
| 浮桥 | 33.0 | 58.2 | 5.8 | 3.1 | 100.0 |
| 璜泾 | 29.3 | 57.9 | 11.1 | 1.7 | 100.0 |

|      | 第一产业 | 第二产业 | 第三产业 | 机关、事业单位等 | 总计 |
|------|---------|---------|---------|----------------|------|
| 双凤 | 25.8 | 50.1 | 14.9 | 9.2 | 100.0 |
| 沙溪 | 22.4 | 63.2 | 12.4 | 2.1 | 100.0 |
| 浏河 | 21.5 | 45.3 | 29.9 | 3.3 | 100.0 |
| 总计 | 25.1 | 57.2 | 14.7 | 3.0 | 100.0 |

数据来源：《太仓市镇村布局规划说明》（报批稿），2011 年 12 月。

## 二 城乡管理制度的改革

在城乡二元体制下，城市和农村各有一套管理制度。按照原来的体制安排，农业户口的居民只能从事农业。随着工业化迅猛发展，农村劳动力在职业选择方面可以从农业转移到工业等非农产业。虽然事实上太仓的许多农民不从事农业，但由于就业制度上仍是城乡二元体制，农民不存在就业、失业问题，因此原来的就业、失业、培训只针对非农业户口居民。目前太仓市劳动年龄户籍人口从事纯农业生产的比例极低（5% 以下），绝大多数农村劳动力已经从传统农业向非农产业（特别是第二产业）转移，因此建立城乡统一的就业培训政策体系显得尤其重要。2009 年太仓市下发文件统筹城乡就业，凡本地户籍人口（不分城乡），实行统一的就业政策、补贴待遇、创业政策等就业培训政策，并完善城乡统一的就业困难人员就业援助制度，建立并完善农民多渠道、多形式的就业制度，完善城乡统一的职业培训制度。所有企业只要录用本地大龄人员（女性 35 周岁、男性 45 周岁以上，不分城乡），三年以后，企业的社保缴费全部返还。所有的户籍人员可以免费参与创业培训，享受政府补贴。获得创业培训合格证的人员，政府给予三年的社保补贴。太仓的每个行政村都配备劳动保障服务站和社保协管员，配制视频设备，可以组织培训。建立健全城乡统一的失业登记制度，对失业率的登记以城乡社会全部人口为口径，而不再以城镇人口为口径。

原来的养老、医疗等社会保障制度只有城市里的体制内人员才可以享有，农村居民的保障基本上依靠家庭互助。在养老方面，农村只存在针对极少数特定人群的带有社区救助性质的五保制度。工业化的发展，使农村劳动力基本转向非农产业，为这部分人参加城乡统一的社会保险提供了可能，因年龄等原因不能参加此类社会保险的农村农民，则通过"农保"和"土保"

来实现社会保障。由于工业化和城市化，政府财政收入急剧增长，为建立城乡一体化的社会保障体系提供了财力支持。据问卷调查数据，75.7%的农业户口居民享受养老保险，而非农业户口居民享受养老保险的比例为84.4%；城乡居民的医疗保险覆盖率都比较高，农业户口居民为94.1%，非农业户口居民为96.0%；在其他各项社会保险和社会福利方面，城市居民享受的比例均高于农村居民（见表2－2）。通过生育保险和"母婴阳光"工程，本地户籍城乡居民在住院生育方面的费用可以全部得到报销。

表2－2　太仓户籍居民社会保障覆盖状况

单位：%，人

| 社会保障 | 户口性质 | | |
| --- | --- | --- | --- |
| | 农业户口 | 非农业户口 | 其他 |
| 养老保险 | 75.7(309) | 84.4(421) | 80.0(8) |
| 医疗保险或合作医疗 | 94.1(384) | 96.0(479) | 100.0(10) |
| 失业保险 | 20.6(84) | 31.9(159) | 10.0(1) |
| 工伤保险 | 21.1(86) | 29.5(147) | 0.0(0) |
| 生育保险 | 7.4(30) | 14.6(73) | 10.0(1) |
| 住房公积金 | 11.5(47) | 35.3(176) | 0.0(0) |

注：本表只包括太仓市户口的样本923人。

　　城乡居民的社会保险仍未完全纳入统一体系，呈碎片化特征，有待进一步整合。在养老保险方面，除公务员退休金制度外，太仓市目前存在四种养老保险形式，分别是企业职工基本养老保险、被征地农民"土地换社保"①、机关事业单位养老保险、农村社会养老保险。这四种养老保险形式的保障对象不同、缴费方式不同、保障待遇不同。太仓市社会保障制度淡化了户口性质的准入门槛，不以户口性质作为参加社会保险的条件，而是以职业为标准，从事非农产业的农业户口居民一般被纳入城镇社会保险体系，社会保障城乡一体化已取得了较大进展。参加企业职工基本养老保险的人员按照工资收入的相应比例缴费；被征地农民由村集体和市、镇政府分别按相应比例一次性承担企业职工基本养老保险最低年限（15年）的缴费；未参加以上两种养老保险的农村居民纳入农村社会养老保险，缴费基数按企业职工基本养

---

① 被征地农民"土地换社保"事实上属于企业职工基本养老保险，但是因为"土地换社保"的缴费年限短和缴费基数低，导致待遇水平低于企业职工基本养老保险。

老保险基数的 50% 算，市、镇财政对未在企业就业的大龄农村居民（男性满 45 周岁，女性满 40 周岁）补贴缴费额的 50%。

在医疗保险方面，太仓市形成基本医疗保险、住院医疗保险、居民医疗保险等城乡居民医疗保险体系，基本实现底线保障的城乡统一。由三种不同医疗保险构成的医疗保险体系向全体城乡居民开放，使城乡居民均可享受基本医疗保险，同时把新型农村合作医疗也整合入居民医疗保险。基本医疗保险针对在岗职工、灵活就业人员、被征地农民等，在岗职工的基本医疗保险由单位和个人分别缴纳工资额的 8% 和 2%，其他人按缴费基数的 10% 缴纳。农民也被纳入基本医疗保险。住院医疗保险针对失地农民、城镇重症残疾人员、参加农村养老保险的职工等。在居民医疗保险方面，所有未参加基本医疗保险和住院医疗保险的本市户籍人口，由市、镇两级政府财政补助不低于居民医疗保险缴费额的 70%。在医疗保险方面基本上做到底线保障城乡统一。在城乡最低生活保障方面，实现了底线并轨、差距缩小。城市最低生活保障线为 460 元/月，尚未达到国家规定的城镇居民可支配收入的 20%～25%；农村最低生活保障线为 410 元/月，达到国家规定的农民可支配收入的 20%～25%。值得注意的是，养老保险体系基本覆盖了城乡居民，但是尚未缩小城乡居民保障待遇的差距，农村居民内部也出现分化。不同养老保障体系的城乡居民养老金基数不同，按相同比例增长会进一步扩大它们之间的差距。

城乡土地管理体制的转变。市级政府通过集中居住、复垦宅基地、"增减挂钩"环节，从农村获得城市发展和工业用地，并从巨大的地价差额中获得城市基础建设所需资金。镇级政府在推动农民集中居住的过程中，除了服从上级政府的意图外，还可以从中获得自身的利益。现行财政税收制度也驱使镇政府从土地上增加财政收入、获得建设资金和社会事业经费。各级政府在推动农民集中居住时，充分考虑了成本和收益的账目：一方面，计算从农民集中居住中可以获得复垦土地的宅基地面积；另一方面，计算农民集中居住所需付出的成本。目前，市、镇两级政府之所以对已经流转给集体的农村土地进行补贴（一亩地补贴 300 元/年），其目的是鼓励土地集中，以便进行下一步征地。

### 三 城乡社会关系的变化

工业化和城市化带来职业、居住、社区规模的变化，传统农村的社会关系也发生变化。太仓市的村庄一般沿河建房，村落分布零散，自然村落规模一般较小（见表 2-3）。太仓市上一轮总体规划中建议，对小于 1000 人的行政村进行撤并，对自然村分近、中、远期进行撤并，近期撤并小于 30 户的自然村，中期撤并小于 50 户的村，远期撤并小于 100 户的村。规划不新设中心村，鼓励村民到镇区或指定的居民小区建房。太仓的行政村经历了两次合并高潮。第一次在 1993 年左右，调整村庄区划的大原则是"以强带弱"，消灭薄弱村，合并后，利用富裕村庄的资源帮助薄弱村进行基础设施建设。这次村庄合并未采取集中居住方式，仅从行政区划上合并。第二次合并高潮与"三集中"并举，其目的是集中土地资源，使土地资源掌握在政府手中，以进行工业招商和城市开发建设。太仓市的行政村数量由 1995 年的 323 个合并为 2001 年的 230 个，2004 年合并到 142 个，2010 年合并为 89 个，合计 3483 个村民小组，农村居民点用地逐步减少。目前每个行政村人口规模平均为 2698 人，每个村民小组人口规模平均为 70 人。截至 2010 年底，太仓市的农民集中居住率达到 38.7%，港口开发区所在的浮桥镇农民集中居住率已达 53%。根据太仓市"十二五"规划，2015 年底，全市农村居民集中居住率将达 60% 以上。社区规模的扩大使传统熟人社会陌生化。

表 2-3  太仓市自然村规模分布

| 村庄规模 | 200 人以下 | 201~600 人 | 601~1000 人 | 1000 人以上 | 合计 |
|---|---|---|---|---|---|
| 数量（个） | 1772 | 152 | 91 | 6 | 2021 |
| 比例（%） | 87.7 | 7.5 | 4.5 | 0.3 | 100.0 |

数据来源：2009 年太仓市村镇统计年报。

1998 年以来，太仓市对乡镇行政区划进行了三次调整，从 1995 年的 22 个建制镇合并为 2000 年的 12 个建制镇，再合并为现在的 7 个建制镇。被撤并镇原行政辖区（即原镇区）因行政资源转移导致发展停滞甚至衰落，而合并后的建制镇因辖区人口多、行政资源集中，建成区不断地扩大，原来的分散型城镇化向合并后的集聚型城镇化发展。在工业化后期，"三集中"成为太仓推进城镇化的路径。太仓市工业化发展已经将农村的劳动力从农业中转移出来，集中居住的农民基本上不再从事农业。将从事工业的农民从分散的自然村落集中到镇区规划小区，推动城镇建设，实现城市化与工业化相协调。政府把撤村并庄、农民集中居住、拆迁上楼等节省出来的宅基地复垦为耕地，通过"增减挂钩"换取建设用地指标，换取工业化和城市化发展所需要的土地，主观上和客观上都推动了农村、农民城市化。

工业化使农村的社会结构异质化，人们的职业发生分化，社会交往密度增加。城市化和集中居住后，农村人口规模剧增，原来的熟人社会趋于陌生化。传统农村的社会关系由普遍性变为特殊性，由扩散性变为专一性，由情感性变为中立性。社会关系的变革直接影响到社会运转机制。传统城乡社会的秩序维持具有不同机理，作为陌生人社会的城市需要国家暴力机器即警察维持治安，而农村熟人社会存在自我维持社会秩序的机制，犯罪率非常低，因此城乡警力配置是不同的。随着农村社会现代化进程深入和城市化发展，外来人口正在改变农村社会的秩序结构。对社会秩序进行城乡一体化的统筹布局十分重要，要在人防、物防、技防和矛盾调解方面形成城乡一体化的社会治安综合治理体系。要在农村社区和城市社区组建五位一体的综治办，对城乡社会建立全面的控制体系。由于职业非农化和人口城市化加快发展，数量庞大的农民的集中居住使社区扩大，农村人口的异质性增强，村庄社区里的熟人社会已趋瓦解，加上外来的人口涌入，使当地农村的社会秩序面临陌生人社会的挑战，因此治安力量的配置需要逐渐与城市趋同。

## 四　城乡生活习惯的转变

工业化改变农业靠天吃饭的特性，工作不再看天气，劳动时间变得规律有序，农业社会的工作与生活不分离变成工业社会的工作与生活分离，从事工业的农民的闲暇时间独立出来。农村休闲娱乐经历了世俗化的转变，民间宗教、传统节日、世俗仪式在农民的消闲中逐渐淡化。工业化和城市化实际导致农民旧生活习惯的消失，新的城市生活方式对农村社会的渗透日益增强。生活习惯转变是职业转变、收入增加、观念进化、居住方式变革的结果。要特别注意的是，农村社区转型特别是农民集中上楼后基础配套设施的建设。为适应居住环境改变，尊重农民婚丧嫁娶摆酒宴的习惯，多数集中居住的小区设立了能同时容纳多人的活动场所，租赁给村民请客设宴。另外，由于农村老人一般在家中去世，入住集中居住小区后，停放尸体和设置灵堂无法在自家房子里，在那些配套齐全的小区设置悼念厅、安息堂解决了农村居民的后顾之忧。农村社区基础设施需结合实际，尊重农民传统文化习俗，这也从侧面说明城乡一体化不是城乡一样化。

经历了工业化和城市化，农村居民进厂进城、上楼住小区，工作方式、生活方式、居住方式都发生了变化。长期非农就业已经将农业生产时代的农民训练成具有时间观念、效率观念、组织纪律观念的现代居民，一些早期进厂进城的农民的休闲娱乐、价值观念有了城里人的特征。近年来，政府在农村地区大力推行"三集中"，特别是"集中居住"，很多被现代社会视为"陋习"的传统习惯还很难适应这种急剧的居住方式变迁，一部分农民集中居住的小区（特别是中老年人集中居住区）存在倒马桶、种青菜、贴小广告等现象。在物质层面、制度层面已经发生转变的情况下，生活方式、价值观念层面是太仓目前及今后改造城乡结构、塑造新时代城乡居民的目标之一。

## 五 资源配置均等化

太仓教育资源配置城乡不均衡主要存在于软件建设方面，校舍等硬件配套和设备配置方面的城乡差距已经很小。城乡教育资源配置不均衡不是量的问题，而是质的差距，特别是师资力量、管理队伍等。为了解决城乡之间的这种差距，太仓市通过探索托管和集团化运作方式，试图均衡配置城乡教育资源。通过"以县为主"的教育管理方式，市教育局对城乡学校领导班子、教师分配等人员进行集权管理。所谓托管方式，即城区一所优质学校托管农村一所学校的人才、资金、管理等，教育局指派城市优质学校的副校长到农村学校任校长，在农村学校办公，农村学校原校长辅助新校长工作，使农村学校与城市优质学校的教学管理及活动安排一样化。目前托管模式的应用还有待推广。集团化运作是把相对条件差不多的学校结成集团，将课堂教学的探讨和活动集中运作。此外，教育局专门开通支教公交专线，方便在农村工作而住在城里的老师们；针对农村教师采取定向招考，并要求在指定岗位至少工作5年；评职称时，要求骨干教师必须有在农村支教1年的经历；降低农村骨干教师的职称评审条件；农村骨干教师的津贴比城区骨干教师高10%。太仓通过这一系列措施提高农村学校的教学管理水平，努力实现教育资源城乡一体化均衡配置。

在城市配置相应机构、环卫设施、环卫人员，负责城市的垃圾处理、污水处理。近年来，农村的环境治理也开始受到重视。太仓的乡镇企业发展较早，其中化工、纺织等污染性行业占很大比例。在早期的工业化进程中，依据城乡二元制度安排，农村地区的环境污染不在治理范围内，导致乡镇工业发展所产生的环境污染没有及时得到治理。随着农村居民生活水平的提高和居住方式的改变，环境治理重城市轻农村的工作方法已不合时宜。问卷调查结果显示，环境管理和整治成为城乡居民最需要的公共服务之一。29.9%的本地户口居民表示"环境管理和整治"是他们最需要的公共服务，仅次于医疗服务（53%）。太仓市顺应发展需求，在环境治理上实现城乡一体化。首先，抓好污水处理工程建设，实现污水处理设施市、镇（区）全覆盖，各镇全部新建污水处理厂，铺设污水管网，生活污水经处理后基本达标排放。其次，抓好农村生态环境建设，围绕"三改""三清""三绿"，加大农村环境综合整治力度，按照"资源化、减量化、无害化"处理方式，建成生活垃圾焚烧电厂，健全"组保洁、村收集、镇转运、市处理"的垃圾处理系统，做到城乡生活垃圾日产日清。通过制度上完善、投入上保障，太仓的农村地区在废水排放、垃圾处理等环境治理上已与城市接近。

太仓在教育、卫生、文化、体育等基础配套设施方面的城乡一体化取得了积极进展。幼儿园、小学等基础教育资源在城乡社区的配置相对均衡。由于生源减少，农村社区的小学基本撤并整合为镇中心小学。近年来，太仓市级政府财政对主要服务农村居民的镇卫生院、社区卫生服务中心/站进行提档改造，赎回已转制卫生院并重新纳入公共卫生服务体系，培训乡村医生，大大提高了农村地区的健康服务质量。村卫生室、社区卫生服务站和镇卫生院、社区卫生服务中心在农村居民的健康服务方面具有十分重要的作用，城乡社区卫生服务中心/站的硬件和软件建设需要得到进一步的加强。每个城乡社区都设立了老年人活动服务中心，方便老年人的消闲、娱乐、社交。

## 第三节　政府、市场、村社：城乡结构的改造力量

在计划经济体制下，农村只是作为国家计划体制中的农副产品生产单位，农村、农民、农业所需要的工业产品来自城市的计划供应，工业产品的生产、流通环节受到国家计划的严格管制。在这种情况下，农村要想突破计划体制的限制，在农副产品生产之外参与工业产品的生产，面临重重障碍。原料设备的来源、产品的销售渠道受国家管制，导致面向社区外市场的社队

企业几乎不可能产生。中国的政治体制决定了政府的全能特征，苏南地区的政府集权和计划体制决定了留给社队企业的社会空间相当有限，市场需要依附于政府。地方政府利用行政资源兴办乡镇集体工业，促进了农村产业结构和就业结构的改变，提高了农民收入，推动了城镇建设和农民进城定居，并通过建立覆盖城乡的社会保障制度、推动基本公共服务均等化、改革社会管理制度等措施来缩小城乡差距。近年来，政府又通过"三集中"来改造农村，从硬件基础设施上改善农民的生活条件。市场开放促进了太仓乡镇企业发展、外资经济腾飞，农民逐渐地由作为村社成员参与非农劳动转向普遍地作为劳动力参与市场竞争。进入市场体系后，市场成为农村工业化、就业非农化等改变城乡差别的强劲推力。和苏南其他地区一样，在城乡结构改造中，村社既是上级政府的末梢，又是市场的参与单位，太仓的村社力量一直影响着农民的生产和生活。

## 一　政府：城乡结构改变的主导力量

在计划经济体制下，市场和社会的行动空间非常有限。浙江温州的私营个体经济发达，突破计划体制的力量来自社会。而苏南地区是国家粮食、物资、税收的重要来源地，也是国家计划体制管制的重点地区，私营个体经济无法突破计划体制。在太仓，地方政府以增加财政收入为目的，利用行政资源开办非计划集体企业，逐步地改变了传统计划体制下的城乡二元结构。20世纪70~90年代，政府利用行政资源兴办集体工业，为农村劳动力转移提供了机会。县、公社等各级政府都参与或出资创办集体工业企业，推动了太仓工业化的迅速发展。1979年，由25个公社（镇）和太仓县第二工业局（即后来的乡镇工业局）集资入股，县财政贷款，共筹集资金860万元，创办了太仓经编针织厂，至1981年末，基本收回全部投资，并因此使太仓成为苏州第一个财政收入过亿元的县。1985年，太仓县镇办企业582个，就业人员59953人。镇政府兴办的工业企业解决了近6万农村劳动力的非农就业问题，大大改变了城乡居民的就业结构，提高了农村居民的收入。政府从工业化和城市化方面改变农村的产业结构、农民的就业结构、增加农民收入，从制度上消除城乡在公共服务、社会保障、基础设施等方面的二元配置机制，使农民和城市居民享受几乎同等的公民权利。近年来，市、镇两级政府还通过向农村社区提供资金支持，进行基础设施建设，发展集体经济，推进社会保障和公共服务城乡一体化，进一步推动了太仓城乡结构走向一体化。

如果说社队企业最初是为了解决当地农业、农村、农民对工业产品和服务的需求，那么后来社队工业的发展逐渐超出了原定目标，随着市场范围的扩大，开始转向追逐非农业产业的利润。"'文革'期间的财政'分灶吃饭'促进镇办工业的兴起，镇办工业在集体手工业基础上发展起来。"① 在"文化大革命"期间，各级政府需要自找财源，因此镇（公社）一级政府想方设法办工厂。基层政府利用行政资源开办集体企业是为了增加财政收入，这促使社队企业将产品销售市场扩大到更大范围。"当时社队工厂是为满足大中城市的需要，城市里的大中企业因为'文革'打派仗停工'闹革命'，生产转移到周边农村，即社队工业。"② 与市场范围的扩大相应，社队企业对原材料的需求也急剧增加，但是受国家计划体制限制，作为"小集体"的社队（乡镇）企业的原料和产品不能纳入国家供销计划。当社队企业的产品市场扩大超出本社区，这种社队企业对改变城乡结构便有了迫切需求。兴办社队企业，除了土地和资金外，机器设备、原材料、技术、人才、销售市场的获得都需要突破计划体制的限制。

社队（乡镇）企业从大中城市不仅获得工业生产的原材料、设备，还获得了专业人才的技术指导，突破了计划体制的束缚，一定程度上摆脱了城乡二元结构的限制。1975 年成立太仓县第二工业局（即后来的乡镇工业局）后，社镇设工业办公室，县和社镇均有领导分管工业。专门管理机构的设立表明政府鼓励社队（乡镇）企业的发展，也意味着社队（乡镇）企业的发展具有一定普遍性。改革开放初期，太仓县的大多数乡镇企业是乡镇政府出面，利用原有的资本积累或贷款兴办的，基层政府的行政资源在乡镇企业发展中起着关键作用。由于乡镇政府的财政收入与乡镇企业的效益密切相关，同时在当时的政绩考核体制下，乡镇企业的蓬勃发展是地方领导干部升迁的重要指标，所以在 20 世纪 80 年代初，乡镇政府千方百计地促进乡镇企业的发展。为了扶持乡镇企业的发展，乡镇政府采取了多种倾斜措施，比如财政补贴、地方保护等。1984 年中央出台文件，将"社队企业"正式改名为"乡镇企业"，并为新办乡镇企业提供免税三年和低息贷款等优惠政策。③ 这

---

① 《小城镇 大问题》，江苏人民出版社，1984，第 36 页。
② 《小城镇 大问题》，江苏人民出版社，1984，第 33 页。
③ 陆学艺:《"三农论"——当代中国农业、农村、农民研究》，社会科学文献出版社，2002，第 271 页。

些措施促进了乡镇企业的繁荣发展。20 世纪 70 年代末到 90 年代初，县、乡镇（公社）、村（大队）都在参与兴办工业。1985 年末，太仓全县的乡镇村办工厂产值占全县工业总产值的 62.24%，而此时太仓县的工业总产值占工农业总产值的比重为 86.7%。换言之，1985 年全县 54% 的工农业总产值是由乡镇企业创造的。1979 年，在太仓的农村"三业"经济总产值中，农业占 45.1%，林牧副渔业占 12.8%，乡村工业占 42.1%。到 1985 年末，农业占"三业"经济总产值的比例下降为 12.3%，渔业下降为 5.4%，乡村工业上升为 82.3%。[①] 这些比例的变动表明，计划体制之外的乡镇集体企业对太仓工业化的初期发展做出重大贡献，同时也表明，政府在改变城乡经济社会二元结构中发挥了重要作用。

在工业化后期，政府通过"三集中"措施来推进城乡一体化。尽管"三集中"的背后隐藏着政府向农村索取土地资源的目的，但是农民集中居住确实改善了农民的居住条件，政府对土地流转进行补贴也提高了农民从耕地上获得的收益。此外，政府对城乡社区建设进行统一规划，以项目制对农村社区进行投入，推进农村社区的发展，使农村社区的基础设施、公共服务、社会保障等获得前所未有的改善。市级财政通过以奖代补的方式对农村社区进行拨款。一是完善社区基础设施、服务中心；二是帮助农村社区发展集体经济，通过集体经济增加农村社区为农民提供社区福利、公共服务的财力基础。例如，知名的璜泾镇"双带"政策的实质就是利用政府行政资源创办民营企业。又如，浮桥镇民营企业园（现改名为太仓市中小企业创业园）是由镇政府牵头，由政府补贴、各村筹资入股、开发区赞助创办，通过厂房、集宿楼等租赁获得收入，并按股份分红。再如，双凤镇政府准备成立由各村集体资产统合经营的金双凤发展有限公司。从这三个案例中，可以看到基层政府在农村经济发展中的重要作用，也可以看到基层政府在改变城乡结构中扮演的主导角色。

## 二　市场：城乡结构的消解力

最初的社队工业是在严格计划体制之下发展的。国家垄断的计划体制导致商品短缺，市场需求无法通过计划体制满足。在计划缝隙中仅存的市场成

---

① 《太仓县志》，江苏人民出版社，1991。

为社队工业得以产生的前提，由行政计划机制配置的资源、由市场机制配置的乡镇企业工业产品、由村社支配的劳动力和土地等共同构成了社队（乡镇）企业的资金、原料、设备等要素。即使"镶嵌"在计划体制和村社共同体之中，市场也是乡镇企业发展的首要因素。基层政府举办集体工业是在计划体制之外寻找市场空间。太仓社队（乡镇）企业抓住计划体制之外的市场，生产适销对路的商品。强劲的市场需求促进了乡镇企业的蓬勃发展，吸引了越来越多的农村劳动力，增加了农民的收入，同时也打破了"农村农业、城市工业"的传统产业布局，农村地区的产业结构和农民的就业结构都发生了明显的非农化转向。在市场化改革初期，乡镇企业蓬勃发展，形成"乡乡办厂、村村点火、户户冒烟"的分散的工业布局。工业化转移了相当规模的农村剩余劳动力，提高了农民收入，基层政府的财政收入也空前增长。

乡镇企业的蓬勃发展是市场的作用，乡镇企业的萎缩和改制也是市场的结果。

20 世纪 90 年代初，随着国家的计划经济体制转向市场经济体制，乡镇企业的市场化体制的优势逐渐丧失，外部环境的不断变化和自身体制缺陷的日益暴露使乡镇企业经营粗放、管理落后和技术匮乏的劣势逐渐显现，乡镇集体企业的发展开始陷入困境。此时，中国经济总体上从卖方市场向买方市场转变，乡镇企业的外部竞争对手增多，市场销售难度加大。国有企业、个体私营经济、"三资企业"参与国内市场竞争，不断压缩乡镇企业的市场生存空间。此外，以集体产权为主体的乡镇企业产权结构弊端凸现。企业效率、活力低下，曾经蓬勃发展的乡镇企业整体陷入困境。乡镇企业的发展出现两极分化，一部分乡镇企业向大规模、高科技、外向型企业发展，大部分乡镇企业则逐渐衰落甚至倒闭。20 世纪 90 年代中期开始，太仓市乡镇集体企业在"损失比消失好"的基调下开始转制，县办、镇办、村办的集体企业纷纷转制成为私营企业。

在乡镇企业发展陷入困境时，经济全球化也带来吸引外资和发展外向型经济的机遇。原来面向国内市场的乡镇企业经过改制后开始转向国际市场，大多成为出口外向型企业。20 世纪 80 年代后期，国家实行沿海开放战略。20 世纪 90 年代初，全球产业开始大转移，发达国家的制造企业将目光转向中国大陆，长江三角洲和珠江三角洲成为外商投资的两大目的地。为了招商引资，各级各类工业园、开发区纷纷建立，新一轮的工业化继续向农村扩张，农村劳动力继续从农业转移到工业等非农产业，农村的土地也被征用于开发区、工业园和各种工厂建设。太仓及时抓住上海浦东开发的历史机遇，对接上海，在建设开发区方面走在前头。太仓经济开发区的工业产值由 1995 年的 5.14 亿元上升到 2008 年的 360 亿元。2008 年，太仓港口开发区的工业产值达到 117 亿元。"十一五"期间，共有 17 家世界 500 强企业相继落户太仓，全市实际利用外资累计 33.63 亿美元，比"十五"期间增长 94.2%。2010 年，太仓完成进出口总额 82.62 亿美元，其中出口 38.95 亿美元，外贸出口依存度达 36.1%。外向型工业所产生的产值高，对劳动力的吸纳能力强，为政府提供的税收多，对城市化的促进作用相当大，其作为市场主体，对城乡结构的变革和城乡一体化的发展具有强大的推力。

### 三 村社：城乡结构改变的作用力

社队企业是从本社队内部集体或家庭的生产生活需求出发，所生产的产品和所提供的服务是为了满足本地农村、农业、农民的需求，短缺经济下，市场不是问题，原料也基本就地取材。当社队企业发展到原料、市场超出本社区之外时，原料和产品销售成为阻碍社队企业发展的现实困境，社队企业因此出现了专门"跑供销"的人员，这些人的主要任务是到计划体制内的企业单位寻找工业原料，试图突破计划体制的限制，使社队企业在市场化改革之前实现蓬勃发展。社队企业最初的目的不是要突破国家计划体制的严格管制，而是为了弥补国家计划体制管制所产生的农村、农民、农业对工业产品和服务等基本需求无法得到满足的缺陷。在计划体制的限制下，社队干部及农民通过灵活的亲戚、朋友、老乡、战友、知青等非正式社会关系消解正式制度对工业生产所需的设备、原材料、技术人才等的控制。这些社队企业并未冲击"以粮为纲"的基本路线，甚至有着为粮食生产服务的原始目的。这些初级的社队企业是为了满足农村内部需求，是为农业、农民、农村服务的。实际上，这种初级形态的社队企业对城乡结构几乎没有太大影响，它们在产值利润、提供的非农就业岗位、对农民收入增加方面的作用甚微。初级社队企业为后来的乡镇企业的发展积累了经验。特别是在计划经济体制下，社队企业在机器设备、原材料、人才、技术、资金、经营管理等方面所积累的丰富经验，为 20 世纪 80 年代初蓬勃发展的乡镇企业提供了清晰的路径。

农村社区在改变城乡结构中发挥了重要作用。村社既为乡镇企业发展提供廉价的土地、劳动力，又为企业承担经营风险。农村社区实际上存在城市单位制的作用，农村居民对社区的依附、从社区获得福利等是这一作用的重要体现。农村社区发展集体经济，可以为村民提供就业岗位、增加收入、提供基本福利、完善社区基础设施等，有利于缩小城乡差距。苏南地区向来是集体力量比较强大的地方，村集体具有较强的整合能力。20 世纪 70 年代中期起，太仓农村的生产大队以集体力量兴办工业，队办工业和社办工业一起构成社队工业，队办工业（后来的村办工业）产值成为农村经济总值的最重要部分，村集体办工业的产值占农村经济总值的比例从 1978 年的 42.1% 上升为 1985 年底的 82.3%。1985 年末，全县村办企业 605 个，就业人员 38437 人，村办企业在本县工业总产值中占的比重从 1975 年的 4.22% 上升到 1985 年的 16.73%。20 世纪 80 年代，社队体制解体后，全国各地的农村合作医疗制度名存实亡，但是太仓的农村合作医疗制度没有中断，得益于村办集体企业的收入支撑。

乡镇企业改制后，在工业化和城市化背景下，农村集体经济转向"租金经济"，依靠集体物业出租获得收入。太仓市的农村社区和涉农社区的平均村级可支配收入从 2005 年的 57.3 万元上升为 2010 年的 405 万元。农村社区集体经济收入增加后，承担着越来越多的责任。村社区通过推进五大合作，促进农民增收。太仓每个农村社区或涉农社区基本上都存在土地股份合作社（合作农场）、专业合作社、富民合作社、劳务合作社、社区股份社等合作社模式。土地流转给村集体成了土地合作社、合作农场，负责为村民提供稳定的流转回报。富民合作社负责经营村集体物业。劳务合作社负责将闲散农村劳动力组织起来，承包道路绿化管理、保洁等工作。城厢镇朝阳社区成立了一体化的综合合作社，即社区股份合作社，将各种集体资产量化为股份，由社区负责经营。拥有村级集体经济收入的农村社区和涉农社区担负着本村基础设施、公共服务、社区福利等城市社区所没有的责任。村级集体经济收入主要用于社区内的基础设施建设、为有村籍的社区成员提供福利、社区管理和少量分红。村社所提供的福利、服务等事实上缩小了城乡之间的差距。

## 第四节 "田园城市"：通往未来之路

加拿大学者麦基在对东南亚地区的城市进行研究后发现，随着城市和乡村之间的联系日益密切，城乡之间的传统差别逐渐模糊，并在地域组织结构上出现了以农业活动和非农业活动并存、融合为特征的独具特色的地域类型。麦基称这种类型为"desakotasi"，即城乡一体化。霍华德以"田园城市"来表达理想的城乡结构，"城市和乡村都各有其优点和相应缺点，而城市—乡村则避免了两者的缺点……城市和乡村必须成婚，这种愉快的结合将迸发出新的希望、新的生活、新的文明"①。无论是"desakotasi"还是"田园城市"，城市和乡村都不是截然不同的，城市和乡村是形态各异、功能互补的统一体，城乡一体化并不意味着城乡一样化。建立地位平等、权利公平、功能互补、形态各异的"田园城市"是未来城乡结构变革的理想目标。在"田园城市"里，城乡的收入差距较小，资源配置均等，形态景观各异，城市和农村是功能统一体。

城乡结构包含物质、制度、观念等诸多方面，当代中国的城乡二元结构是由城乡二元体制造成的，长期的城乡二元体制不断强化城乡在经济、政治、文化、社会、观念等方面的重大区别。城乡结构的变革是社会整体性变革。根据奥格本的"文化堕距"（culture lag）理论，在社会变迁中，文化集丛中的一部分变迁滞后于另一部分。物质文化先于非物质文化发生变迁，制度文化先于观念文化发生变迁。在城乡结构的变革过程中，器物层面、制度层面和观念层面的变迁速度是不同的。经过30多年的工业化和城市化发展，太仓的城乡二元体制已经发生巨大变化，农村地区的产业结构、职业结构、收入水平、基础设施等物质层面首先发生变化。物质层面的变革迫使制度设计层面的相应变化。乡镇企业的兴起促使政府调整了计划体制下的各种制度。在城乡的产业、职业结构趋同条件下，农村居民的收入大幅提高。向农村居民提供社会保障、公共服务成为经济倒逼制度改革的范例。如今农村居民也被纳入养老保险和医疗保险的保障范围，一定程度上实现了"老有所养、病有所医"。太仓以城乡最低生活保障一体化及养老保险、医疗保险

---

① 埃比尼泽·霍华德：《明日的田园城市》，金经元译，商务印书馆，2000，第8~9页。

并轨为起点，逐渐推进城乡各项社会保障制度的一体化。太仓在基础设施配置方面也趋向城乡一体化，网、管、线向农村延伸，城乡社区服务中心、卫生服务中心等社区配套基本上纳入统一标准。在公共服务向农村覆盖方面，向所有的城乡社区派驻社会保障协管员等。农村地区的教育、健康、环保、治安等得到了较好发展。

太仓城乡结构变革中，政府、村社发挥了关键作用。在计划经济体制下，基层政府积极寻找农村地区工业发展的市场空间，利用行政资源从计划体制内获得开办集体企业所需的资金、原料、合法身份等。经济市场化改革后，政府从产业结构上改变城乡结构，进一步推动农村工业化。在市场风险面前，政府致力于建立、健全使个体免受过度市场化冲击的社会安全网。太仓基层政府在现有国家体制框架内最大限度地推进了城乡一体化。作为太仓传统集体力量代表的村社，在改变城乡结构中也发挥了不同于其他地区的功能，参与开办集体工业企业，并向镇（社）办企业提供廉价甚至无偿的土地、劳动力等资源。村社兴办的集体工业企业一方面转移了部分农村劳动力，增加了家庭收入，另一方面承担了社区福利、基础设施等方面的费用。在乡镇企业改制后，私有化虽然将村社和企业的关系剥离，但是村社仍然拥有强大的集体整合力。这是太仓农村合作医疗一直坚持下来的重要原因。进入 21 世纪后，村社的集体资产成为集体经济的主要来源，物业租赁和土地出让是村社重要的集体收入来源，这些集体收入为农村社区及居民的福利、基础设施、公共服务、社会保障提供了资金保障，缩小了城乡之间的差距。

虽然城乡经济、居住环境等都发生了变化，但是一些计划体制下的个人层面和社区层面的管理制度仍然维持城乡二元，城市社区和农村社区各有一套管理制度，这些管理制度建立在城乡社区、城乡居民的权利不平等基础上。农村社区（含涉农社区）的电缆、有线电视、自来水网、煤气管道等基础网管设施配置和社区服务管理中心所需资金投入仍然没有打破城乡二元格局。城市基础设施由政府财政买单，但是镇区、农民集中居住小区的基础设施配套的资金投入大都来自农民本身。农村基础设施建设费用由上级财政推给了镇级政府，镇级政府则从农民那里筹集资金，因此征收农村土地成为筹集基础建设资金的重要来源。农村社区服务中心的硬件建设、人员经费等开支都从集体经济收入列支，而城市社区的社区事务工作站硬件、人员经费都从市政府财政列支。上述资源配置方式仍然属于城乡二元管理的体制，对于农村居民相当不公平。政府应进一步突破城乡社会管理体制分割，实现资源配置的城乡并轨，使农村的基础设施、公共服务配置资金主要来自政府财政，而农村集体经济收入主要用于提升农村居民的福利水平。此外，农村住房包括大部分新建的农民集中居住区房屋没有获得房产证，这一问题的解决也有待城乡一体化的实现。

通过建立"田园城市"，构造和谐的城乡结构，在现有国家宏观体制框架内进一步推进管理体制的改革，推动城乡结构迈向现代化，实现城乡功能互补、权利地位平等、资源分配均衡、社会流动开放自由，实现"城中有乡、城中有城"的城乡一体化。

**参考文献**

陈建国：《苏州农村劳动就业结构分析》，苏州市统计局，http：//www. sztjj. gov. cn/news/2007/12/7/tjj/1. htm。

埃比尼泽·霍华德：《明日的田园城市》，金经元译，商务印书馆，2000。

陆学艺：《"三农论"——当代中国农业、农村、农民研究》，社会科学文献出版社，2002。

《太仓县志》，江苏人民出版社，1991。

《小城镇　大问题》，江苏人民出版社，1984。

# 第三章
# 社会联系的多样化

　　不论是阶层结构还是城乡结构，都属于宏观层面的社会现象，它们与个体之间的联系并不是直接的，而是需要通过一些中观的层面间接发生，比如社区、组织、单位、团体等。换句话说，通过这些中观层面的载体，才能体现个体与宏观结构、个体与个体、群体与群体之间的联系。事实上，一个社会就是由这样的各种社会联系构成的，一个社会的变化最直接地体现在这些社会联系的变化上，反过来，社会联系的变化也会推动一个社会的变迁。在韦伯和帕森斯看来，现代社会与传统社会的最大区别在于社会组织原则的不同。传统社会更多的是采用特殊性、先赋性等原则组织起来，而现代社会则是通过普遍性、获致性原则组织起来。涂尔干认为，传统社会是一个机械团结社会，即通过一定的社会情感联系起来，现代社会是有机团结社会，即通过劳动分工、功能互赖的原则联系起来。虽然这些看法并不一定为后来的所有社会学家们所接受，但是，至少表明了社会联系的不同反映了社会形态的差异，社会现代化就是通过社会联系的变化得到明显体现的。因此，进行社会联系变化的分析和观察对我们理解和认识太仓社会现代化进程来说是非常重要的、不可或缺的视角。

## 第一节　太仓社会联系的嬗变

### 一　社会联系概念和分析角度

　　社会联系是指社会各个部分之间形成的相对稳定的链接形式，表现为不同的关系形态，如血缘关系、地缘关系、组织关系、家族关系、上下级关系、族群关系、职业关系、感情关系等。在涂尔干看来，现代社会是以有机联系（团结）区别于传统社会的机械联系（团结）。滕尼斯认为，传统社会限于社区联系，注重地域性的情感和认同，而现代社会则表现为松散、超地域、非情感性、理性化的社会联系。政治学家戴维·米勒则认为，当今社会有三种社会联系。第一种是团结的社群，存在于"人们共享民族认同之时。……首先是人们之间产生相互理解和相互信任的面对面的关系，扩展到更大的圈子，这一圈子中的人们既是由亲戚关系或相互熟识，也是由共同的信仰或文化联系在一起的"①。第二种是工具性的联合，以功利的方式联系在一起，经济关系就是典范。第三种是公民身份的联合体，即大家在国家层面都是公民，享受平等的公民权利和责任。② 当然，这些学者都是从西方的社会情境中提出从传统到现代转变过程中社会联系变迁的特点，并不一定适合于对中国情境的解释，但是，社会联系的变化也是中国过去 30 年社会现代化进程中出现的实质性现象。中国社会情境的独特性在于不仅存在传统与现代的关系，而且存在计划与市场的复杂关系。上面提到的理论仅限于对传统与现代关系的理解。针对中国社会情境，还需要分析从总体性社会向市场社会和行政社会的转变过程中，社会联系在这两个维度上发生的各种各样的变化。在这里，从以上两个维度来考察太仓社会联系在社会现代化进程中的变化以及对社会现代化发展的影响。

## 二　太仓的传统社会联系

虽不能说太仓的传统社会联系与全国完全同构，但是，作为中国社会的一部分，逃脱不了中国的传统特点。20 世纪 30 年代，我国著名社会学家费孝通教授在濒临太仓的家乡进行了深入的田野调查，出版了《江村经济》一书，他在另一本著作《乡土中国》中对中国传统乡土社会的描写和分析实际上有很多想法都来自他在江村的调查。《乡土中国》一书中提出的很多看法，有助于我们对太仓传统社会联系的理解。该书开门见山地指出，"从基层上看，中国社会是乡土性的"。在费孝通看来，乡土性表现为：不流动

---

① 戴维·米勒：《社会正义原则》，应奇译，江苏人民出版社，2008，第 32 页。
② 戴维·米勒：《社会正义原则》，应奇译，江苏人民出版社，2008，第 37 页。

是常态、流动是非常态的，人们生于斯、长于斯，就像植物一样深深地扎根于土地，因此彼此是相当熟悉的，是熟人社会。

用费孝通教授的观点来观察太仓社会，我们能找到相似的传统社会联系。太仓人不断地告诉我们说，长期以来他们不愿意离开太仓，觉得太仓是最好的地方，原因在于太仓地多人少，没有大的灾害，是鱼米之乡、富庶之地。

> 我们这个地方历史上就是比较富裕的。太仓人到外地去打工这样的事情一直就是比较少的，比较富裕，没必要出去。现在本地人在这里生活也是比较有优越感。历史上从太仓出去的人，读书的有，谋生的不多，因为在本地就能生活。（BM20120221SZ）

20世纪90年代初，太仓县城城区很小，只有一条1公里长的道路，太仓45万人口中只有2万人集中在城厢镇，像浏河、璜泾、花溪这样的乡镇也只是小镇。正如费孝通所说的，它们是"村之头、城之尾"。所以那时候的太仓还不是一个城市化水平很高的社会，仍属于乡村社会或乡土社会。乡土社会的社会联系基本上是以家庭为单位、村落为依托，以血缘、亲缘和地缘为原则构建成的链接形式。

> 村子里的建筑都是比较零散的，也没有明显界限。北方的村庄一家和一家之间都是联系在一起的，前一家在屋里子说话后一家人都能听见，人与人关系比较紧密。这里就不是这样。农村到处都是田，这里一个房子，那里一个房子，不是很紧密。文化表现在居住空间上，可能与自然环境和文化意识有关系，相对比较分散。这是很有意思的现象。太仓人对房屋的格局特别看重，太仓人的房子跟其他地方的房子很不一样。太仓人造房子，要在同一条线上。你的房子不能比我的前一点，也不能比我的高一点，不然要坏了我的风水。这个东西讲究得不得了。现在并村之后虽然集聚在一起，但这是行政推动的。太仓村落自然的状态是星罗棋布的，房子的高矮前后也是自然形成的，不需要干部去管的。（BM20120221SZ）

太仓的传统村落虽然没有像其他地方那样聚集，而是成散点分布，但是，其自身也有一定的联系和组织规则，比如并排的房子不能有高有矮。按市志办主任的话说，是"有规定的，不需要干部去管"。也就是说，太仓传统村落的组织和联系是约定俗成的，不需要借助外部力量就可以解决自己内部出现的问题。在传统村落形成过程中，内部的社会联系方式和原则发挥了有效的作用，比如共同的风俗理念、邻里调节规则等。

> 年初一到庙里炒香，有个很大的庙，以前每个村里都有个小庙，年纪3、6、9要端饭，老人给小孩，孩子给老人。端饭：蛋（滚过）、穿条鱼（穿过）、鸟（飞过）、鸡（飞过）、猪蹄髈（走过）、鸭子（游过）。9是必须要带的。6开头的也是必须要带的。舞龙灯现在很少了，双凤是舞龙之乡，现在很多。以前种田的时候，要从田里铲土回家，寓意是大丰收。年初一、初二点蜡烛。放鞭炮。腊月二十四送灶，年初一接灶。去世要做道场、念经，四到五个小时，可能要做好几场。（SQ20120215XQHQ）

在这里，我们可以想象到的是费孝通在《乡土中国》中描述和分析的社会联系：差序格局、无讼、家族、地缘、男女有别、无为政治、长老统治、礼治秩序等。虽然这些联系并不一定都能出现在太仓的传统乡土社会那里，但是基本上已经涵盖了那里的社会联系。

传统乡土社会中存在社会联系的断裂和紧张问题，比如邻里冲突、家庭关系紧张等，基本上适应以农业为主的社会经济活动。

> 据说张家港在80年代左右外出的人口有10万人左右。我们这边出去的才五六千人。历史上太仓是很殷实的，即使要出去也是去上海、无锡这些地方。我感觉还是上海人到这边来的比较多，我们到上海也就是去购物。有些知青回不去上海，就在太仓这边留下来。现在上海人在这边买房子的也很多。太仓人就没有出去的习惯。这个跟他本身生活比较富裕有关。太仓人的子女比较少，家境一直很殷实。80年代到90年代，太仓的主要经济作物是棉花和大蒜，人均耕地比较多，达到2亩左右。太仓人生活上面没有任何问题。张家港那边人均土地少，养不活只

能出去了。太仓一直是吃白米饭的，张家港那边是吃番薯干的。现在太仓这边已经不种棉花和大蒜了，因为太费工。（BM20120221SZ）

太仓历史上就比较富裕，那里的人很少外出。太仓人不愁养老问题，没有很强的生育观念，这会在一定程度上影响家庭内部关系。

我们对太仓传统社会联系的认识是：村落比较松散，人际关系不那么紧密，但有一套自我调节的运行规则。这些规则和费孝通在《乡土中国》中所指出的那些原则相似：差序格局、礼治秩序、无讼、长老统治、家族和地缘等。这些社会联系构成了太仓的传统社会形态：一个自治、长幼有序、仁义礼智、感情亲密的社会。

## 三 太仓社会联系的嬗变

传统的社会联系并不是一成不变的，跟现在比起来，变化相对缓慢。自从中国进入近代以来，由于外国商品、思想观念等的涌入，传统的社会联系开始有了明显的变化。费孝通在《乡土中国》中指出，"从乡土社会进入现代社会的过程中，我们在乡土社会中所养成的生活方式处处产生了流弊。陌生人所组成的现代社会是无法用乡土社会的习俗来应付的。于是，土气成了骂人的词，'乡'也不再是衣锦荣归的去处了"①。在《江村经济》一书中，费孝通已经意识到工业下乡、外国商品对当时的乡村经济和社会带来的冲击。当时农村经济萧条的直接原因是家庭手工业的衰落，而真正的原因在于乡村工业与世界市场的关系问题。农民只能在改进产品和放弃手工业之间进行选择，选择前者面临的最大困难就是技术改进和社会再组织，但是农民基本上不具备这些条件，只好选择放弃手工业，这意味着家庭手工业的衰落。这表明，早在20世纪30年代，中国农村社会联系已经受到工业和对外贸易的冲击。费孝通研究的场所就在太仓邻近的"江村"，为我们考察当代太仓社会联系变迁提供了一个有非常价值的历史参照标本。

在费孝通看来，中国传统社会是一个靠血缘、地缘关系联结在一起的熟人社会，家庭、家族和邻里在传统社会联系中具有核心的纽带作用，但这样的社会联系格局在20世纪30年代已经发生了明显的变化。沿着费孝通的思

---

① 费孝通：《乡土中国》，北京出版社，2004，第1~4页。

路来观察，我们发现，在中国（包括太仓）近现代历史上，社会联系经历了三次大的变迁。第一次是从清末民国初开始，国家权力深入乡村，官僚与乡村精英开始主导社会联系，其中当然有强化家族、家庭纽带的作用，也有基于功利原则而产生的投机性的社会联系。美国学者杜赞奇对民国时期华北村落精英类型的研究揭示了一点。[1]　第二次是共产党执政后国家权力进一步巩固了对村庄的控制和管理，国家重新建构了一种新的村社制度，即人民公社制度，对社会联系的影响相当大。在社会联系中，家族、家庭的纽带作用被削弱甚至边缘化了，村社成为社会联系的核心纽带，其背后是国家权力的主导力量。在这样的社会联系中，政治、权力原则取代了血缘原则，构筑了以政治身份为基础的社会地位和利益分配机制。第三次便是改革开放以后社会联系出现原子化变迁趋势。农村实行家庭承包责任制后，家庭的作用在扩大。国家从农村撤退，村社制度难以为继，公共产品供给出现问题。市场经济的发展进一步强化了家庭和个人的利益，国家和村社也趋于功利化、势利化，甚至出现与民争利的现象（如乱收税费、撤村并村和征地拆迁、生态污染等）。利益原则取代政治原则，成为社会联系的主要规则，每个人都在考虑自己的利益，而社会合作则不受人们重视。人们更多地从自身利益角度考虑社会合作，原来那种把合作作为目的的做法和想法越来越少，社会联系的原子化趋势越来越明显。

那么太仓的社会联系是不是沿着这样的变迁轨迹进行的呢？我们是否能从太仓那里更具体地找到中国社会联系变迁的轨迹呢？在中国整个国家背景下，太仓虽然没办法避开整体的社会变迁大势，但是在社会联系上也表现出一定的地方性。20世纪初，由于太仓地处我国东南沿海地区，紧邻上海，国家权力的深入及工业文明和城市商业文明的影响，使太仓出现了江村在20世纪30年代曾出现的变迁状态——"生活方式流变和社会再组织"。太仓人开始去周围的常熟、上海等地从商和做工。但是相对于苏南地区来说，太仓耕地多，大部分人安于农耕生活，因此，太仓的社会联系更具有乡土特色。但是，国家权力的影响已经开始使原来的社会联系发生明显的变化，乡绅与官僚成为太仓社会两个最有影响力的群体。乡绅和官僚与传统社会联系

① 杜赞奇：《文化、权力与国家——1990—1942年的华北农村》，王福明译，江苏人民出版社，1994。

结合在一起，在某种程度上强化了社会联系的一些传统特性，如乡绅借助于国家权力而获得了比以前更大的影响力。新中国成立后，太仓的社会联系受到了国家的彻底改造和重构，产生了与传统社会联系有明显差别的新的社会联系。以村社为载体的集体社会联系渐渐地扎根于太仓的社会，并将传统社会联系排挤到边缘地带。

太仓社会联系的集体性与全国其他许多地方不同的一点在于 20 世纪 60 年代后期出现的社队企业的影响。社队企业通过以下几方面增加村社福利，进一步强化了社会联系的集体性：第一，解决了村社农业经济发展中生产资料短缺等问题；第二，增加了社员的就业机会；第三，增强了集体福利，提高了社员的集体荣誉感和认同感。所以，到现在，太仓人的集体意识还是比其他地方强。太仓社会联系的集体性表现为用集体福利的方式增强居民对集体的依附和认同，但却削弱了居民个体的独立性和自主性，他们安于集体为他们提供生活安全保障，怠于通过自己创业来实现致富，导致太仓人中私营老板和个体户的人数比较少，而工人的人数比较多。因此，太仓社会联系的集体性具有强化村社在社会、经济、政治和文化事务中的主导功能，使个体严重地依附于村社，削弱了家族以及其他自主组织的社会联系功能。太仓各级政府正是意识到这一点，所以一直通过发展集体经济来推进农村建设。

当然，从 20 世纪 90 年代中期开始的乡镇企业改制、大规模的招商引资和快速的行政主导型城市化进程等社会事件，对社会联系构成了很大的冲击，在一定程度上削弱了社会联系的集体性，促使社会联系向原子化方向变迁。社队和乡镇企业的发展，使家庭、家族和宗祠等传统的社会联系被边缘化和削弱，当社会联系的集体性随着乡镇企业改制而弱化时，家庭、家族就不能担当起社会联系的合作性替代功能。乡镇企业改制的普遍做法是将企业完全卖给个人，甚至不少企业是送给某些个人，村民与企业如有关系，也是一种市场雇佣关系，不再有集体的关系和意识了。不少村民原来是企业工人，转制后就失去了工作，不仅由此感到失去了集体的庇护，也陷入了孤立无援和无助状态。

进入 21 世纪，为了推进城市化、招商引资、土地开发而开展的撤村并村、上楼居住运动，进一步冲击了村民原有的熟人社会关系网。特别是在合并后的村庄或社区中，村民与周围许多新邻居缺乏长期的生活和交往经历，一时难以建立稳定的信任关系，无疑使他们产生了一定的不安全感和意识。与此同时，计划生育也在一定程度上强化了太仓人社会联系的原子化变迁。按太仓人自己的说法，他们不愿多生孩子，是因为多生孩子的经济负担重，他们经济条件还不错，老了不需要指靠孩子养老，所以，太仓的计划生育工作比较好开展。太仓人口已经呈现自然负增长，老龄化程度很高。太仓绝大多数年轻人都是独生子女，他们一方面比他们的父辈更加推崇行动的自主性和独立性，另一方面还要承担维持家庭联系的社会责任，当然他们也能从家庭联系中获得支持和好处。为了维持家庭联系，这些年轻人婚后需要采取变相的家庭联系办法，叫"两头住"，在双方父母家都有他们的房子，然后每周轮流住。在这种家庭联系中，女的不叫出嫁，男的不叫入赘，但是这种联系确实有点"强弩之末"的态势。

社会联系的原子化呈现这样的轨迹：一方面，城市化、市场化、工业化等现代化进程对原来以地缘、血缘等传统原则构建的社会联系产生巨大的冲击，社会联系更多的是以个体为单位组织起来，而不是以家庭、家族乃至集体为单位组织而成，这是现代化进程中的个体化现象；另一方面，以集体为核心或主轴的社会联系随着市场化改革以及政府的强力推动出现明显的解构，而在集体化时代被边缘化的家庭因计划生育而失去了传统意义上的社会团结和凝聚能力。因此，人们发现，集体没有了以前的庇护功能，家庭也越来越单薄，社会联系显得越来越原子化、个体化。尽管太仓市政府正在努力重新发展集体经济、增大集体福利供给，但是仍然难以化解社会联系的原子化问题。原因在于，在原子化过程中村民吸取了集体不可靠的教训以及市场化场景下个体利益凸显。因此，村民很难像过去那样相信集体能有效地保护他们的利益和生活安全。当然，这并不意味着太仓社会联系就没有重构的可能。当前太仓的社会联系只是呈现原子化的趋势，并没有彻底原子化，这也为今后太仓社会联系重构留下了社会空间和路径。

## 第二节　社会联系面临的问题、挑战和影响

任何一个社会在现代化进程中都会面临社会联系的解构、重构和挑战问题，太仓也不例外。各个社会有自己的社会、经济和文化传统，因此会呈现不同的方式和路径。太仓面临的社会联系问题就是社会联系的原子化问题，

具体表现在三个方面：一是从传统劳动到现代专职就业转变中的社会联系问题；二是从集体归属到社区归属转变中的社会联系问题；三是从熟人社会到陌生人社会转变中的社会联系问题。

## 一 从传统劳动到现代专职就业转变中的社会联系问题

这里先以费孝通在《江村经济》一书中所描述的江村职业情况为蓝本，来观察传统社会的职业与社会联系问题。他在江村观察到，20 世纪 30 年代，江村的职业分工并不明显，专业化程度很低，其中农业是最基本的职业，近80% 的江村家庭从事农业。有的人从事农业的同时会利用空闲时间从事手工业，或进丝厂打工，有的人在打工之余下地干农活。一个家庭的不同成员可以从事不同的职业，有种地的，有做手工和从事服务业的（江村占 7% 的家庭从事手工业和服务业，但属于兼职），有到厂里干活的，但每个家庭都以家长的职业为主。所以，费孝通以家长从事的职业来对江村的职业进行分类。在这些劳动中，职业分工并不明显，专职化和专业化程度不高，人们参加劳动，一方面是维持生存的需要，另一方面寄托着他们的人生价值，具有很强的价值理性。而在现代社会，就业主要是一种工具理性的表达。与此同时，传统的社会联系主要是通过劳动得以建构和维持，比如传统手工艺的传承依赖于亲属、亲戚、师徒这样的传统社会联系。不同地域的人从事不同的职业，地缘影响了人们的职业关系，如那些住在湖边的人更有可能捕鱼。当然，在费孝通做江村田野调查时，江村的职业已经开始出现现代分化了，专业化程度在提高，城镇的商业和服务业开始影响江村的职业，特别是影响到江村的手工业和商铺，形成了新的挑战。江村的这种职业现代化变迁由于日本侵华和国共内战而中断，但却预示着从传统向现代转变的一种趋势，这一变迁也在后来的改革开放中得以延续，使其与太仓的社会变迁处在同步的轨道上。

对太仓农民来说，从传统的农业劳动转向现代的专职化就业，并不是始于改革开放之后，他们早在计划经济时代就已经参与社队企业劳动。但是社队企业的劳动在性质上与农业劳动没有本质差别，尤其在分配上，他们仍然是作为社队的成员与农业劳动者一起获得工分和报酬。这种状况显示的不仅仅是他们能赚多少钱，而是他们在社队成员中的地位与关系。在这个时期，人们的劳动（不管是农业劳动，还是社队企业劳动）不仅是一种经济活动，更是以村社为核心纽带形成的社会联系集体性的表现。进入乡镇企业发展时期，虽然社会联系的集体性并没有弱化，但是就业呈现专职化特征。在不同就业岗位，不仅拥有不同的职权，而且享受不同的报酬。科层化、工具理性在职业关系中渐渐地取代了村社的共同体身份和价值归属。职业成了社会地位分化和不平等的基础。正如米勒认为的，应得原则应该成为社会联系的公平原则。但是事实上，乡镇企业依然是社队集体属性，还拥有共同体的亲密关系，在资源配置上不一定按应得原则进行，许多亲情、血缘、地缘等潜伏的亲密联合关系有可能产生应得原则与需求原则之间的冲突，从而影响乡镇企业的运行。这是乡镇企业在社会联系转型中面临的困境，并因为这种困境而在 20 世纪 90 年代趋于转制和解体。

从 20 世纪 90 年代中期开始，太仓居民（尤其是村民）越来越依赖于市场实现就业，也越来越多地参与非农就业。农业就业的人数越来越少，一方面是因为农村土地越来越少，另一方面是因为农业越来越难以与工业和商业竞争。市场化就业和非农化就业并不一定是农民的主动选择，很可能是被外力所迫而做出的无奈之举。这一时期的就业与以前相比具有以下特点：①专职化，人们不能像过去那样可以兼职，或者很少有时间兼职；②准时性，每天上下班都是有时间规定的；③分工化，每个就业者只负责某个生产环节的一个工序，不像农业那样一个人完成所有生产环节；④不稳定性，随时都有可能失去工作；⑤雇佣性，就业者就是被花钱买去从事生产的工具，因此就业具有很强的工具理性，缺乏价值理性。专职化就业确实履行了米勒所说的应得原则，但却失去了劳动的文化价值，比如对劳动的热爱、从劳动中体现自己的理想等。人们更多的是用工具理性衡量彼此，不容易培育亲密的社会联系。太仓本地人的好处是在就业专职化、市场化过程中还可以依托村落传统的社会联系来弥补专职化带来的社会联系工具化问题。尽管如此，他们还是感受到市场化就业对他们生活以及原有社会联系的影响。

> 村民"村改居"后就业，基本上是靠自己，政府不安排。45 岁以上的，搞物业的最多，保洁、保安、绿化养护工，社区里的，工业园里的，都是村里的老百姓，占 60%～70%，收入不高，1200～1500 元。现在找不到工人，连洗车的都找不到，就业很容易。40 岁以下的，年纪轻的基本上进工厂打工，进外资企业的比较多，年轻的白领，收入都

是 1 万多元。（对一个村支书的访谈）

　　原来都是种地的，不是到家里串门的，就是到人家屋檐下坐坐聊聊天，或者到人家地里聊几句，不会到人家家里一直坐着。再说农活也忙，没多少时间闲着。打麻将我不喜欢，有的人喜欢有的人不喜欢。现在不种地了，闲下来了，就在院子里晒晒太阳，聊聊天，看看孩子，打打毛衣。不过也没多少闲的人，像我这个年纪的都出去打工了，赚一点辛苦钱。原来种地辛苦，但是是自由的，现在没那么累，但是不自由了。（对一个村民的访谈）

从访谈中可以看出，非农化和专职化就业一方面给了村民更多的就业机会，另一方面也限制了他们的行动，尤其是与其他村民交往的行动，他们由此感到与邻里的联系不像以前那么亲密了。

## 二　从集体归属到社区归属转变中的社会联系问题

在集体计划经济时代，个人与社会的联系是通过集体这个环节实现的，也就是说，一个人在集体中所处的位置和状态决定了其在社会上的地位和身份。集体一方面强有力地控制着个人，另一方面也给予了个人社会稳定感和明确的归属，这是一种控制与庇护的社会集体性联系。但是，随着乡镇企业改制、就业市场化、撤村并村等，集体既不能像以前那样控制人们，也没有了庇护的能力，因此，集体归属渐渐地淡化，人们开始寻找社区归属。按滕尼斯最初提出的设想，社区是一个具有亲密交往、感情归属、强认同的生活区域。但是，现在各地搞的所谓社区建设，只是把农村村委会改为城镇居委会、农村村落变成城镇社区，实际上走的路径不是像滕尼斯所说的回归到传统的亲密生活状态。太仓也是这样去搞社区建设的，后面专门有一章对此进行深入的分析，这里仅仅从对社会联系的影响方面来看社区建设是否能有效促进城市化、工业化、市场化背景下的社会联系建构。

太仓是按城市社区模式搞农村社区建设的，表现为这样几个方面：一是撤村、并村、上楼，集中居住，扩大规模；二是强化行政科层管理；三是就业非农化。我国的村落是相当多样的，有不同的形态，它们大多是因为过去的生产、地理、生活需求而自发形成的。在人民公社时期，虽然经历了行政的归并，但是自然村落与行政村还是并存的，许多行政村与自然村是一致的。但是，改革开放以后，尤其是从 20 世纪 90 年代中期开始，撤村、并村的速度快、势头猛，已经大大地削弱了原来村落的自发的社会、经济和文化基础。从 20 世纪 90 年代后期开始，政府向农村增加公共服务投入，在一定程度上强化了行政村的"行政功能"，有人称之为"行政化"，由此在原来的村落中衍生出两种不同的关系，一种是行政管理中的村落关系，另一种是自治的村落关系，前者往往不断地侵蚀后者的功能，产生了社会联系的紧张和冲突。就业的非农化将原来生活和劳动合一的场域转变为两者分离的场域。原来村落中劳动与生活是不分离的，劳动实际上是生活的重要内容，人们在劳动中形成的各种联系和感情也与生活密不可分。但是，在非农化就业中形成的关系并不一定与生活直接相关，生活的联系因为时间投入少、交往少以及就业工具化等因素变得没有以前那么紧密和丰富。因此，在这种情况下，不管是集体时代的社会联系集体性还是传统时代的社会联系亲密性，不但没有获得强化，反而出现不断弱化，社区的共同体面临疏远和解构的危险。显然，当前所谓的社区建设并不是真的在恢复和提升滕尼斯提出的社区公共性和认同感。如米勒所认为的那样，社区应该是亲密的联合体，是按照需求原则运行的，而目前的状态并不合乎这样的要求。

## 三　从熟人社会到陌生人社会转变中的社会联系问题

在社会现代化理论看来，从传统社会向现代社会的转变实际上是从熟人社会向陌生人社会转变的过程，但是，现代化理论并没有对这种转变带来的问题进行深入的讨论和研究。美国政治学家帕特南已经看到了这一点。他指出，在这种转变过程中（特别是从 20 世纪 60 年代开始），社会资本严重流失，影响到社会合作和参与。我们看到，太仓社会在就业和社区上的变化已经显现出从熟人社会向陌生人社会转变的趋势，这里对此做进一步分析并讨论这种变化对太仓社会联系的影响。

外来人口进来、农村人口向城市集中以及生活与就业的分离都是促使社会变成陌生人社会的重要因素。在太仓常住人口中，非户籍人口数量接近户籍人口数量，他们对太仓的社会、经济、文化都已经产生重大的影响。我们的调查显示，在务工人员和服务业人员中，外来人口占很大的比例，部分外来人口进入企业管理人员和技术人员行列，太仓的经济发展显然已经离不开他们的贡献了。但是，外来人口在太仓还很边缘化：他们还没有转变为太仓真正的居民；他们基本上是租房子住，或者居住在企业为他们提供的宿舍；不少外来人口处于灵活就业状态，没有被社会保障体系所覆盖；他们的子女虽然可以享受到公办教育服务，但是因为其父母就业的不稳定性而不能稳定地在太仓接受教育。外来人口会按照流出地形成有地域特色的聚居区，比如来自湖北麻城的人集中在一起居住，来自安徽的人有自己的聚居区。在这些聚居区内，外来人口形成了自己的社会网络和行为规则，太仓本地人基本上是无法进入也不敢进入的。一些太仓人说，他们害怕外地人，而不是外地人害怕他们。同样，一些外地人认为，他们在太仓可以很牛气，弄不好就走人，太仓人拿他们没有办法。跟其他有大量流动人口的地方一样，在太仓，外来人口与本地人口形成两个大的明显不同的社会群体，彼此之间有着很多社会隔阂，存在不理解甚至歧视、排斥等问题，把对方当作陌生人或者非我类人群，没有形成共同的社区归属感。与此同时，由于外来人口来自全国各地，他们彼此之间也处于陌生人状态，只能各自以老乡关系来组织他们在太仓的生活和行动。

太仓本地农村居民从原来世代为农转变为以市场为取向的非农就业，难以在就业过程中形成稳定的熟人关系。与此同时，城市化将他们推向不断更新、高度流动、邻里交往困难的城市社区。太仓在现代化过程中，社会变得更具流动性，生活周围不断地更换着不同的人。但是，这并不意味着每个群体就没有自己的熟人圈，只不过这个熟人圈与大的社会相比是一个很小的人际范围，不在相邻的居住范围中，不能消除人们对生活周围的陌生感受。

在陌生人社会中也有一些社会联系维持着人们的关系和社会运行，比如职业关系、法律规则、政府管理等，使处在陌生状态中的人们会有更好的隐私空间以及更多的自由选择。在熟人社会中，隐私性很差，个人隐私会受到各种舆论、习俗和道德规范的限制。然而，陌生人之间在行为上缺乏确定性和信任感，社会联系出现断裂，没有情感上的交流和依托，彼此始终存在一种怀疑的关系，对他人的事、公共的事情缺乏兴趣和积极性，不利于社会秩序的稳定和社会和谐，造成了对社会凝聚、团结与和谐的阻碍。

## 第三节　多元参与的社会联系建构

在从传统劳动到专职化就业、从集体归属到社区归属、从熟人社会到陌生人社会的转变中，社会联系经历了很大的变化。一方面，社会联系更加多样了，因为社会更加异质化，表现为阶层分化、群体分化、职业分化、收入分化、价值分化、组织分化等，社会联系不再像过去传统社会时期那么简单了。另一方面，一些新的社会部分之间失去了有效的联系原则和方式，甚至出现断裂和冲突。这两方面的变化给太仓社会建设带来巨大的挑战，太仓社会建设或者社会现代化的一个急迫任务就是建构有效的、合理的、公平的、有凝聚力的社会新联系。

### 一　社会联系建构的目标和内容

太仓社会现代化在社会联系层面需要解决三个问题：一是社会凝聚力或者说社会团结和融合问题；二是社会参与、合作和支持问题；三是社会安全和幸福问题。这三个问题归结为一个理论问题，那就是：靠什么样的社会联系才能化解社会"原子化"问题，从而实现社会团结、社会融合、社会参与、社会支持、社会安全和社会幸福这样的社会建设和社会现代化目标？迄今为止，已有各种理论试图来回答这个问题，如涂尔干的社会整合理论、韦伯的理性化和科层化理论、帕森斯的结构功能理论及社会正义理论、公共治理理论、自由民主理论、公民社会理论、社会福利理论等。所有这些理论都能给我们很多启发，比如：涂尔干认为在社会劳动分工越来越明显的现代社会，组建职业联合体是化解社会整合危机的有效的社会联系方式；公民社会理论认为，发展公民社会，可以有效抵御市场、国家的侵害，实现社会、国家与市场三者之间的平等、合作和相互支持的社会联系；社会正义理论则主张社会正义才是构建良好社会联系的基本原则。所有这些理论都是在不同的变迁场域去解释和讨论社会联系何以建构问题，而过去30多年太仓的社会变迁是多重叠加在一起的不同场域，出现的社会联系问题也是多样的，不是上述任何一种理论所能解释的。

太仓社会变迁的多重场域表现为社会劳动分工和城市化加快、外来人口大量涌入、社会分层和收入分配差距扩大、社会自由空间不断扩大等。太仓社会融合、社会团结或社会凝聚力涉及外来人口在本地的融入、不同阶层之间的和谐、城乡一体化等内容，首先要解决的是制度性社会联系问题，那就是给所有在太仓工作和生活的人们以平等的市民权利，也就是通过米勒所说的以平等这一社会正义原则去破解彼此之间的制度性分割和排斥。平等的市民权利仅仅是建构良好社会联系的最基本条件，另一种社会联系是不同人群、阶层之间的沟通和合作问题。随着社会分工扩大和多样化、社会地位的分化，社会歧视就不可避免产生，而城市化带来的陌生社会形态又进一步加深了人与人之间的隔阂，如果没有一定的沟通和合作机制，社会歧视和社会隔阂就难以消除，社会就更加断裂，也意味着在某些方面社会联系的缺失。这是一个全国性的问题，太仓也不例外。在这里，我们需要借助于哈贝马斯的沟通理性理论和社区理论原则找到社会联系建构的方向和路径。

在社会联系建构中，如何重新挖掘既适应现代化变迁又能协调现代化进程中出现的紧张问题的传统社会联系，也是一个很重要的问题。在太仓的三大转变（从传统劳动向专职化就业、从集体归属到社区归属、从熟人社会向陌生人社会转变）过程中，传统的社会联系并没有完全丢失，多数情况下，它在社会多样性和复杂性问题面前显得无能为力，需要建构一些新的社会联系，而在新的社会联系没有建构出来前，社会就有可能处于碎片化、缺乏信任的状态。在建构新的社会联系过程中，嫁接、挖掘传统的社会联系，并赋予其新的含义，有可能达到事半功倍的作用。

总之，太仓社会联系建构的目标是在社会结构不断分化、社会更加多样化的背景下，增强社会融合和凝聚力，提升社会合作和参与水平，使社会成员有效地抵御现代社会风险，增强社会安全感和生活幸福感。太仓社会变迁的叠加性和多场域特点决定了太仓社会联系的建构不是单一原则的，而是多原则的，在不同的领域和层面展开，具有丰富性和艰巨性。

## 二　太仓社会联系的建构实践

在社会变迁中人们对社会联系的丢失和断裂并不是被动的，也会做出一些主动的应对，这就构成了社会联系建构的实践内容。但是，由于人群的分化尤其是阶层化，人们在社会联系建构上的实践很有可能不是相向而行的，而是背道而驰甚至相互冲突的，从而会抵消建构实践的效果。太仓目前面临的关键性社会联系问题是社会融合、社会参与和社会合作等缺失问题。太仓市政府已经认识到这一点，并在社会联系建构上做了不少努力。我们将在后文有关行动策略章节中对此作详细的讨论和分析，这里从四个层面上做大致的勾画。

一是逐渐构筑平等的、开放的市民制度，其功能是消除制度性歧视、创造机会平等、提供基本的安全保障等。具体内容有：建立广覆盖的社会保障制度，实现城乡一体化，将外来人口纳入社会保障体系；公共服务均等化，将外来打工子弟纳入义务教育体系。当然，市民制度还在建构之中，并没有完成，目前还有不少障碍，基础性的社会联系还不健全，还存在不同人群之间的制度性歧视。

二是通过"政社互动"，促进社区建设，增强社区自主、自治能力。"政社互动"试图解决的是社区行政化问题，让社区回归到真正的自治状态。社区行政化的一个直接影响是社区的自治能力弱化，社区没有精力从事自治的工作，导致居民参与社区活动的积极性和动力在减弱，尤其是中青年居民对社区活动的兴趣不高。"政社互动"的思路是合乎社会联系建构要求的，但是在实践上受制于其他管理体制而难以有效地促使社区"去行政化"。目前这样的结构性问题还在困扰着社会联系建构。

三是实施"三社联动"，以培育社会组织发展，提升社会自我管理、自我服务和自我发展能力。虽然"三社联动"与"政社互动"同时展开，但是前者偏重于对社会组织的培育和发展，后者旨在促进社区自治。从广义上理解，社区也是一类社会组织。"三社联动"的设想是通过政府投入，用购买公共服务的方式，促进社会组织、社会志愿者与社区三者进行良性互动，实现社会融合、社会参与和社会自我发展等目标。但是，问题在于社会组织弱小，到现在还没有出现广泛的"三社联动"效应。

四是通过社会管理创新，增强政府的服务能力和作用。社会管理创新是中央政府推动的，各地政府都在进行社会管理创新，做法很多。从理论上看，太仓的"政社互动"与"三社联动"属于社会管理创新范畴。太仓社会管理创新从机制到具体行动上都进行了一些尝试，但是，与全国一样，太仓在社会管理创新上还缺乏明确的目标、清晰的路径和强有力的实施措施。

当然，除了太仓市政府在努力建构新的社会联系之外，社会自身也有一些行动，比如太仓的义工联合会就是社会自我建构社会联系的最有效应的示范。但是，像这样的社会组织不多。我们可以看到的是，在太仓的社会联系建构中，政府在唱独角戏，社会参与和合作依然很少，政府很难通过建构社会联系将不同人群凝聚起来，提高社会共同体水平。

### 三　社会联系建构中的多元参与模式

仅仅靠政府建构新的社会联系、修补社会联系裂痕、重塑传统社会联系，是不足以达成预期效果的。原因在于：首先，政府对需要建构什么样的新的社会联系这个问题并不是完全清楚和明白的；其次，有些社会联系之所以失效和断裂，背后有政府的作用和影响；再次，即使政府明白需要什么样的新的社会联系，但是并不能建立起来，其作为并不一定获得其他社会主体的认可，而且其自身的结构性障碍会削弱其努力，甚至起到相反的效果。这并不是说政府没有作用，实际上政府的角色是非常重要的，但是它不能垄断社会联系建构，更不应禁止或过多限制其他社会主体的行为。多元参与才是有效建构社会联系的唯一出路。

在多元参与模式中，政府的角色要进行调整和重塑，应把其他社会主体当作平等的合作伙伴，建立社会联系建构协同合作机制。政府合理的角色是在与其他社会主体的合作、互动中获得的。就太仓而言，政府在建构社会联系中至少需要担当这样的角色：第一，改革和消除社会联系建构的制度障碍，构建一套平等的社会联系建构体制，比如消除市民制度中有关城乡、外来人与本地人、不同社会地位群体之间的户籍身份隔阂、职业身份隔阂等基本隔阂；第二，为其他社会主体参与社会联系建构创造社会空间，提供激励元素，比如降低和消除社会组织发展的门槛，用财政资源购买一些公共服务和公益活动，在政策（尤其是税收政策）上激发人们参与社会合作、互动和交往的动力和意愿；第三，规范和监督其他社会主体的社会联系建构行为，尤其对参与社会联系建构的企业，一方面要给予一定的政策奖励，另一方面也要给予适当的政策和制度压力，使它们积极参与到建构合理的社会联系中。

那么其他社会主体是指什么呢？就太仓而言，在社会现代化进程中需要建构什么样的社会联系呢？如何建构上述社会联系呢？与传统社会相比，现代社会主体变得更为多样、多元，主体之间的联系不再像传统社会那么简单了。在乡土的传统社会中，家庭、家族、村落构成了基本的三类社会主体，它们之间的社会联系主要靠传统的地缘、血缘关系以及由此产生的习俗建构起来。而在现代社会，除了家庭、家族、村落或社区外，还有强大的政府、企业、社会组织、不同社会群体等。每增加一个新的主体，社会联系的复杂性和多样性就会成几何数增长，而且原有社会主体之间的社会联系在新主体加入之后有可能产生新的变化，如果主体之间没有有效的社会联系，社会秩序就会出现问题。但是由政府强行包办建构的社会联系并不一定能获得其他社会主体的认可和支持，因此也就会形同虚设。

在太仓，社区、企业、社会组织是重要的社会联系建构主体。在社区层面，老年居民之间的合作、联系和公共参与相对较好。在一些社区，老年人通过唱歌、跳舞、健身等活动，形成了亲密的交往和联系。但是，社区对中青年居民和外来人口的吸引力和凝聚力并不是很大，尤其是社区居委会在现有的体制框架内忙于履行政府交办的事务，缺乏动力和精力去吸引中青年居民参与社区活动，更没有把外来人口作为社区居民对待，仅仅将其作为社会控制的对象进行管理。

相对来说，企业在建构社会联系上并不是很积极，大多数企业还是以经济效益为核心，没有考虑帮助员工建立稳定的社会生存基础，没有考虑帮助员工建立与周围社会的稳定联系。在太仓，一些员工是本地人，他们的社会联系相对稳定，但是外来务工者缺乏与周围社会的稳定的社会联系。企业在这方面没有起到有效的作用，因为企业不能为外来务工者提供长期稳定的就业，也没有通过一些行动、政策和资源去建构外来人口与当地社会的联系。当然，部分企业也在做相关的努力，试图使在企业务工的外来人口能跟企业建立稳定的联系，并帮助他们学会与外部社会联系。这些企业从知识、信息和其他资源上为外来务工者提供一些支持，使这些员工不仅对企业忠诚，而且对当地社会有一种归属感。某德资企业总经理介绍了他们在这方面的经验和做法。

真正做到真诚对待职工很难。中国几千年的等级观念根深蒂固，下级见到上级要点头哈腰。职位只是社会分工的不同，没有贵贱高低。只要进入公司，不看本地的、外地的，也不看学历，只看进入公司后的能力和职业道德。如果真的不错，公司会给予相应的职业升迁通道。公司有建议箱，每一两个月就会有一个总经理、HR（人力资源）经理参加的沟通会。公司成立的工会，起到了上情下达和下情上达的作用。工会里面也有 HR 的人员。公司有阅览室，共有 3000 多本书，还配备有免费的电脑。公司创办电子杂志，员工可以发表原创文章，会有稿费。淡季时，公司还会组织一些演讲比赛、培训等，让员工了解整个生产流程。员工在公司里能够学到东西，每一天都过得很开心。每个公司都是一样的，土地、厂房、机器，但人是有能动性的。

我个人看来，员工都需要一种安全感，只要几年之后认为员工是不错的，就应该给他一些保障。但是考核制度要健全，如果做得好，可以做到退休；如果做得不好，公司还是有制度来约束员工的。需要做事踏实的，不断进步的，有忠诚度的员工。外资企业人人平等，不考虑关系等其他因素。

有社会责任的企业应该不仅仅是追求利润，还要保证产品是社会需要的、质量好的。现在"无德"企业太多，社会整体诚信下降，这与产品质量有很大关系。企业做规范，对社会贡献非常大。我们会做一些宣传栏，每年给员工体检，教给他们一些生活常识（如出车祸了应该怎么处理，不要只会哭）。有的公司老板会怕员工变得聪明，但是我喜欢能为自己争利益的员工，只有这样才能为公司争利益。公司做事情都是合法的，身正不怕影子歪，员工有问题，就可以直接告诉他们投诉电话。只要遵守企业规章制度和国家大的法律，是有很大的自由的，可以很开心的。

这家企业因为在开发区，周围也都是企业，与社区有一定的距离，因此，在与社区的联系建构上还是没有大作为，企业之间在如何促进员工与当地的社会联系方面也缺乏合作。当然，太仓有一个特点，那就是，一些企业是原来的乡镇企业转制过来的，老板与工人都是本地人，他们在社区层面有更多的社会联系和交往，因此，这些企业可以与社区产生密切的社会联系，比如优先照顾本社区劳动力在企业就业，给社区办一些公益活动等。但是这种情况并不普遍。

在社区行动狭隘化、企业专注于自身的经济效益、政府行政效率和效用有限的情况下，理论上，社会组织在社会现代化快速变迁过程中具有很强的建构新社会联系、修补社会联系断裂、重塑传统社会联系的功能。然而，太仓社会组织并不发达，现有的许多社会组织被纳入行政管理体制内，官僚化相当严重，在组织和联系社会方面缺乏有效的办法、机制和公信力。

在社会现代化进程中，社会联系建构一直是一项重要但艰巨的行动，其重要性是无可怀疑的，因为良好的社会联系会增强社会的合作、诚信、安全和幸福，可以遏制日趋原子化的社会变迁势头。培育多元参与模式，是太仓社会建设所面对的紧迫的核心任务。

**参考文献**

戴维·米勒：《社会正义原则》，应奇译，江苏人民出版社，2008。

杜赞奇：《文化、权力与国家——1900—1942 年的华北农村》，王福明译，江苏人民出版社，1994。

费孝通：《乡土中国》，北京出版社，2004。

# 第四章
# 人的现代化

当我们讨论了太仓社会现代化的宏观和中观层面的情况后，自然会转向对人的现代化的关注。人的现代化是社会现代化的关键，没有人的现代化，任何宏观和中观层面的社会现代化都无从谈起，也显得毫无意义。从国家的角度看，以人为本的科学发展观的提出，彰显出人的现代化跃上了中国发展战略的核心地位。太仓市也正在积极践行国家的这一发展战略转型。但是，太仓人的现代化究竟达到什么样的水平呢？太仓人的现代化是一个什么样的演变进程呢？它对太仓社会现代化具有怎样的影响和作用？太仓社会现代化需要什么样的人的现代化为基础和条件，又以什么样的人的现代化为目标呢？这些是我们探讨太仓社会现代化时不能不面对和正视的问题，只有真正理解了太仓人的现代化，才能更好地把握太仓社会现代化的进程和水平，才能从一个县级市的案例中去更好地理解、认识和把握中国科学发展观的落实情况和趋势。

## 第一节　人的现代化问题

### 一　"现代化"与"人的现代化"

人的现代化始终是现代化理论关注的重点。亨廷顿认为，"现代化是将人类及这个世界的安全、发展和完善，作为人类努力的目标和规范的尺度，现代化意指社会有能力发展出一种制度结构，它能适应不断变化的挑战和需求。现代化包括工业化、城市化，以及识字率、教育水平、富裕程度、社会动员程度的提高和更复杂、更多样化的职业结构"。① 亨廷顿所说的现代化既是一个过程，又是一种目标指向。按照他的定义，现代化实际上是由工业化、城市化以及社会现代化这三个方面构成的。现代化是以工业化和城市化为表征，社会现代化是工业化和城市化发展的结果，而人的现代化既是社会发展的结果又是社会发展的推动力。印度学者德赛同意现代化"既是过程又是产物"，但他强调"现代化描述了一个更为复杂的过程，并意指一种具有特定社会形态的同样复杂的产物。这种被称作现代化的过程不局限于社会现实的一个领域，而是社会生活的一切基本方面"②。

有关"现代化"的讨论中，另一个重要指向是"传统"。学者们在讨论现代社会的时候，往往强调其与传统社会之间的"断裂"。阿克顿曾说，"在变革法则的支配下，自古以来的延续性纽带被剪断了，现代世界建立在新的秩序的基础之上。……世界在一种前所未知的力量的影响下，运转在一个与往昔截然不同的轨道上"③。在这种强调现代和传统之间的二元对立的背后，实际上蕴含着人类对未来的一种乐观态度，现代化概念包含了"进步、进化、发展"等信念。正如吉登斯所说，"在现代时期，人们已不再把与生俱来的境遇作为其终生必须接受的生活条件，而是为了使未来屈从于他所希望的模式，反而把自己的意志强加在现实之上"④。科林·莱斯认为现代化是"从传统的社会组织原则向现代的社会组织原则过渡的过程"。所以，我们可以把"人的现代化"看作传统人向现代人转变的过程。

现代化是一个始终离不开人的现代化的复杂的社会整体变迁过程。人的现代化和社会现代化之间呈现一种交互发展的关系。20 世纪 60 年代，英格尔斯在对"人的现代化问题"的研究中就提出了这样的问题。有些国家试图进行现代化移植，从国外引进作为现代化最显著标志的科学技术、工业管理方法、政府机构形式、教育制度等，他们的努力为什么会遭遇失败？他认

---

① 亨廷顿等：《现代化：理论与历史经验的再探讨》，张景明译，上海译文出版社，1993。
② A. R. 德赛：《重新评价"现代化"概念》，载亨廷顿等《现代化：理论与历史经验的再探讨》，张景明译，上海译文出版社，1993。
③ 转引自安东尼·吉登斯《资本主义与现代社会理论》，郭忠华、潘华凌译，上海译文出版社，2007，第 1 页。
④ 安东尼·吉登斯：《资本主义与现代社会理论》，郭忠华、潘华凌译，上海译文出版社，2007，第 2 页。

为原因在于"国民的心理和精神还被牢固地锁在传统意识之中，构成了对经济和社会发展的严重障碍"。英格尔斯强调个人向现代化转变本身就是人的环境和他的社会环境相互影响的过程，社会现代化是构成人的现代化的重要条件，人的现代化程度的加深也会推动社会现代化。在英格尔斯的理解中，"现代化"这一概念既是一种理念，也是关于理想状态的表述。"从历史发展上看，现代化倾向本身就是人类传统文明的健康的继续和延伸，它一方面全力吸收了以往人类历史上所创造的一切物质和精神财富，一方面又以传统所从来未曾有过的创造力和改造能力把人类文明推向一个新的高峰。"[①]

根据学者们对"现代化"的不同理解，我们大体可以从两个维度来对现代化进行分析。①现代化是对人类现实发展历程的一个客观描述，现代与传统是一组相对的概念，我们可以从两个社会的差别入手，对现代化进行考察。②现代化是一个目标性的表述，它承载了人类对于发展和未来寄予的美好愿望。从这个意义上说，现代化进程就是人类努力通向一个更好的社会的过程。本章讨论太仓"人的现代化"将从"实然"和"应然"两个方面展开，既客观地分析近几十年来随着太仓经济社会的发展，人在观念、行为方面所经历的变化，又把"人的现代化"作为一个理想和目标，阐述太仓如何实现更好的未来。

## 二  分析对象

太仓人的现代化是伴随着太仓的快速工业化和城市化进程而展开的。对太仓人来说，工业化和城市化对人的处境带来的最大影响在于职业的转换以及生活方式的改变。我们可以理解为，城市人口如何适应社会的发展以及农业人口非农化所带来的"市民化"问题。我们在现代社会背景下讨论人的问题，还需要考虑的另一个重要因素是外来人口。人口流动是各国现代化进程中的普遍现象，但是由于户籍制度的限制，中国的流动人口被长期作为城市的"外来人口"而存在，从而构成了中国特殊的流动人口问题。因此，我们在分析太仓人的现代化的时候必须同时考虑太仓本地户籍的人口以及外来人口。

首先是太仓的户籍人口问题。太仓户籍人口可以分为农业人口和非农业

---

① 阿历克斯·英格尔斯：《人的现代化》，殷陆君编译，四川人民出版社，1985。

人口两部分。传统社会中城乡的划分体现了城乡居民生活逻辑的差异。中国整体发展呈现"城市化"滞后于"工业化"的特征，也就是说，很大一部分人并没有随着就业领域的转变而到城市生活，这其中既有制度性的因素也有其他社会性因素。值得关注的是，太仓城市化进程中，出现了大量农转非人口，他们的"市民化"过程应该被看作太仓人的现代化的重要维度。生活方式的转变是个长期而渐进的过程，短时间的快速变化使人在适应方面存在困难。太仓的政府官员谈到，在城市化进程中，一些人"被市民化"了，"因此出现阳台上养鸡、把草坪铲掉种菜、跑下 10 楼到外面上公共厕所等现象，很大一部分农民搬进新居后反而不满意"①。此外，近些年太仓经历了大规模的新农村建设，大量上楼或者集中居住的农民也面临类似的问题。我们把"市民化"这一过程，视为农民逐渐适应城市的生活方式，并且在行为和观念等方面转变的过程。这种转变可以理解为人的现代化程度的加深。虽然我们在这个过程中也看到了一些行为上的抵制或者"反叛"，但这不一定表明在现代化程度方面的欠缺。我们更愿意把人的现代化与城市化理解为一个互动的过程，强调城市化应该改善人的生存处境。所以，"农转非"人口的市民化在体现人类生活方式转变、现代化程度加深的过程的同时，也要求我们进行反思，建立更适宜人的制度，构建更好的社会，从而使人实现现代化所蕴含的理想目标。

其次是太仓的外来人口问题。太仓传统上以自给自足的农业经济为主，县域内外来人口不多。改革开放之后，乡镇企业的兴起以及贸易市场的开放，使得外来职工及从事经商、服务的人员明显增多。1985 年，暂住三个月以上的自由流动人口共有 20928 人，其中大部分为企业单位雇佣的临时工和合同工。2011 年太仓市国民经济和社会发展统计数据显示，2011 年末太仓户籍人口 47.04 万人，常住人口 71.41 万人，其中外来人口达 24.37 万。②据估计，实际外来人口近 40 万，本地人口和外来人口比例接近 1∶1。近年来，外来人口开始被称作"新太仓人"。应该说，太仓政府在促进新太仓人的社会融合方面走在全国的前列，一直在大力推进"融合工程"，建立党支部、开展联谊活动、加强社会保障等，并且兴办民工子弟学校，促使公办学

---

① 2011 年 3 月 9 日，太仓市宣传部长访谈。
② http://www.taicang.gov.cn/art/2012/3/19/art_ 6161_ 149421. html.

校逐渐对外来人口子女开放。但是，与太仓户籍人口相比，外来人口在就业、居住、医疗以及教育方面均处于不利地位。外来人口仍然面临各种制度性歧视，无法融入城市生活。

太仓本地的"农转非"居民与在太仓打工的"新太仓人"面临的问题很相似，都表现为就业领域从农业转向工业以及生活方式的转变。但户籍意义上的差别，又造成两者处境的不同及现代化程度的差异。实际上，我们所讨论的人的现代化中的太仓人既包括本地户籍人口又包含外来人口。

大体看来，目前太仓人的现代化表现为三个层次。第一个层次是太仓本地城市人口的现代化。随着工业化和城市化的加深，太仓本地城市人口的生存状况得到了改善，他们在观念和行为方面也发生了变化。我们认为，太仓城市人口的现代化程度具有某种标杆意义，可以作为"农转非"人口以及流动人口发展的参照。第二个层次是太仓的"农转非"居民的现代化。相对城市人口，太仓的"农转非"居民受到的冲击更大。如果把职业非农化看成一种主动的现代化，那么居住方式的改变在某种意义上是被动的，这也意味着"农转非"居民需要一个较长的适应过程。第三个层次是太仓外来人口的现代化。在现代化进程中，外来人口面临更多的不利因素，他们不仅在现代化发展的起点上低于太仓本地人，同时还面临各种制度性障碍。在下文中，我们将把本地人和外地人作为一个整体结合在一起讨论，因为他们都是太仓社会的有机组成部分，合并讨论能更好地反映太仓人的现代化的总体状况。

### 三 人的现代化面临的问题

如前所述，现代化既是一个过程，又是一个目标和理想。人的处境一直是现代社会理论的核心问题。众多社会理论家关于现代社会的讨论构成了我们探讨人的现代化的理论基础。马克思认为物质生产活动是人类生存的前提条件，"人们为了能够'创造历史'，必须能够生活。但是为了生活，首先就需要吃喝住穿以及其他一些东西。因此第一个历史活动就是生产满足这些需要的资料，即生产物质生活本身……任何历史观的第一件事就是必须注意上述基本事实的全部意义和全部范围，并给予应有的重视"。① 物质生产既是社会形成的初始原因，也是社会变迁的最终动力。我们可以把"现代化"

---

① 《马克思恩格斯选集》第 1 卷，人民出版社，2012，第 158 ~ 159 页。

看成是一个生产力不断发展的过程，在这个过程中人们的需求不断地被满足，生活水平不断地得到提高，从而为人的发展创造了更好的物质条件。从某种意义上说，现代社会"生产"了现代人，在从传统到现代的过程中，人的生活水平不断提高，个人的自由也在不断地得到深化。

但是，现代社会同样给人的生存与发展带来新的问题和挑战。法国社会学家涂尔干认为传统社会向现代社会转型的过程中，工业主义是最根本的影响因素。他关注的核心问题是"以社会解体和个人与团体间联系脆弱为特征的现代社会的危机"[①]。他把这种危机表述为社会"失范"，它"造成了经济世界中极端悲惨的景象，各种各样的冲突和混乱频繁产生出来"[②]。随着社会分工的发展，个人主义不断增强，使得传统的宗教、道德等联系纽带解体，而在社会转型过程中，新的集体意识和社会规范尚未形成。涂尔干提出的社会转型问题对当今中国社会来说仍然具有现实意义。在过去的几十年间，中国已经从农业社会进入工业社会，经济发展极大地丰富了人们的物质生活，但是也冲击了人们的价值观念和社会的传统秩序，经济发展激发了人们对物质的追求，同时也造成了社会的喧嚣与浮躁。那么，用什么方法可以使个人和集体重新结合？从这个问题上看，人的现代化归根结底是现代人的处境问题。现代社会中人的处境体现为三个层次：独立个体、家庭成员以及社会公民，也可以表述为，现代化进程中个人的发展、个人与家庭的关系以及个人与社会的关系。

现有的研究往往从工业化和城市化的影响来讨论人的现代化，强调现代化过程中个人独立性的增强。英格尔斯就是根据工业社会、城市社会的特质勾勒了现代人的属性，强调现代人"对变化的认可与接纳、效能感、时间与规则意识"。西方国家在现代化进程中面临的一个核心问题是人的个体化，这是与人的独立性和自由增强相伴随的。我们在太仓调查期间认识了一些在太仓养老的欧洲人，其中一位德国老人退休之后在太仓租房生活。老人依靠德国的退休金，可以在太仓过上很富足的生活。他没有妻子也没有孩子，偶尔回德国去收一下邮件，一个人自由自在，来了中国也没有什么人会

---

① 雷蒙·阿隆：《社会学主要思潮》，葛智强、胡秉诚、王沪宁译，上海译文出版社，2005，第 273 页。

② 埃米尔·涂尔干：《社会分工论》，渠东译，生活·读书·新知三联书店，2005，第 14 页。

想他。这个案例在一定程度上反映了现代人自由而孤独的处境。但这位德国老人的生活状态与中国老人大相径庭。个人主义更多地属于西方社会，中国人的家庭观念防止了现代人坠入"个体化"的陷阱。那么，随着中国或者说太仓经济社会的发展，现代的太仓人的生活处境经历了一种什么样的变化，又将走向何处呢？

改革开放以前，太仓是一个总体性社会。在经济、社会、政治和文化高度一体化的时代，个人在生产、生活方面的自由都受到很大限制。出身往往在很大程度上决定了个人的命运，先赋性政治因素成为社会流动的决定因素。改革开放开启了中国的市场化改革进程，太仓的乡镇企业发展就是抓住了市场的机遇。在乡镇企业发展过程中，大量的太仓农民从农业转向非农就业。1985 年末，全县乡镇（村）办工厂发展到 1187 个，从业人员 98390 人，年产值达到 98893 万元，占全县工业产值的 64.24%，比 1978 年增长 8.3 倍。随着市场化和工业化的推进，个人在职业选择方面的自由增加，教育等获致性因素在社会流动中发挥了越来越重要的作用。原有的单位制的解体以及市场的不断发育，使得家庭的生产功能获得一定的恢复，并成为重要的消费单位。由计划体制向市场体制的转型一方面拓宽了个人自由选择的权力，另一方面也增加了个体所承担的风险。

原本城市是一个"单位制"社会，企业在医疗、教育、住房等方面为个人提供了大量福利，而农村社会也有赤脚医生、社队分配等系统，它们承担了一定的福利功能。市场化改革之后，个人在衣食住行方面都需要货币支出，因此个体所面临的生活压力增大。太仓市政府调整政策，增加政府在公共服务方面的投入，有效遏制了市场逻辑的过分扩展。从太仓人的社会保障状况来看，基本实现了城乡医疗保险全覆盖，养老保险的参保人数也不断增加。政府在教育方面的投入也对现代人的发展起到了关键作用。在本书导言中，太仓社会被归纳为"行政社会"，政府在整个社会经济发展中仍然起到最为核心的作用。通过调查我们发现，太仓人的生活状态比较安逸，一方面太仓良好的经济发展为人们提供了充分的就业机会，另一方面政府在公共服务方面的投入有效地保障了人们的基本生活需求。所以，从个体层面来看，太仓人的生存需求得到了很好的满足，能够通过接受良好的教育实现自身的发展；从家庭层面来看，传统的社会关系得到了维系，亲属之间的联系比较紧密，家庭成为重要的社会支持力量；从社会层面来看，公民意识在不断觉醒，公民参与也得到了一定的提高。下文将从这三个层面展开论述。

总的来看，现代化进程并没有把太仓人变成一个个孤零零的个体。家庭仍然是最为重要的人际纽带，超越家庭的社会性联系则相对薄弱，在现有体制内，个体在社区参与以及更广泛意义上的社会参与仍然不足。离开了更广泛的政治参与或者社会参与，现代人的自由及权力的实现将会受到限制。正如马克思说所，"人的本质不是单个人所固有的抽象物，在其现实性上，它是一切社会关系的总和"①。人的社会性存在是内在于人类本质之中的。现代社会是一个阶层分化并且复杂多样的社会，只有人与人之间的普遍的交往与联系，才能够实现相互之间的理解。正如米尔斯所说，"个人只有置身于所处的时代之中，才能理解他自己的经历并把握自身的命运，他只有变得知晓他所身处的环境中所有个人的生活机遇，才能明了他自己的生活机遇"②。在现代社会中，政府没有能力解决所有的问题，只有充分调动社会成员的参与，才能实现社会资源的整合，才能用社会手段解决社会问题，从而真正改善现代人的生活处境。

## 第二节　太仓人的现代化的表现与影响因素

我们看到，随着现代社会的发展，个人自主性的不断增强是一个普遍性的规律。但是，现代人不会逐渐变成个体的人，事实上，现代人作为家庭人的存在和社会人的存在具有同等重要的意义。因此，在考察太仓人的现代化的时候，我们将从个体、家庭和社会这三个维度分析太仓人的现代化的主要表现，讨论影响人的现代化的主要因素。

### 一　太仓人的现代化的主要表现

人的现代化可以分为广义现代化和狭义现代化。广义现代化又被称为"类"的现代化，主要指整个人类状况的现代化，或者国家的国民、民族的族群现代化。③ 广义上，我们主要从健康、教育和收入等方面来讨论太仓人的现代化。狭义的现代化指个体的现代化，表现为人的观念和行为方面从传

---

①　《马克思恩格斯选集》第 1 卷，人民出版社，2012，第 135 页。
②　C. 赖特·米尔斯：《社会学的想像力》，陈强、张永强译，生活·读书·新知三联书店，2005，第 4 页。
③　郑永廷：《人的现代化理论与实践》，人民出版社，2006，第 4 页。

统到现代的变化。在狭义方面，我们主要考察现代社会中人的两种重要身份，作为家庭成员的个体以及作为社会成员的公民，通过对太仓人的观念和行为的考察来勾画太仓人的现代化状况。

**（一）从个体特征的角度看人的现代化**

如前所述，社会现代化的水平影响着人的现代化进程。从物质层面来看，经济的发展为人类发展创造了更好的物质条件，从而改善了人的生存状况。从精神层面来看，伴随着社会的发展，科技和教育越来越受到重视，个人选择的自主性和独立性不断增强。

联合国人类发展指数的评价指标包含了健康长寿的生活、知识以及体面的生活水平三个维度。2011 年中国在人类发展指数排名中位于第 101 位，属于中等人类发展水平国家。人类发展指数从健康、教育和收入等方面进行综合度量，能够比较全面地反映人类的生存状况。因此，我们参照这一指数，并选择适合太仓的指标来展开分析。

首先，从健康角度来看，预期寿命是评价太仓人健康状况的最直接的指标。1981 年全县人口平均期望寿命为 70.87 岁，高于全省平均期望寿命（69.49 岁）。2009 年人均预期寿命达到 81.15 岁，成为全国首个"富裕型"长寿之乡。到 2008 年底，太仓年满百岁以上的老人共有 37 人，相当于每十万人中有 7.93 个，80 岁以上老人占到了总人数的 3.59%。此外，人口出生缺陷发生率从 2005 年的 10.8‰降到 2009 年的 4.3‰，这也是体现太仓人口素质提高的重要维度。

其次，从教育发展状况（主要是教育普及率以及人口受教育程度这两方面）来看，"十一五"期间，太仓全市学前教育毛入园率达 100%，九年义务教育入学率、巩固率、残疾儿童义务教育阶段入学率、高中阶段毛入学率均为 100%，高等教育毛入学率达到 66.08%，从业人员继续教育年参与率达 60%，老年教育普及率达 17%，主要劳动年龄人口受过高等教育的比例达 18%，新增劳动力平均受教育年数达 15.2 年。①

再次，从人均收入和生活消费支出来看，2011 年太仓城镇居民人均可支配收入 34887 元，农民人均纯收入 17201 元，分别比上年增长 13.9% 和 13.0%。回顾一下改革开放以来太仓农民人均纯收入的变化，就更能理解现

---

① 《太仓市教育事业发展"十二五"规划》。

代化进程对太仓居民生活水平的改善。1978 年太仓农民人均纯收入只有 206 元，1985 年增加到 738 元，1997 年增长到 5169 元，2008 年达到 11795 元。随着收入的提高，太仓人的生活质量也在进一步提升，2010 年城镇居民人均生活消费支出 20041 元，农村居民人均生活消费支出 9538 元，分别增长 20.0% 和 11.8%。恩格尔系数则不断降低，2010 年城镇居民为 34.0%，农村居民为 35.3%。城镇和农村居民文教娱乐服务支出占家庭消费支出的比重分别为 18.5% 和 18.1%。

　　然后，我们从一些人口统计指标来了解太仓人生活方式以及观念的改变。第一是生活方式变迁。据《太仓县志》记载，1985 年太仓共有工厂 1281 个，职工 12.4 万人。乡（镇）村工业的发展，使全县 40% 的农村劳动力转入工厂做工，形成了著名的"离土不离乡、亦工亦农"的发展模式。到 2007 年，太仓农业劳动力占就业人口的比重仅为 13%。这些数据反映了太仓的工业化进程，与此相伴随的是太仓的快速城市化进程，这都从侧面反映了太仓人在职业和生活方式等方面经历的巨大变迁。第二是人口规模和构成的变化及其反映的生育观念的变迁。20 世纪 50 年代太仓全县家庭人口户均规模为 3.88 人，20 世纪 60 年代为 3.7 人，20 世纪 70 年代降为 3.5 人，1980~1985 年平均每户为 3.36 人。随着经济、文化的不断发展及国家计划生育政策的实施，太仓家庭呈现小型化的趋势。此外，太仓的人口自然增长率持续降低，由 1963 年的 22.3‰ 下降到 1985 年的 4‰。从 1995 年开始，太仓持续 15 年出现人口负增长。2011 年人口出生率为 6.49‰，死亡率为 7.86‰，自然增长率为 -1.37‰。

**（二）作为家庭成员的个人**

　　家庭是社会最基础的细胞，也是人的社会化的第一个环境。英格尔斯认为，"要求独立地决定自己的婚姻、前途和职业选择，不受父母和长辈以及传统权威的干涉，这是现代人对待个人生活的鲜明态度"①。他的这种表述中暗含了个人选择与家庭、传统权威之间的张力。个人主义是根植在西方的历史传统之中的，中国人历来重视家庭，"家和万事兴"这句古话便充分体现了这层意思。那么，太仓人的现代化程度提高是不是必然意味着与传统的家庭观念之间会产生张力？在变迁的过程中，个人与家庭之间的关系会发生

---

　　① 阿历克斯·英格尔斯：《人的现代化》，殷陆君编译，四川人民出版社，1985，第 80 页。

哪些变化？本节围绕家庭和个人的关系，考察现代太仓人在职业选择、婚姻选择以及代际关系方面的观念和行为。

1. 职业选择

近几十年来，太仓的经济一直保持着快速的增长。2010 年本地吸纳了超过 24.23 万的外来就业人口。对太仓本地居民来说，就业机会一直是比较充足的。我们在访谈中发现，工作日即便在农村也很难找到赋闲在家的中青年，当地"老人要到干不动才不干，一般农村的人去企业做保洁员一个月也有 1000 多元"①。太仓的劳动力市场已经高度市场化了，在职业选择方面并没有明显的代际冲突。个人的就业情况是由其教育水平、能力以及机遇等因素决定的。而家庭对个人职业选择的影响，实际上更多地体现在父母对孩子的教育投入、影响孩子的就业预期以及通过社会关系网络拓展孩子的就业渠道等方面。我们对一些 70 后、80 后的太仓人进行访谈，他们普遍表示家长没有阻碍个人的选择，更多的时候是持一种支持的态度。其中一位 70 后家长谈到，"对女儿的要求就是读书好，现在只给她报了一个兴趣班学画画，不想让她在小学的时候压力太大，补习班以后人人都是要上的。至于今后工作，也不一定要在机关单位，在企业也可以"②。

从西方发展的经验来看，随着人的现代化程度加深，职业在人的生活中扮演越来越重要的角色，它构成人追求自我实现的主要方式，同时也成为促进性别关系平等化的力量。我们在调查中发现了一个有意思的现象，好几位女性被访者在谈及自己工作转换的时候都强调了家庭因素。

> 我是外贸英语大专毕业，原来在企业从事品保工作，从 1998 年干到 2006 年。之后换了一份工作，在另一家企业做人事方面的工作。2011 年 3 月考到社区，主要是希望工作能够稳定一点，企业和社区的工作量差不多，社区工作相对自由一点。原来在企业约束比较多，社区要省力一点。（SQ20120215CXZQ1）
>
> 我原来在一家日企工作，学的就是日语专业，工作了 7 年。2010

---

① 2012 年 2 月 15 日，在太仓市中区社区对居民进行的访谈。
② 2012 年 2 月 15 日，在太仓市中区社区对居民进行的访谈。

年考了公务员，主要是觉得在企业工作不稳定。日资企业可能会因为战略调整而搬迁，不可能干一辈子的，并且在企业工作压力比较大，希望稳定一点。（SQ20120215CXZQ2）①

这两位被访者都希望找一份稳定并相对自由的工作，其背后的意思是，稳定并相对自由的工作能使她们兼顾到家庭。这实际上反映了职业选择背后的家庭社会分工问题，女性和男性进入职场之后，大部分照顾家庭的责任仍是由女性担负。从这个意义上说，家庭和个人职业选择的张力体现在传统的家庭性别分工与个人职业生涯发展上。

2. 婚姻选择

传统社会往往要求门当户对，看重男女双方的家庭背景是否一致。现代化理论认为，随着现代化程度的提高，年轻人在婚姻选择方面自主性增强，感情因素的重要性也大大提高。我们可以把婚姻看作一项社会制度，它与民间社会的一系列期望以及社会规则相关。在我们的调查中，太仓人普遍谈到以下几点：①两个人要结婚房子是必需的，因为必须有地方住，一般认为该由男方买房，如果没办法独立购房，跟其中一方父母住也是可以的；②如果男方买房，女方家里就会买车作为嫁妆。当然，被访者都强调，如果经济许可的话都会这么做，如果两个人感情真的很好，这也不是绝对的。更重要的一点是，即便物质条件都具备，感情才是结婚的前提条件。

传统上，结婚对男女双方来说分别是"娶"和"嫁"。中国有句古话"嫁出去的女儿泼出去的水"，说明女儿出嫁之后就要到男方的家中生活，这也反映了传统的重男轻女思想。近些年来，太仓民间往往用"两边住"取代"娶媳妇"。"两边住"从字面上看，是男女双方可以自由选择跟其中一方父母住，或者自己单独居住。这一现象的增加说明了年轻家庭独立性的增强。太仓一直有"招女婿"的传统，也就是"入赘"。如果一个家庭只有女儿，往往会选择一个女儿留在家中。在访谈中，我们遇到一些老人，他们当时就是通过"招女婿"的方式结婚的。谈及儿女或者孙辈的婚姻问题时，这些老人大多表示愿意接受"两边住"的方式，哪怕后代中没

---

① 2012 年 2 月 15 日，在太仓市中区社区对居民进行的访谈。

有男性成员。"两边住"这一婚姻现象与中国的独生子女政策相关，尤其是，女方的父母并不希望让唯一的孩子彻底进入男方家庭。同时，这一现象也反映了在婚姻问题上性别关系的平等化趋势，是人的现代化的重要体现。太仓人的生育观念变化也进一步反映了这一平等化趋势。历史上太仓的计划生育政策一直执行得很好，太仓人普遍表示生男生女都一样，没有特别的偏好。也有的太仓人认为，"我们这里生女孩比生男孩好，认为女孩贴心，男孩结了婚要出去了，家里不管的"。如今生育政策针对双方都是独生子女的家庭放宽了要求，允许生两胎，但一般家庭都是从孩子的成长等因素去考虑生育问题，性别选择因素的影响并不大。在问及老人是否希望孩子生第二胎的时候，大部分被访者都强调主要还是看夫妻双方怎么想。我们在访谈的时候，没有遇到在婚姻选择中遭到家庭严重反对的案例。总体来看，我们认为太仓年轻人在婚姻选择方面具有越来越大的自主性，家长普遍能尊重年轻人的选择。

外来人口已经占到太仓常住人口的一半左右，所以我们在访谈过程中也关注了太仓人在婚姻选择方面对外来人口的接纳程度。大部分被访者表示不会排斥外地人。有的被访者表示身边就有朋友找了外地的女孩或者嫁给外地男孩，"很多年轻人谈朋友找的是外地人，主要是大学里面认识的，其他的基本上都是找本地朋友"。也有人强调，"是不是外地人其实无所谓的，只要工作好，两个人合得来就行"。在对太仓老人进行访谈的时候，当被问及"是否反对子女找外地媳妇或者嫁到外地"的时候，他们大都表示尊重孩子的意愿，自己并不反对。有位老人说，"太仓找外地儿媳的人很多，以前也是这样。比如贵州、四川的都有。女儿找外地老公的也有。我们这里对这些是比较开放的，只要人好"。不过，我们在访谈的过程中并没有直接接触到太仓本地人和外地人结合的案例，所以无法从行为方面作出判断。但是，至少从观念上，我们认为太仓人的婚姻观念还是相对开放的。毕竟人的流动性增强是现代化发展的一个必然趋势，在这一过程中，户籍意义上的太仓本地人和外地人区分将会日益淡化。在婚姻选择上，职业、教育水平等方面的因素会日趋重要。

3. 代际关系

其实在讨论太仓人的职业选择和婚姻选择的时候就已经涉及代际关系的问题，并且我们得出了基本的结论，在这两个方面年轻一代的自主性不断增强，家庭始终扮演了支持者的角色。现在我们从权利和义务的角度来对代际关系进行探讨。子女与父母之间体现为一种双向的关系，即父母把子女养育成人，等到父母年老之后，子女要承担起赡养老人的义务。由于前文已经讨论了年轻人的就业和婚姻选择问题，所以我们从子女婚后这一阶段开始讨论太仓人的代际关系。访谈中无论年轻人还是老人都普遍强调，太仓的老人在经济上并不依靠子女，他们退休之后大都有退休工资，足以维持自己的开支，更多的时候是父辈在经济上帮助子女。一位受访的太仓年轻人说，"太仓老人最苦，年轻人最轻松"。一般太仓的老人退休之后，往往还在外边继续工作，帮人看店、做饭或者去企业做些清洁之类的工作。在我们访谈的 70 后和 80 后中，大部分人下班之后都会回父母家吃饭（无论分开住还是一起住），基本上都不交饭钱，这也可以看作父母对成年子女的一种变相补贴。在与太仓老人的访谈中，我们更进一步感受到太仓父母对子女的无私付出。

> 我 1997 年左右退休，退休之后在儿子的饭店帮忙。自己也在台资企业干过一段时间，后来去农贸市场干收费的工作，现在年纪大了吃不消了。（SQ20120215CXZQXYL2）
> 太仓这边基本都是独生子女，孩子一般都要负担到 25 岁左右，如果到太仓市里去上班的话，还要帮他在那里买房子、车子。这里年轻人基本都是靠父母的，总要等到孙子、孙女上学之后才算完成任务。（SQ20120217SXTX1）
> 平时在厂里做饭、干活，晚上有时候跳舞，有时候打麻将。孙子二年级了，还要接送他上学。这里男女不怎么讲究，反而想要女孩，生男孩要房子、车子，有条件的还要在太仓买房子。养儿子烦得不得了，还要帮他管下一代。（SQ20120217SXTX2）
> 平时会去打太极拳，晚上去跳舞，还要送 4 岁的小孙女上幼儿园。太仓这边父母跟孩子一起住，帮着带小孩的情况比较多。等小孩子长大之后一般都会分开住，住在一起比较热闹一点，分开住的话则比较自由，毕竟大家的生活习惯不一样，分开方便一点。老两口退休金一个月 3000~4000 元，一个月开销在 2000 元左右，平时也可以支持儿子一

点。（SQ20120215CXZQYGHY1）①

结合前文探讨的个人职业选择和婚姻选择问题，我们发现年轻一代具有越来越强的独立选择能力，而父辈对儿女的选择给予了充分的尊重。但是我们也看到，年轻人自主性的增强并不能说明他们独立性的增强。实际上，正是家庭的无私支持使得他们获得了更大的行动空间与自由。从这种意义上说，现代化的进程不但没有削弱家庭的纽带，反而强化了这种代际联系。然而，当我们从权利和义务角度去讨论代际问题的时候就会发现，目前太仓的代际关系实际上是很不平衡的，老一代背负了更多的责任，也可以说，年轻一代的自由是以老一代的奉献为代价的。当然，家庭成员之间的付出与索取不应该光从经济角度去考量，相互之间的情感性支持也是一种重要的方面。我们注重分析这种代际关系的社会成因，并希望太仓年轻人向真正意义上的独立、自主的个人现代化迈进。

### （三）作为社会成员的公民

现代社会发展的一个普遍趋势是流动性和开放性的不断增强。一个国家的公民对社会事务的参与体现出人的现代化发展的趋势。这表现在，人不仅关注涉及自身利益的生活事务，同时也关心自己所在地区乃至国家的重要问题。英格尔斯强调人的现代化过程中政治参与的维度，"人们的活动和注意力，超出了家庭、朋友、家族，而扩大到国家和政府的领导人"②。我们主要从人的社区参与以及公民意识的角度来讨论现代化进程中个人与社会的关系。

#### 1. 社区参与

在个人的社区参与方面，太仓的城乡居民之间表现出比较大的差异。从城市社区来看，居民的社区参与体现出比较大的代际差别。对年轻人来说，大部分时间都投入在工作上，闲暇时间一般和家人或者朋友在一起，他们对社区事务的关注和参与都比较少。在访谈中，不少年轻人都表示，平时不怎么与社区工作人员打交道，除非需要办事或者去社区开证明。城市居委会作为基层群众自治组织，工作开展主要依托社区中的

---

① 2012 年 2 月 15 日和 17 日，分别在太仓市中区社区和太星社区对居民进行的访谈。
② 阿历克斯·英格尔斯：《人的现代化》，殷陆君编译，四川人民出版社，1985，第 60 页。

居民小组长，居民小组长基本上都是社区中的退休老人。居民小组长承担了社区事务向下通达的任务，一般每个人负责 4 幢楼，七八十户人家，工作基本上是义务性质的。居民小组长在社区事务方面参与比较多。我们访谈的一位居民小组长提到，"人退休在家很容易脱离社会，会变得很孤立，所以党员开会之类的事情还是比较愿意参加，这样可以丰富自己的生活，并且干些力所能及的事情对精神也有好处"。另一位居民小组长则说，"反正在家里也没有事情，愿意分担一点"。居民参与的一个重要方面是社区成员之间的互动。社区内的老年人之间通过打太极、跳舞或者合唱之类的健康娱乐方式，建立了良好的关系，强化了他们的社区归属感，也成为日常生活中的一种支持性力量。总的来说，太仓城市居民的社区参与主体以老年人为主，居民小组长在对社区事务的承担方面体现出了较强的主动性。太仓的年轻人对社区事务的关注程度则比较低，这在一定程度上反映了当前社区管理体制方面存在的问题。我们认为，太仓社区较强的行政化倾向阻碍了年轻人的社区参与。只有让社区真正成为一个具有独自性和自主性的基层自治组织，才能拓宽现代人的社区参与。

太仓农村居民的社区参与主要体现在他们与村委会之间的互动上。太仓强大的村级集体经济构成了我们讨论的重要背景。2008 年，全市 107 个村平均可支配收入达到 220 万元，可支配收入超过 500 万元的有 10 个村。从我们在太星社区的调查来看，村级集体资产的使用和分配是与村民利益关系最紧密的问题。从实际情况看，"村里 2011 年收入 500 万元，其中小区管理花费 100 万元，村民土地流转费 150 万元，社区股份分红 40～50 万元，其他的支出要看村里的建设项目。每年结余 200 多万元"[1]。目前，资金的使用和分配基本上由书记决定，普通村民并没有充分参与讨论或者决策的权力，但他们基本认可现在的决策方式。从太星社区我们看到了传统权威的延续。太星社区的居民基本已经不种田了，大都在工厂上班，就业方式的转变并没有促使他们在村庄事务上要求更多的话语权。太星社区的情况在太仓具有一定的普遍性。就村民的社区参与问题而言，我们大体的判断是，随着村级经济的发展以及村民自身现代化程

---

[1] 2012 年 2 月 17 日，对太仓市太星社区副书记的访谈。

度的加深，他们的参与意识会不断增强。就目前的情况来看，太仓在村民参与社区事务方面还没有形成一套良好的机制，村民的实质参与程度受到了限制。

2. 公民意识

社区参与是个人获得社区成员的归属感与责任感的重要方式。个人对自身利益之外的人或者事务的关注体现了公民意识的不断觉醒。人们对其他社会成员生活处境的关心，以及为改善他人处境而采取的实际行动，都是公民社会责任感的体现。公民意识是一种现代社会的意识，"是对公民权利和义务的正确理解和认真的态度"[1]。平等是公民意识中所包含的最重要的价值理念。作为现代社会中的普通公民，人人都享受法律所赋予的平等权利并承担义务。从这个角度来看，现代人的观念里应该包含更多的平等意识，成员之间的边界也更加开放。传统农业社会是个熟人社会，血缘和地缘关系构成重要的人际纽带。现代社会的流动性增加，使整个社会的开放度不断增加。在调查中，我们主要从太仓本地人对外地人的看法来了解太仓人观念的开放度以及对平等的理解。大多数太仓本地人都表示自己并不排斥外地人，并且对外地人的处境表示理解。我们经常听到这样的回答，"外地人不容易"，"外地人也蛮辛苦的"。在问及"外地人是不是应该享受跟本地人一样的待遇"时，很多太仓人认为"还是要看贡献，纳税多少，这样最公平"。这些回答说明太仓社会的开放度比较高，并没有表现出狭隘的地方主义态度，以一种友善和理性的态度接纳外来人口。这也成为促进外来人口融入太仓的社会条件。

公民意识还体现在社会责任感方面。我们以太仓公益网的成立与发展来说明太仓人在现代化进程中公民意识的不断增强。

> 太仓公益网是由民间发起的从事社会公益性活动的非营利性网络平台，于2007年5月11日正式宣告成立。太仓公益网以普及公益思想、提倡社会文明和进步、促进太仓地区公益事业全面发展为己任，以"凝聚真情，与爱同行"的思想为网站宗旨，为有志于社会公益事业的社会各阶层人士提供交流社会公益信息的平台。

---

① 解思忠：《中国国民素质危机》，中国长安出版社，2004，第176页。

发起人"无情"这样讲述太仓公益网创办的缘起:

2007 年初,我和几位网友(封心、雨沫、孤独)自行驾车到安徽省金寨县汤家汇镇走访。金寨县位于安徽西部边陲,大别山北麓,是著名的革命老区,也是著名的贫困县,2006 年该县的农村人均年收入仅 1700 元。当时,我们几个在当地志愿者陪同下,在短短三天时间里走访了当地高山、佛山、铜佛寺、列宁、泗河、高冲、小铺等 7 个村的小学教学点以及 5 户贫困学生家庭。

虽然有心理准备,但那里的现状还是给了我们强烈的震撼。在那次走访中,有个故事让我终生难忘。当时我们正在一户贫困学生家中走访,联想到刚刚在山里看见了一头耕牛,便随口问起孩子家里的伙食情况,问他是不是经常吃牛肉啊,当时他们家的人都笑了起来。旁边一位当地志愿者告诉我,耕牛是他们这里"最高档的劳动力",那里的孩子一年能吃上两次猪肉就很开心了,哪里还吃得到牛肉?这个回答让我们感到很辛酸,在那个时候我就下定决心要发动更多人去帮助这些孩子。

从安徽回来之后,我就想创建一个爱心平台,呼吁更多的人来帮助那些孩子,因此请沙溪二中网名叫"阳光"的计算机老师帮助我申请了太仓公益网的域名 www.tcgy.org。[①]

太仓公益网一直提倡"快乐公益"的理念,它的发起人和参与者都是一些普通的太仓年轻人。几个驴友的一次出行促使了太仓公益网的创办,他们把自身的经历与感受与其他人分享,从而使更多人受到感染。太仓公益网的热心参与者在与周围的亲戚、朋友分享经历的同时,也带动了越来越多的人去关心社会公益事业。很多年轻的家长带着孩子参加公益活动,使孩子在活动过程中了解社会。类似这样的草根组织不仅在民间互助方面发挥作用,同时也促进了不同行业、不同地区(太仓本地人与外地人)的人之间的交往,拉近了人与人之间的距离。社会成员的参与既体现出他们的公民意识,也促进了公民社会责任的履行。

---

① 2012 年 2 月 20 日,对太仓市义工联合会的访谈。

## 二 人的现代化的影响因素

正如英格尔斯所说，"生活经验促使人们转向现代化"。从传统社会向现代社会变迁的过程中，人们的生产、生活等各个方面都经历了巨大的变化，在经历和适应这些变化的过程中，人的现代性不断增强。英格尔斯把影响人的现代化的因素归结为教育、工作经验、与大众传播媒介的接触、农村合作社运动、家庭的环境等因素。我们从太仓经济社会发展的背景出发，认为影响太仓人的现代化的因素主要是教育、职业以及居住方式的转变。

### 1. 教育

随着现代社会的发展，教育的重要性日益凸显。学校是现代人社会化的重要场所，它帮助现代人掌握基本的知识和技能。英格尔斯强调，除了教育本身之外，"那些与教育密切相关的社会条件和环境"也对人的现代化施加影响。我们认为，学校的日常教学管理制度所强化的规则和时间意识对推动人的现代化起到了重要作用，这在民工子弟学校的教育实践中显得尤为突出。在访谈中，民工子弟学校的校长一再强调，学校"一直坚持规范要求，强调环境育人，教育学生待人要有礼貌、做事要守规矩，要热爱第一故乡，也要文明进入第二故乡"[①]。该校的一位教师谈到了民工子女与本地学生之间的差别，"外地孩子普遍比较朴实和善良，但是行为习惯很差很差。一开学就主抓行为习惯，在学校一段时间教好了，一放假或者过一个双休日，学生就又野了，得重新强调。学生说脏话、随地吐痰的很多，卫生习惯不好"[②]。家庭是人的社会化的第一场所，民工子女行为习惯方面的问题其实与家庭教育的关系很大。这些学生的父母大都经历了从农村到城市的生活转变，其中大部分仍从事繁重的体力工作。民工处于城市的边缘位置，他们要真正融入城市生活还需经历一个漫长的过程。人的现代化是个人生活经验的结果，民工子女现代化的起点较低。学校教育对规则以及时间观念的不断强调，在一定程度上弥补了家庭教育的不足。民工子女通过学校教育所养成的卫生习惯以及规则意识也会影响其家长，可以说，教育推动了两代人的现代化发展。

---

① 2012 年 2 月 20 日，对太仓市卉贤民工子弟学校校长的访谈。
② 2012 年 2 月 20 日，对太仓市卉贤民工子弟学校陈老师的访谈。

2. 职业

传统农业社会到现代工业社会的最主要转变体现在人的就业领域方面。人的就业领域从农业转向工业，工作时间及方式发生了变化，随之而来的是人们生活逻辑的转变。传统农业的耕作主要依据的是自然规律，比如气候环境因素、作物的特性等。在一定的程度内，人们可以自由决定劳作时间。农业生产带有很强的季节性，农忙和农闲是依据自然规律而行的。相比而言，工业生产则呈现较强的计划性，对时间要求较为严格。现代社会的上班族习惯了朝九晚五的生活，工作的季节特征不明显。从农业到工业的转变，对现代人最明显的影响是，强化了时间及规则意识。工业生产是韦伯所说的"理性化"的写照，计划性、可预测性以及对于效率的追求构成其鲜明的特点。工作是现代人生活中最重要的维度，也是形塑人的行为方式的重要力量。我们在太仓农村调查的时候，在路边与一位老太太聊天，聊到一半，她看了看手表，"一点钟快到了，我要去上班了，不然要扣钱"，于是急匆匆地走了。这位老太太已经70多岁了，在村庄附近的园艺公司拔草，她的工作仍然可以视为与农业相关，但是生产组织逻辑的改变迅速影响了她的行为方式。农业与工业之间的差别还体现在报酬支付方式对现代人生活逻辑的影响上。传统农业的投入和收获是一个长时段的过程，而现代社会中人作为被雇佣的个人，其劳动力报酬的结算周期较短，报酬预期比较明确。这种可预期性也强化了现代人生活的规律性和计划性。

3. 居住方式

近几十年来太仓的城市化不断推进，在这个过程中，原有的城市居民的居住环境得到了改善，那些"农转非"的居民则经历了从平房到楼房的转变。传统农业社会中，农民的居住格局与农业生产紧密关联，房前屋后可以种植蔬菜，宽敞的院子便于存放粮食以及农具。随着工业化、城市化的进程，太仓的大部分农民脱离了农业生产，他们的生活方式也发生了相应的变化。居住方式转变所带来的影响更多地体现在居民的社会交往方面。在原有的居住方式中，邻里之间串门比较方便，屋前屋后都构成相互交往的公共空间。而居住到楼房中则在一定程度上降低了相互交往的便捷度。从积极的方面看，新的居住方式具有更强的隐私性，也便于更好地区分公共空间与私人空间。因此，农民的"市民化"可以被视为现代化发展的一个必然趋势。

近年来，生活在农村社区的农民也经历了居住方式的巨大变化，这体现在太仓的新农村建设实践当中。太仓的很多农村社区都进行了宅基地改造，使得农民的居住相对集中。按照太星社区前任书记的话来说，这一改造是要实现"农村社区的功能和城市一样"，"这需要改变原来的生活方式，以前农民家里都是室内比较好，室外环境很差的。现在教育农民公共场地是公共生活的空间，环境要搞好"。我们在该社区调查的时候看到这样一幅画面：一排排整齐的联体别墅，房前屋后绿化成荫，贯穿社区的河道也维护得很好。以下是太星社区前任书记关于社区绿化维护的表述：

> 我们在小区投入了 500 多万元用于绿化。百姓都很珍惜，有的还把自家边上的一些绿化品种换成更为珍贵的植物。在一些村里，存在很多村民把绿化拔了种蔬菜的现象。这个问题主要是管理要跟上，要舍得花钱。小区管理需要很多劳动力的投入，比如垃圾清理、扫地、绿化的投入。政府管的小区有政府投入，我们自己搞的费用就没有政府拨付，每年都需要 100 多万元。如何引导村民爱护绿化？主要通过考核、检查的方式。第一年，逐步引导，小区分为梅兰竹菊四个部分，每园都评选出 4 户管理得好的人家，每户奖励 200 元。得到奖励的人家觉得有面子。第二年，其他家庭如果达到了评选出来的那 4 户人家的标准，每户都奖励 500 元，每月都有检查打分，要求每次都在 90 分以上。第三年就不用花钱了，达到标准的家庭不扣钱，达不到的就要扣钱了。[①]

这种对整洁、美观的居住环境的建设既是农民居住观念改变的结果，也是外在制度规范的结果。如果从经济角度来看，村民实际上丧失了在屋前屋后种菜、养鸡或者养狗的权力，也意味着更高的生活成本。人的居住方式应该是与其生产、生活方式相适应的，从这个意义上说，居住方式的改变并不一定意味着现代化程度的加深。毕竟现代化不是一个客观的指标，什么是现代化取决于我们的目标设定，归根到底是由人所想要实现的生活状态决定的。

---

① 2012 年 2 月 17 日，对太仓市太星社区前任书记的访谈。

# 第三节 太仓人的现代化的目标与远景

上文从个体、家庭和社会这三个层面讨论了太仓人的现代化的主要表现，以变迁的视角描绘了太仓人的现代化的进程。太仓人的现代化的表现可以归结为：①人的素质不断提升，表现为人的平均预期寿命的延长、受教育年数的增加以及收入水平的提高，这反映了太仓人在健康、文化以及生活水平方面的进步；②个人在职业与婚姻选择方面自主性不断提高，人的现代化过程并没有削弱家庭纽带，在个人的发展过程中家庭始终表现为一种支持性的力量；③从社会层面看，个人的社区参与和公民意识也在增强，尤其是，太仓的年轻一代在参与社会公益事业方面表现出了较强的社会责任感。太仓人现代化的主要影响因素可以归结为教育、职业以及居住方式的改变。前文侧重于对太仓人现代化过程的描述，本节将结合太仓经济社会的背景，讨论太仓人的生活处境问题，并提出太仓人的现代化的目标与远景。

## 一 太仓人的现代化的目标

正如本书导言所强调的那样，我们期待太仓社会建设和社会现代化的目的是创造幸福、快乐、共享、健康、和谐的"健全的社会"。人的现代化始终是环境的产物，是在现代化经验中逐渐发展的，能够促进社会现代化的推进。人的现代化和社会现代化呈现一种相辅相成的关系。我们认为，人的现代化应该是社会现代化的终极目标，社会发展的最终目的是满足人的需要，改善人的生活处境。

我们已经为太仓社会现代化设定了一个目标，那么作为生活在这样一个社会中的普通人，他们的需要以及理想的生活处境是什么样的？马斯洛的需求层次理论（Maslow's hierarchy of needs）把人的需求分为五类：生存需求、安全需求、情感和归属的需求、尊重需求和自我实现需求。该理论有两个基本出发点：一是人人都有需要，某层需要获得满足后，另一层需要才出现；二是在多种需要未获满足前，首先满足最迫切的需要，在该需要满足后，后面的需要才显示出其激励作用。据此，我们可以把人的需求分为两个不同的层级，生理、安全以及情感方面构成了人的基本需要，尊重以及自我实现则是人的发展和处境所要求的更高层次。我们根据人的需要的不同层级，提出人的现代化的四个基本目标，其排序呈现一种递进式的逻辑：健康、安全、参与、发展。如果能够达成上述目标，现代人就实现了有尊严、有价值、有意义的生活。有尊严指的是，生活的基本需要得到满足；有价值指的是，在与职业相关的生产劳动方面，现代人能够对自己所生产的物质或者精神产品的价值予以正面评价；有意义则体现为一个更高的层次，与人的自我实现相关。

## 二 太仓人的现代化的远景

如前所述，人的现代化不仅表现为工业化、城市化进程中人的不断适应和变化，同时也是人类发展的一种"理想"和"目标"。下面，我们围绕健康、安全、参与、发展这四个目标，从现实的角度分析人的现代化所面临的挑战。

首先，健康是人类实现美好生活的基本条件。对现代人来说，健康并不仅仅指没有疾病或病痛，更指在身体、精神和社会适应方面呈现一种健康状态。世界卫生组织提出，"健康不仅是躯体没有疾病，还要具备心理健康、社会适应良好和有道德"。现代化的进程在物质方面改善人的生存条件，生活水平的提高以及医疗条件的改善促进了人的寿命的提高。但与此同时，工业化和城市化进程也为环境带来挑战，工业污染威胁着人类的健康。从精神层面看，现代社会增强了人的自主性和独立性，也拓宽了人类自我实现的维度，但激烈的竞争加重了现代人的压力和心理负担。我们看到，近几十年来，太仓人的预期寿命不断提高，人们的健康状况也在不断改善，但糖尿病、高血压等"富贵病"也在不断增加。糖尿病的高发与太仓人喜好甜食的饮食习惯有关，生活条件的改善与现代人运动的缺乏加重了这种状况。此外，现代人癌症的增加与环境状况紧密相关。我们在调查中发现，现代化发展使人们承受了更多的压力，既有来自生存方面的压力，也有各种社会性压力。这些压力成为影响太仓人心理健康的重要因素。不同群体之间的关系也构成社会健康的一个重要维度，在太仓我们看到了本地人对外地人的包容与接纳，但是户籍等制度性原因仍然阻碍了外地人融入太仓社会。因此，我们认为，一个健康的社会既能够体现现代人的开放与包容，也需要一整套良好的制度，以保证人与人之间的良性互动。

其次，安全既是对客观状态的一种描述，也是一种主观体验。最基本的安全表现为人的生命和财产不受损害。随着社会的发展，现代人的各项权利不断增长，各种制度设置使人的生命和财产安全得到了充分保障。而安全作为一种主观体验，则表现在现代社会的人是否体会到一种安全感。安全感建立在信任的基础上，是从基本的衣食住行的维度到人际以及社会交往的维度的安全。太仓市公安局刑事立案数从 2005 年超过 1 万起下降到 2009 年的 5473 起①，整体呈现一种下降的趋势，说明整体社会治安环境得到了较大改善。但是在日常生活方面，现代人开始面临信任危机，网络上一种极端的描述是"衣假食毒住贵行堵"，这种现象反映的是制度约束的问题。现代人在日常生活的方方面面都需要与其他人发生联系，传统的自给自足式的生活已经一去不复返。食品安全已经成为全国性的一个问题。问题在于，当危机爆发之后，我们如何应对危机，如何重建对他人、对社会系统的信任。安全感的一个基本维度表现在，生活层面的物质保障及建立起的对未来的稳定预期。从这个角度来说，太仓本地人已经实现了这一目标。对于太仓的 40 多万外地人来说，他们虽然也能得到物质层面的基本保障，但是在居住环境、工作稳定性以及社会保障等方面的处境使他们长期处于"流动"状态。因此，我们认为，首先应该从制度层面作出调整，帮助那些"新太仓人"建立起安全感，促进他们与太仓本地人的交往与融合。社会成员之间的信任将是构建整个社会信任体系的基础。

再次，参与是人的现代化发展的重要维度。现代人不仅要关注自身的状况，还要把注意力放在切身利益之外的事务上，这凸显了人的社会性存在。从参与的不同维度来看，首先是对个人以及家庭事务的讨论与决策，然后是参与个体所属的社区事务，最后才是广义上的社会参与以及国际层面的政治参与。从太仓的情况来看，人的自主性在不断增强，家庭事务的决策也由传统的权威主义向平等协商过渡。在社区参与方面，老人构成了一支重要的力量。太仓的年轻一代则在社会公益事业的参与方面体现出对社会其他成员的关怀以及对社会责任的担当。总的来说，伴随着现代化的进程，太仓人的社会参与在不断提高。个体在参与社区或者社会事务的过程中，与其他社会成

---

① 2011 年 4 月 8 日，对太仓市公安局徐局长的访谈。

员加强了沟通与协作，增进了彼此之间的信任，强化了社会凝聚力。太仓涌现了一些社会草根组织，它们成为社会成员之间相互理解和帮助的有生力量。社会参与的问题主要体现为两点：一是目前的社区参与机制不能充分调动社区成员的积极性；二是其他社会参与渠道不足，无法充分满足社会成员之间的交往需求。这也说明环境和制度在人的现代化过程中所起到的重要作用，一个好的社会应该能够促进人的现代化发展。

最后，发展是现代化的基本预设。《辞海》对"发展"一词的解释是，事物由小到大、由简单到复杂、由低级到高级的变化。发展是对人的现代化目标的一个总体描述，"现代化"是从传统到现代、从农业社会到工业社会的过程，这种转变本身就具有发展的意涵。发展也是现代人的一项最重要的权力，教育构成了实现人类发展的主要手段。我们看到，在太仓经济社会发展的过程中，人的生活水平得到了提升，个人权利在不断增长，这些因素都促进了人的发展。发展最根本的目的在于满足人的需求，不断改善人的处境。如果把人的现实状况作为发展的结果，我们发现，太仓的外地人与本地人之间仍然存在差距。太仓政府致力于推进公共服务均等化，努力缩小外地人与本地人的差距。公立小学系统开始接纳外来人口子女，这是对外来人口发展权力的重要保障。现代化是一个渐进的过程，相对而言，外来人口发展的起点较低，其状况的改善将是一个长期的过程。但是，外来人口已经成为太仓人的一个有机组成部分，他们的发展状况将直接影响到太仓社会发展的现在和未来。个人的现代化和整个社会的现代化是紧密相联的，一个现代化的社会会努力保障个体发展的权利并促进个体的发展，而个体的发展又会进一步推动整个社会的现代化进程。从太仓的情况来看，制度方面的变革正在往正确的方向推进，个人与社会之间正在逐步建立起一种良性互动的关系。

我们从"健康、安全、参与、发展"四个方面讨论了人的现代化的目标，如果能够达成上述目标，也就意味着现代人实现了有尊严、有价值、有意义的生活。我们指出了这些目标的实现与现实社会条件之间的关系，希望在现代化发展的过程中逐步消除阻碍人的现代化的因素。英格尔斯在《人的现代化》一书中说："整个国家向现代化发展的进程中，人是一个基本的因素。一个国家，只有当它的人民是现代人，它的国民从心理和行为上都转变为现代的人格，它的现代政治、经济和文化管理机构中的工作人员都获得了某种与现代化发展相适应的现代性，这样的国家才真正称为现代化国家。"① 社会现代化归根到底是为了人，是为了满足人的需求、改善人的生活处境以及实现人的发展。只有太仓的人的现代化得到实现，不断趋向我们期望的理想意义上的"现代化"状态，太仓的社会现代化才能真正实现。

## 参考文献

阿历克斯·英格尔斯：《人的现代化》，殷陆君编译，四川人民出版社，1985。

埃米尔·涂尔干：《社会分工论》，渠东译，生活·读书·新知三联书店，2005。

安东尼·吉登斯：《资本主义与现代社会理论》，郭忠华、潘华凌译，上海译文出版社，2007。

C. 赖特·米尔斯：《社会学的想像力》，陈强、陈永强译，生活·读书·新知三联书店，2005。

雷蒙·阿隆：《社会学主要思潮》，葛智强、胡秉诚、王沪宁译，上海译文出版社，2005。

陆学艺、浦荣皋主编《苏南模式与太仓实践》，社会科学文献出版社，2009。

《马克思恩格斯选集》第1卷，人民出版社，2012。

塞缪尔·亨廷顿：《变革社会中的政治秩序》，李盛平、杨玉生等译，华夏出版社，1988。

塞缪尔·亨廷顿等：《现代化：理论与历史经验的再探讨》，张景明译，上海译文出版社，1993。

《社会学教学参考资料》，中国社会学函授大学，1989。

亚伯拉罕·马斯洛：《动机与人格》，许金声等译，中国人民大学出版社，2007。

---

① 阿历克斯·英格尔斯：《人的现代化》，殷陆君编译，四川人民出版社，1985。

# 第五章

# 社会管理

在一个处于快速社会变迁的国家和地区进行有效的社会管理，是一个非常大的挑战，正如英国著名人类学家波兰尼所指出的，在确定好社会变迁方向后关键是如何把握社会变迁的速度①。西方国家从 20 世纪中期出现的各种社会治理理论，实际上也是在寻找波兰尼提出的问题的解决方案。过去 30 多年，中国发生的变化在人类历史上可以说是史无前例的，这也给中国的社会管理带来前所未有的挑战。中国共产党作为执政党已经意识到这一点，因此高调地提出社会管理创新这个执政命题，"必须在经济发展的基础上，更加注重社会建设，着力保障和改善民生，推进社会体制改革，扩大公共服务，完善社会管理，促进社会公平正义"②。太仓作为我国东部一个发达的县级市，它的社会管理创新既是在践行中央的要求，也是其自身社会现代化的必然要求，对于建构文明的现代社会具有重要的价值和意义。

## 第一节　现代化建设与社会管理

### 一　社会管理概念和分析视角

当前对于社会管理有各种各样的看法和界定。有的学者认为，社会和

---

① 波兰尼：《大转型：我们时代的政治与经济起源》，冯钢、刘阳译，浙江人民出版社，2007。

② 胡锦涛：《高举中国特色社会主义伟大旗帜　为夺取全面建设小康社会新胜利而奋斗——在中国共产党第十七次全国代表大会上的报告》，新华网，http://news.xinhuanet.com/newscenter/2007 - 10/24/content_ 6938568_ 7. htm。

国家范围基本一致，社会管理的主体是"国家"和"政府"，因此将社会管理等同于国家管理，或过于突出国家力量，忽视社会力量的参与。也有学者将社会管理的范围仅限于狭小的社会生活领域，把国家和政府排除在外。除此之外，还有"规制说""协调说""服务说""规制和服务兼有说"等对于社会管理的认识。大部分官员的观点基本一致，可以概括为"秩序说"，以管控思维为主，强调社会管理的主体以国家和政府为主。

我们认为，将社会管理局限于国家、政府的管理或社会本身的管理都是不完整的，社会管理应是政府与社会的联动过程，是"政府和社会组织部门为促进社会系统的和谐运行与良性发展，对社会生活、社会结构、社会制度、社会事业和社会观念等环节进行组织、协调、服务、监督和控制的过程"①。我们把社会管理概括为两大类：一是政府社会管理，即政府对公共事务、社会事业、社会秩序进行规范、协调、服务、监督和控制；二是社会自我管理，即各社会主体参与到对社会事务的规范、协商、组织、服务以及监控过程中。这两类社会管理既有差别，又有密切的关系，它们不能相互替代，但又不是相互排斥，可以实现互相协调、互相促进，共同完成人类社会的管理、约束、共建任务。总而言之，现代社会管理是以政府干预与协调为主导、非政府组织为中介、基层自治组织为基础以及公众广泛参与的互动过程。

由此可见，社会管理主体应包括政府、非政府组织、基层自治组织以及各界群众的参与。理清社会管理主体之间的关系对于理解和改善社会管理具有关键性的意义，尤其要把握好政府、市场、社会三者在现代社会管理中的关系和作用。社会、市场、国家三者之间的相对独立以及相互合作、竞争和适应，对西方文明进程起到很大的促进作用，也同样适用于中国社会现代化和社会建设。本章以太仓的社会管理实践为案例，深入分析社会各主体在社会管理中的关系和作用，寻找社会管理创新的途径，促进社会现代化，更好地改善人们的生活质量。

## 二 现代化建设背景下的我国社会管理进程

早在20世纪90年代，我国就提出了社会管理这一概念。近年来，国家

---

① 邓伟志主编《创新社会管理体制》，上海社会科学院出版社，2008，第6页。

对社会管理给予了前所未有的重视。2004 年，党的十六届四中全会在提出"构建社会主义和谐社会"这一新概念下，明确地要求"加强社会建设和管理，推进社会管理体制创新"。2011 年 2 月 19 日，胡锦涛在中央党校省部级领导干部培训班上发表的讲话题目就是《扎扎实实提高社会管理科学化水平》。他在讲话中指出，社会管理是人类社会必不可少的一项管理活动，并对社会管理的目的和任务以及重要性做了详细的阐述。他指出，社会管理的根本目的是维护社会秩序、促进社会和谐、保障人民安居乐业，为党和国家的事业发展营造良好的社会环境。社会管理的基本任务包括协调社会关系、规范社会行为、解决社会问题、化解社会矛盾、促进社会公正、应对社会风险、保持社会稳定等。做好社会管理工作，促进社会和谐，是全面建设小康社会、坚持和发展中国特色社会主义的基本条件。那么，中央为什么在当前如此强调社会管理的重要性和紧迫性呢？如果把这个问题放到我国改革开放和现代化建设中进行分析，并从各国现代化进程中进行比较，我们会发现，社会管理是社会现代化的内在环节和必然要求。

中国当前面对的社会与 10 年前、20 年前、30 年前大不相同，经历了从总体性社会到市场社会和行政社会的变迁，这意味着我们不能完全沿用过去那套管理方法和制度，必须要进行改革和创新。实际上，世界各国都在不断地进行社会管理改革和创新，这从有关管理理论的更新就可窥见一斑。从公民社会理论到公共治理理论、善治理论、新公共治理理论等，这些治理理论给我们的启示是，当今各国社会已经呈现多样化、复杂化形态，用单一主体进行管理的做法已经不再有效了，必须由全社会各个主体共同参与，才能形成合法的、公平的、有效的、合理的社会秩序。反观中国过去 30 年的社会经济变化，我们同样可以看到，我们不再像以前那样处在由一种声音说话、一种方式办事、一种规则管事、一种价值处事、一个人一辈子待在一处一地的时代了，社会变得非常多样、复杂、开放和差异。虽然国家经济实力获得空前的强大，绝大部分人的生活有了明显的改善，但是，社会管理的难度不但没有减小，反而加大了。第一，政府在社会管理上不再像以前那样整齐划一，不同层级的政府以及各个相关的政府部门都存在一定的利益、目标和需求，增大了政府社会管理整合、协调的难度。第二，社会分化更加明显。一方面，社会分化增大了人们的自由空间和选择机会，促进了社会流动；另一方面，不同阶层、不同群体、不同个人都有不同的诉求和想法，社会管理整合这些利益、需求和想法的难度加大了。第三，在开放、流动以及法治建设推进的过程中，人们对社会管理的参与意识和权利意识明显提高，这就会增加社会自我管理的需求和空间。但是长期以来，我国在社会自我管理方面的政策、制度以及经验准备相当薄弱。第四，在社会经济快速转变中，利益、机会资源的配置带来的矛盾、冲突呈急剧增长态势，这进一步增大了当前中国社会管理改革和创新的难度。第五，社会管理理论准备严重不足，是制约当前中国社会管理创新的又一障碍。尽管中央已经提出社会管理创新，并给出了具体的目标和任务，但是，什么是社会管理，政府、市场、社会以及个人在社会管理中的地位、作用是什么，社会管理与其他管理是什么关系，社会管理如何创新和改革等，都是没有获得深入研究和解决的理论和实践问题。

面对当前中国面临的诸多社会管理问题和困境，对国外相关的理论进行分析和汲取固然很重要，但是从中国现实出发进行深入的实地调查研究，从各地的实践中探讨中国社会管理创新的理论和实践机制，显得更为迫切和重要。我们以太仓在社会现代化进程中产生的社会管理经验和问题为案例，从理论和操作两个层面加深对我国社会管理改革和创新的认识和把握，提出一些有可能有效的政策设想和建议。

## 第二节　太仓社会管理中的政府角色

在国家的政策中，中国要构建的社会管理格局是"共产党领导、政府主导、社会协同、公众参与的社会管理格局"。政府和党在中国的社会管理格局中扮演着举足轻重的主导角色，在研究社会管理时不能不注意到这一点。当然党和政府在社会管理中的这种重要性的实现方式，以及这种重要性的实现可能，在不同时期是很不相同的，这从政府在不同时期在社会管理中扮演的不同角色可以给出说明和解释。

### 一　不同时期的政府角色

任何政府都有管理社会的职权，但是存在职权大小、范围、实施方式和机制等方面的差别。在过去的 60 多年中，中国政府在社会管理中的角色经历了多次的变化。

高度计划经济时代也是高度计划社会和政治时代，经济、社会和政治高度集中到政府尤其是中央政府那里，社会的自主空间非常小。

政府的影响渗透到每个人的个人生活空间，连衣食住行都由政府来安排。这是一个政府全面管理和控制社会的时代。由于政府不是全能的，不可能完全掌控社会，社会也会有一点点很小的自主空间，或者采用一些变相的方式获得一点自主性，但不会对政府的强力、全面控制和管理社会的角色造成影响。

在总体性社会阶段，政府全面管理和控制社会要付出相当大的社会代价。政府的角色抑制了社会的积极性，所有资源和机会基本上由政府控制和配置，但是政府却没有充分的能力提供可以满足人们需求的资源。因此，这种角色在一定程度上不利于改善民生，反而会削弱政府的合法性和权威，带来政治和社会的不稳定。这种全能控制社会的政府角色在"文化大革命"后期就难以继续，到20世纪70年代末期，政府运动式的社会管理做法遭到民众的抵制，基层社会开始要求一定的生产、生活和行动自主。由此，政府不得不做出角色的调整。

改革开放后，随着经济管理体制的改变，太仓政府的社会管理角色经历了三次调整。第一次调整是强化经济发展角色。乡镇政府和县政府都担当着办企业的角色，通过发展企业，改善地方就业状况、生活水平，增大对基础设施的投入和建设。有人将此称为地方公司主义做法。第二次调整发生在20世纪90年代。政府将企业经营让渡给市场和社会，转向以优惠的政策去招商引资，但却深受由此引起的社会问题的困扰，因此用经济强村兼并经济弱村的方式来化解社会问题。第三次调整是从21世纪初开始。通过改善基础设施、扩大公共服务、发展民生和社会事业、再次推进乡村发展集体经济等，政府渐渐地进行有意识的社会管理创新和社会建设。"政社互动"和"三社联动"措施表明，政府在一定程度上已经意识到社会管理需要社会参与，而不能由政府单独承担。

太仓政府社会管理角色的这三次调整，实际上与太仓从总体性社会向市场社会和行政社会的形态转变是同步的。在市场社会状态中，太仓市政府的社会管理角色与总体性社会有很大的差距。相比总体性社会中政府对社会的过度控制，市场社会中政府显示出"干预不足"，在一些需要政府以平等、公平原则进行干预的领域，政府难以起到相应的作用，因此在改制和变革过程中出现了一些社会问题，如工人上访、农民工讨薪等事件。但太仓市政府对社会领域并非完全失去控制。由于政府财力增长比较迅速，太仓市政府通过大量的转移支付来增大公共服务、基础设施的投入，通过解决民生问题来解决社会问题。在过去 30 多年，从兴办社队企业和乡镇企业，到乡镇企业改制以及招商引资，太仓政府都采取了积极的行动，伴随市场经济发展过程而出现的问题大都首先由政府出面来解决。政府实际上在一定程度上扮演了相当矛盾的角色，既是市场的催生者，又是社会的呵护者，忙于在市场和社会之间寻求平衡。进入 2000 年后，中央提出了新农村建设、和谐社会建设，太仓政府解决市场社会面临的问题的需求更加迫切。因此，太仓政府先后进行了一系列的社会转型和社会管理行动，推行包括强村并弱村、城乡一体化、公共服务均等化、撤乡并镇、撤村并村、富民强村、"政社互动" 和 "三社联动" 等一系列涉及民生和社会管理的强有力措施。

## 二　太仓政府在社会管理中的具体做法和特色

相比 20 世纪 90 年代，进入 21 世纪，太仓政府在社会管理中扮演了更大、更积极的角色，从民生到社会事业、从公共服务到综合治理，出台了一系列政策，给予了相当大的投入，也尝试了一些新的做法，取得了一定效果。近年来，太仓政府获得了国家、省市等上级政府和部门授予的各种奖项，足见政府在社会管理方面作出的努力。具体来说，太仓政府在社会管理中有以下四个方面的突出表现。

第一，构筑了覆盖城乡的公共服务和社会保障网络，并逐步缩小城乡差距，提高城乡一体化水平。在城乡统筹的思路指导下，太仓市继 "十五" 期间实现职工医保全面覆盖之后，在 "十一五" 期间实现了医保社会全覆盖，基本形成城乡社会保障体系。在城乡公共服务和社会保障一体化的指导下，太仓通过底线并轨来缩小城乡差距。据太仓市人力资源和社会保障局干部介绍，太仓市在 2011 年实现了城乡低保并轨，并在 2012 年和 2013 年分别实现城乡农保并轨和城乡医疗保险并轨，以分步走的方式实现底线公平，保障城乡居民最基本的生存权、生命权。

第二，将常住的外来人口纳入公共服务和社会保障范围，使他们享受到部分市民权利。这在太仓向外来人口子女提供公共教育这一点上表现得特别突出。一方面，开放公立学校，接纳外来人口子女。目前有两所公立学校的学生大部分是外来人口子女，城厢镇第四小学的外来务工人员子女达到73%以上，新区二小的外来务工人员子女占76%。学校的教学设施和师资都与其他公立学校相同，老师也针对外来务工人员子女的特点展开特色教育，如加大生活习惯的引导力度，开展"热爱故乡"活动，并将热爱故乡与融合教育结合，针对家长开展"家长咨询会"等。另一方面，太仓政府加大对民工子弟学校的扶持力度，给予经费、师资等方面的支持，如将公办的城厢镇第四小学与附近的民工子弟学校卉贤小学挂钩，给予师资、管理和设备等方面的支持，直接将公办小学的管理理念和方式移植到民工子弟学校的管理中。城厢镇第四小学校长在 2006 年被派到卉贤小学做校长，退休后继续返聘，担任校长。2011 年，城厢镇第三小学、第四小学、第一小学向卉贤小学派了两名英语教师、一名体育老师，推出支管、支教的方式。太仓市教育局所有的会议、教培研中心所有的活动以及教师培训都嵌入民工子弟学校，民工子弟学校的考试也被纳入太仓统考。

第三，构建了一个覆盖全域的社会综合治理网络。太仓市从组织、物质资源以及人员三方面已经形成了从市到镇到村和村民小组的社会调解、综合治理网络。特别是在镇这一个层面，将公安、司法、法庭以及民间调解整合在了一个平台上，形成了真正的综合治理机制。从 2003 年开始，太仓市的每个乡镇都设立了"社会矛盾调处中心"，与综治办（负责协调工作）、司法所（负责矛盾化解）、信访办（负责接访工作）三家合署办公，每月一次会议，排查矛盾。从 2003 年起，每个村和社区配一名专门抓社会治安治理的副书记。2011 年，在村民小组长和党小组长中设立矛盾调解员和信息员，负责不稳定因素的调解和上报工作。太仓在每个项目立项前，还增加了"社会稳定风险评估"机制，对可能出现的不稳定因素做出预案。

第四，从社区、社会组织以及机构协调三个层面推进社会管理创新。在社区层面，进行"政社互动"机制改革，改变社区村居委员缺少自治管理的局面，划清社区与政府的职能界限，构建以契约方式购买公共服务、实现政社合作的新型管理，一方面明确政府的责任，另一方面提升社区的自治能力。在社会组织层面，从文化、体育入手，用采购的方式鼓励民间各种娱乐组织的发展；建立社会组织孵化平台，培育新的社会组织；以规范太仓义工联公益组织为切入点，探讨太仓社会组织发展的新路径。与此同时，太仓市设立社会建设办公室，在社会建设框架内协调各部门在社会管理中的角色和功能，实现更好的社会管理效能。

以上四个方面体现了太仓市政府在社会管理中的两方面特色。一是将社会管理纳入社会建设的总体框架中。社会管理既是为了体现和促进社会建设，又必须建立在社会建设的基础上。社会管理不仅是为了使社会变得更有秩序，更重要的是实现社会公正，让每个在太仓生活和工作的人都能感受到平等的地位以及获得同等的市民机会。二是通过社会管理改革和创新，发展政府与社会在社会管理中的合作关系，增强社会自我管理的能力，让社会有更多的机会和空间参与社会管理。

## 三 政府社会管理的角色创新和转型困境

太仓政府在社会管理中的改革和创新是一个长期的过程。在过去的几十年中，太仓形成了大政府、强集体、小社会的格局①，太仓市政府对其"大政府、小社会"的状况有着清醒的认识②。在这样的社会格局中，太仓市政府要有效地进行社会管理创新和调整，面临三大困境：政府运行机制困境、社会与政府的平等合作困境、社会参与困境。

1. 政府运行机制困境

在太仓这样的县级市，有几十个党政部门从事社会管理工作，大有"九龙治水"之势，这在中国是普遍现象。建立一种有效的协调机制，是当前我国各级政府扮演好社会管理角色、取得预期的社会管理效果的关键。为此，中央由政法委和综治委来统领社会管理。然而，这两个部门长期从事司法管理工作，对其他方面的社会管理缺乏经验、政策手段以及人才力量，这在地方层面表现得非常明显和突出。针对这一点，太仓市委专门设立了一个协调机构——社会建设办公室，由市委副书记直接领导，在社会建设框架内协调和统合各个部门在社会管理中的工作，以提升政府的社会管理能力和效

---

① 太仓的集体与社会之间并不完全一致，存在割裂的危险。在本书社区部分有具体解释。

② 参见中国社会科学院社会学研究所太仓经济社会发展研究中心《太仓三十年现代化发展之路》，载陆学艺、浦荣皋主编《苏南模式与太仓实践》，社会科学文献出版社，2009年，第30页。"苏南现代化发展更多地依赖于强市场调节和强体制推动，政府的职能从'主角'变成了'导演'、'监制'、'保证人'，从包揽一切具体事物更多地变成了选择战略、制订规划、监督协调和服务保障，政府对事业的支持更多地体现在通过政策的制定，逐步形成体制性的保证和机制性的参与，早就有利于推动现代化的先进体制和保障发展有足够动力、活力的灵活机制。"

率。但是，太仓市的这一协调机制面临两个困境。

一是与上级党政部门在社会管理方面的对口协调问题。在所有中央和省市级社会管理工作会议上，社会建设办公室都不是主角，甚至有时难以出席。多数情况下，由太仓市社会治安综合治理委员会办公室参加工作会议，再将上级的社会管理精神传达给社会建设办公室。当然，社会治安综合治理委员会办公室也按照自己的职能去规划、安排和推进它们认为的有效的社会管理工作。太仓市政府工作报告在涉及社会管理创新方面的内容中，大多还是限于社会治安、法治建设方面，比如：加快推进法治太仓建设；继续深化平安太仓建设，加强社会治安重点地区综合治理，完善社会治安"大防控"机制；全面推行社会稳定风险评估机制，完善市镇村三级社会矛盾纠纷排查工作网络体系，认真做好信访工作，努力使矛盾纠纷化解在基层和萌芽状态；不断健全管理机制，进一步完善人民群众诉求表达、矛盾排查调处和预警、应急管理等工作机制；努力夯实基层基础，全面推进"政社互动"创新实践，做精社区警务，高度重视社区在社会管理中的积极作用，不断强化社区管理和服务功能，加快形成完善的基层社会管理和服务体系。① 虽然社区管理和服务业被列为社会管理创新的内容，但却处在次要的地位，这意味着社会建设办公室这样的协调机制在社会管理中没有获得重要的位置。

二是对其他社会管理部门缺乏相应的制度性保障。社会建设办公室与社会治安综合治理委员会办公室的关系难以协调。尽管社会建设办公室的副主任兼社会治安综合治理委员会办公室副主任，但是却不能使社会综合治理办公室在社会建设办公室的协调下进行社会管理。除此之外，在"政社互动"、"三社联动"、社会组织发展、社会事业建设等方面，社会建设办公室也难以按社会建设和管理的规划要求去统领和协调民政部门、组织部门、教育部门、社会保障部门等相关部门。在社会建设办公室工作人员看来，他们的许多设想都难以获得相关部门的积极响应。这些相关部门也一直在做社会管理和社会建设工作，已经形成自己的政策、制度和机制框架，不可能进行大的改革。所以，我们看到，在实际的社会管理运行中，依然是政府各部门各自为政，缺乏有效的协调和衔接。这在"政社互动"上表现得尤为突出。

---

① 引自陆留生在中国共产党太仓市第十二次代表大会上所作的题为《坚持科学发展、共创美好生活，为率先基本实现现代化而努力奋斗》的工作报告。

2. 政府与社会之间的平等合作困境

在我国的社会管理格局中，"社会协同"是一个薄弱环节。怎样促进社会协同政府进行社会管理工作，是摆在政府社会管理创新面前的重要任务之一。太仓市政府尝试推行"政社互动"和"三社联动"以解决"社会协同"这一薄弱环节。2009 年 5 月，太仓市政府出台了《关于建立政府行政管理与基层群众自治互动衔接机制的意见》，2010 年在城厢、双凤两镇先行开展了"政社互动"的试点工作，并于 2011 年 4 月在全市范围内全面推行。

但是，我们在调查中发现，"政社互动"的运作遇到了许多问题和阻力，正如某社区书记所说的：

> "政社互动"从理论上减轻了社区的负担，让我们有更多时间服务居民，但这是一个漫长的过程。我们这边做得早，在具体操作当中还没有到位。原来政府签责任状，现在是签协议书，原来我们是儿子他是爹，现在我们是弟兄俩。但现在经费也不是很清楚，没有按照每一个工作经费跟下来，具体操作也不是说的那样。现在经费是比以前多了。有些事情，年初的时候是框不住的，上面安排下来的。当时成立的时候说城厢镇成立一个社会办，但是现在各个部委办局直接下来让社区做事的情况很多很多。现在说要经过"政社互动"办公室，有一部分单位已经知道了，会先打招呼，还有一些单位还是原来那样，觉得让社区干什么就干什么。"政社互动"关键还是去做上面的工作，上面的观念转变了，下面就体会到了。"政社互动"主要是上面要转变思路。现在职责明确是做到了，但是现在来社区的单位都比我们大，不在范围内的工作我们也没办法推掉的，我们毕竟是在共产党领导下的自治。实事求是地说，现在肩上的担子比以前要轻一点。（SQ20120215CXZQ）

从这里我们看到，"政社互动"在理念上的确想提高基层群众自治组织的地位，试图将政府与社区的上下级关系变成平等的合作关系，但是在实践中，社区与政府各部门仍然是不平等的关系。首先，政府各部门仍然是强势机构，社区根本没有与各部门进行讨价还价的谈判力量。其次，社区对政府已经产生路径依赖，不仅在经费上依赖政府，而且在具体事务方面也依赖于为政府服务，否则就失去了存在的基础。再次，政府在其他方面对社区的干预和管理制约着社区与政府的关系，比如政府从人事和报酬等方面对社区干部有许多制约，使社区难以获得与政府平等的地位。

虽然社区只是社会诸多主体之一，但是从社区与政府的关系中可以看出社区与政府之间缺乏平等合作的机制。实际上，在社会组织方面同样存在这样的问题。在社区层面的不少非正式社会组织都是在政府的支持下运作起来的。老人合唱队、跳舞队虽然相对独立，但是与政府也没有形成平等的合作关系，它们成了政府工作业绩的一个方面。

3. 社会参与困境

社会参与表现在个体层面和组织层面。政府在社会管理中要扮演好角色，还需要社会参与的配合。社会参与一方面可以解决政府在社会管理中的角色局限性，比如科层制容易产生政府社会管理的"人性化服务"不足，另一方面，社会参与可以帮助政府去履行一些社会管理功能，增大政府社会管理的效能。但是，由于社区村居委员会行政化，降低了个体参与社区的积极性和动力，社会组织发展也相对滞后，已经影响到社会参与。下一节将就此进行专门讨论。

总而言之，太仓市政府做了许多思考、努力和创新，来改变政府过于强大、包揽一切的"大政府、小社会"的局面，试图发动社会力量参与社会管理，以达到给政府减压减负、共建和谐社会的目的。这个意图和努力是值得肯定的。但是，在创新的过程中，由于行政方式的惯性，政府依然在其中起着绝对主导的作用，无论是在机构设置还是在管理方式上，都体现着严重的行政化倾向。虽然行政化有其优点，但其缺点也非常明显，会产生部门之间的冲突和政策之间的不衔接，使机构之间难以形成有效沟通，更容易因资源配置方式的不合理造成浪费。因此，政府以行政化方式进行社会管理，需要进一步的改革和创新，今后应更多地规范市场、社会服务组织，完善相关法律法规，让社会有更多的空间和机会参与到社会管理中去。

## 第三节　太仓社会管理中的社会角色

社会协同与公众参与是社会管理中重要的组成部分。社会参与具体可以分为基层社区组织的参与和非政府组织的参与，这些组织与政府一样，都是社会管理中的主体，但其承担的功能有所不同。基层社区组织主要指的是村委会和居委会，它们是基层自治机构，承担着本地域内居民的自治工作，也承担着基层政府下派的各项行政任务，在社会管理体系中，处于政府与社会之间的中间地带。

## 一 基层社区组织在社会管理中的角色

目前，太仓市下辖 6 个镇和 1 个街道办事处，共有 88 个村委会、66个居委会。村居社区作为基层自治单位，在社会管理体系中不可或缺。如果说社会组织承担的是社会自我管理、自我服务的"条线"的话，那么社区承担的就是"块状"社会的自我管理。所谓"块状"是指村居社区是有地域边界的，社区管理面对的对象是居住在本社区的社区成员，他们有共同的生活区域，共享生活空间。"块状"社会的自我管理也要执行政府延伸到社区和居民身上的各项任务。因此，基层社区组织在社会管理中需要分别处理政府和居民的关系，处于中间地带，所承担的社会管理功能既包括政府行政的功能，也包括基层自我治理的功能。这样的多重身份和功能给社区组织带来了多重的困境。

（一）基层社区组织在社会管理中的作用：在社区中塑造社区团结和建立共享机制

社区与社会组织的不同之处在于，社区有实实在在的边界，有较为固定的成员群体。太仓的一些基层社区组织在社会管理中发挥了一定的作用，包括一部分政府管理的具体落实，加强社区的自治，以塑造社区自身的团结、建立社区共享机制、保证社区内在的凝聚力。

社区内部的团结可以由各种社区内的组织来塑造。如滨河社区，目前大约有各式各样的民间组织十几个，大都是居民自发建立的。民间组织向社区申报，由社区给予场地或资金上的扶持。比如，丝竹协会和舞蹈协会组织起来后，向社区要场地、桌椅、录音机等，社区尽量提供资助。社区也很愿意建立这样的柔性的组织，"社区自治实质上就是要靠这些柔性的组织才能自治起来"（SQ20120217XQBH）。这些组织可以不断挖掘居民的需求，实现社区与居民的互动。

社区内的各种活动也可以促进社区内的团结。滨河社区的有些活动是社区组织鼓励发展的。插画活动就是由社区居委会组织、居民自愿参与的社区活动。大部分活动是居民自发组织的活动。目前社区已经建立两个传统的活动项目，即中秋晚会活动和灯谜活动。社区内的大活动离不开社区的资助、组织和协调，但只有社区参与是不够的，需要调动群众参与和多方力量投入，才能达到社区内的团结。

滨河社区还利用一种新兴的方式——社区QQ群来促进社区内部成员的交流和社区的管理。书记和主任担任QQ群的管理员，在群内发布一些政策信息或社区活动信息，和群内成员进行互动。由于现在社区年轻人较多，这种方式受到了中青年社区居民的欢迎。

滨河社区通过帮助社区内的社会组织成立、主办社区内的活动、建立QQ群等方式，使社区内部的团结和凝聚力有很大的提高。社区正在筹备建立"志愿者组织"，准备利用社区志愿者开展帮助空巢老人、提供特殊需求（如电脑维修）等志愿服务。社区的这一想法刚刚提出，就已经有20多位居民报名参加志愿服务，其中既有退休在家的人，也有在职工作的人。我们在滨河社区调查时恰好碰到一个50多岁的妇女报名参加志愿者，她的想法很简单，"我自己也会老，这个组织发展起来，我自己未来也可能受益的"（SQ20120217XQBH）。

从滨河社区的例子中我们可以看出，社区组织在塑造社区内部的交流和团结中可以起到很重要的作用，这是形成社区自治的重要一环，是社区管理的重要组成部分，也是社会管理中社区应起到的作用。在社会管理创新中，社区组织大有所为，但在现实中，社区组织在社会自我管理方面仍然面临不少困境和问题。

### （二）基层社区组织在社会管理中的困境

1. 村居社区组织与政府的关系

与西方不同，中国的社区建设从一开始就是由政府推动的，社区建设被赋予严格的行政意义①。因此，村居社区组织这个本应主要承担基层社区自治的组织机构的相关政策、资源都来自政府，也相应承担了政府的一部分行政责任。太仓市实行"政社互动"的初衷，就是要将政府与社区放在平等的地位，社区在执行政府下派的任务时可以讨价还价。但是，囿于多年来行政体制的惯性，社区组织依然承担着政府下派的繁重任务，没有能力与政府

---

① 具体请参见本书第六章。

平等对话，依然是政府行政环节的末端。

目前的村居委会更多的是在履行上级政府各个条线指派下来的行政职能，如计划生育、下岗再就业、流动人口管理、社会保障事务、社会治安等，不但每年都要签订政府下发的责任书和协议书，还要经常应付上级各部门下派的各种各样的评比和检查工作，与国家法律规定的城市居民自治组织的性质有很大的差距。有社区干部在访谈中反映：

> 社区干部现在的工作量比原来大了，人越来越少，但每条线上都有任务下到社区里。社区管理上，现在要做很多的台账，（台账）很空且浪费时间，是重复劳动，还派不上用场。比如档案室创二星，要把几年、十几年的档案资料都整理出来，其实社区以前除了财务资料外没什么档案。再比如物价监督，社区挂牌了物价监督服务点，每个季度都要跑市场，进行询问。询问的时候，上面过来几个人，再加上社区会计，（一起跑市场）。（SQ20120216XQHQKJ）

从以上访谈中可以看出，社区工作承担的行政任务越来越多，越来越细，要求也越来越高。社区村居委员会事实上已经成为行政管理的末梢，为行政管理服务的内容多于面向居民的工作。村居委员会成了上级各个政府部门的办事机构，社区干部要应付上级安排下来的各项任务，没有精力顾及社区的发展和社区居民的需求。

除了工作内容受政府的制约外，社区在用人机制、激励机制方面也在政府的严格控制之下。政府希望将社区干部列入正规干部的工资、考核和升迁体制中来，规范和建设社区干部队伍，充分发挥社区党组织的战斗堡垒作用。对于社区干部的工资统筹，原来标准不统一。2010 年，太仓市委、市政府相继出台了《关于完善社区主要干部基本报酬和社会保险费统筹的办法》《关于进一步加强村（居）小组长队伍建设的意见》，有效地保障了社区干部的待遇和"两小组长"的补贴。市、镇两级财政共提供1100 万元用于给小组长的工作报酬，村庄小组长每月 200 元，居委会小组长每月 150 元，而在以往，只有很少的误工补贴。干部的工资逐年增加，政府对其要求也随之增高，同时，社区干部升迁的途径也逐渐打开了。太仓2010 年实行的《关于对优秀社区干部实行人事关系挂靠代理的办法》（以下简称《办法》）给社区干部提供了明确的获得公务员身份的途径。凡是获得省级以上荣誉，并且担任社区书记6年以上或社区主任10年以上的社区干部，可以获得公务员身份。根据这个规定，2010年和2011年分别有5个人进入公务员队伍，有的村书记被给予副镇级（副科级）待遇，有的直接提拔进入镇政府领导班子。比起以往没有升迁希望的状况，这个办法成功地调动了社区干部的积极性。但是，作为自治组织的村委会和居委会，其负责人应该对本地居民负责。在《办法》实行之后，社区干部的考核和升迁全都有赖于上级政府，使他们越发成为政府的代理人，其所有行动将以政府的考虑和利益为出发点，不能很好地代表本社区和本地居民、村民的利益。行政化的激励和升迁机制让社区组织的工作人员成了行政系统的一部分，使得社区组织出现行政化的现象。这就为基层组织治理带来了一个矛盾。如果没有升迁的空间，基层社区组织负责人的工作动力不够，也就无法安心于本职工作；如果有了体制内的升迁空间和激励机制，基层组织就会变成政府的代理人，不能很好地发挥自治功能。这个矛盾只能用一种方法来解决，就是提高社区组织负责人的待遇和地位，使其能够在这个岗位上获得足够的保障、荣誉和报酬，能够不需要体制内的晋升也能够安心地投入本职工作。这一方面需要政府放权，缩小政府公务员与社会工作者、社区工作者的待遇，以缩小他们之间的地位差距，减少社区干部想进入政府体系的动力；另一方面，需要社区组织的能力提高，如果社区组织能够作为独立的政治和社会力量起到相应作用，对社区组织负责人也会是一种激励，会对现在的工作投入更大的热情。

除了升迁机制之外，社区干部的任命和考核机制也使得社区组织不断行政化。上级考核下级，使得下级必须完成上级的任务。开展"政社互动"之后，有下级对上级的考核，这是一大进步。但如果社区能够以居民的考核为准，才能够达到真正的自治。村居党委书记大多由基层政府党委任命，或需得到基层政府党委认可，对村居社区干部的考核也多由基层政府进行。因此，在现阶段考核体系中，村居党委、自治组织负责人需要完成上级政府交给的任务，同时代理基层政府的职责、代表政府的利益，在政府与村庄自治利益发生矛盾的时候，难以代表村庄的利益。而在"政社互动"开展之后，不但基层政府会对村居社区干部进行考核，村居社区干部也会对基层政府机构进行反向考核，并直接与乡镇干部的考核成绩挂钩。这是一个进步，体现了政府与社区的互动。但这个进步远远不够。社区干部不仅需要由上级政府对其考核，还需要社区内的居民对其考核，且应以社区内的考核为主。只有不受上级影响的社区内独立的考核制度，才能让社区干部真正代表群众的利益，为群众服务。

从社区组织的工作内容、用人机制以及激励机制中可以看到，社区组织受到政府的严格制约，在政府的控制和指导下开展各项工作，无法与政府在平等的平台上进行对话。那么，在社会管理中基层社区组织与政府的平等地位也就是一句空话了。

2. 居民对社区组织自治行动的参与较少

村居社区组织是基层的自治组织，其主要任务和功能是居民自治。作为太仓市"政社互动"中社会的代表，社区应代表社会与政府进行平等的互动。但在实际情况中，太仓社区自治的能力略显不足。从我们调查的情况看，各类社区群众组织非常少，而且各类社区组织的参与率也很低，均不足10%。社区活动也反映出类似的情况，只有40%的被访社区有"集体娱乐活动"，有22.2%的被访者参加过"集体娱乐活动"，而其他选项如"节日庆典""为社区事务出工出力"等均不超过20%。在最近的一次村/居委会换届选举中，只有一半被访者参与投票。

居民对社区的认同感和参与不足与社区日渐"陌生人化"有关。随着村庄合并速度的加快，社区规模日益变大，目前太仓市每个村居社区平均七八千人，大一些的村居社区有一两万人，社区内部已经由传统的熟人社会转变为带有强烈现代性的陌生人社会。同时，人们对社区的需求和认同比传统社会有所减少，参与感和归属感也随之减少。但是，在西方成熟的现代社会，社区内部会形成内在的凝聚力，形成社区参与和组织。这是因为，成熟的现代社会中，社区是自我治理的组织，而我国的社区带有强烈的行政色彩。从总体性社会的居委会、生产队，到改革开放后的村居委员会，都是政府行政体系中的末端环节。目前由社区村居委员会开展的社区活动也基本上都是一种动员式、运动式的，居民的参与也具有表演性和仪式性。

村居社区组织对自身自治能力不足也有所认识和反思，但由于社区组织人员的激励机制和社区组织的工作内容都已经严重行政化，基本转化为政府行政系统的一部分，对于自治，社区组织从动力到能力都有所欠缺。

3. 社区组织与社区民众之间有割裂的危险

随着村居合并的深入，村居社区规模逐渐加大。社区规模加大的同时，社区干部的工作量也随之加大，工作压力也逐渐增加。就像某村书记所说：

> （社区工作）没有休息日，工作量非常大，就像坐诊大夫中的"专家门诊"。开始上班，就没有停止的。并村对管理带来很大挑战。本村的外来人口在8000人左右，户籍在册的有4000人，实有人口达7000人（户口已从本村迁出，但人还在这里，大量的是当时买了城镇户口的人）。村庄区域内总人口达15000多人，相当于小的乡镇了，但是没有镇级的管理，还是村的管理方式，人人都找书记，（书记）还要一天到晚到镇里去开会、领任务。人手远远不够。（SQ20110413SZZH）

社区规模偏大，工作量增多，使得社区干部与群众之间的距离逐渐加大，以往熟人社会的管理办法已经不能适应当前的社区环境。我们在调查中了解到，村居社区组织是通过村民或居民小组来开展工作的，每个村居社区都有不少（多的达几十个）村民或居民小组，每个小组有小组长。通过小组长深入村居民是村居社区的普遍做法，这也使得代表村居民的村居委员会与村居民之间形成一个隔层，难以直接沟通、对话。本是村居民自治组织的社区在管理方式上带有强烈的行政色彩，与村居民之间的距离越拉越大，有与本村居民割裂的风险。

除此之外，在调查中我们还发现，社区内部的共享机制不足，这也会导致社区组织与民众之间的割裂。太仓村集体资产较为丰厚，绝大部分村庄的集体资产在500万元以上，年盈利在几十万元以上，虽然集体企业已经在20世纪90年代的改制中完成了私有化，但集体土地、厂房、物业收入依然让村集体收入丰厚。但在集体收入分配过程中，大部分收入被用于修建厂房以扩大再生产，还有部分收入用于修桥、补路等集体建设，直接分给村民的红利很少。虽然从长远来看这样对社区有好处，但因为村民没有直接从中获得收益，就会逐渐对社区漠不关心，对村庄社区组织的工作和开展的活动不积极。这种分配机制不利于村民自治意识和行动能力的培养，无形中会割裂社区组织与村民、集体与社会之间的联系，使村庄社区组织发展成独立的利益集团，甚至产生腐败。

其实，社区组织并不是企业，不应该以追逐利润最大化为发展目标，更不应该以扩大再生产作为发展手段。社区组织要体现社区的公共性，体现社区的内在团结和凝聚力，需要实现村居民自治、共同建设和利益共享。

从以上分析中可以看出，基层社区组织在实际工作中遇到一些困境，没有理顺与政府的关系、与民众的关系，自身职能定位不清，重行政功能而轻自治能力等。事实上，在社会管理体系中，基层社区组织也在改变自己的职能。社区逐渐认识到，作为社会力量的代表，它们所承担的功能不应集中在行政功能上，而应落实社区自身的团结和社区内共享机制的建立。提高社区内部的团结才可以处理好社区与民众之间的关系，才可以真正代表社会力量参与社会管理，才有能力与政府进行互动。理顺社区与民众、政府的关系，可以促进塑造社区内部的团结以及建立共享机制。

## 二　非政府组织在社会管理中的角色

太仓市政府的能力过于强大，导致社会被挤压，社会能力相对弱小。长期以来，民众形成了对政府的依赖，政府要"退"出社会管理，但社会没有能力承担起"进"的角色。社会组织可以看作"社会"的另一个代表，是社会能力成长的标志和社会成员有序进行公共参与的管道和途径。就太仓目前的情况来看，社会组织是否真正是社会成员进行公共参与的途径，是否真正有能力参与社会管理，成为太仓社会管理中的重要问题。

1. 太仓社会组织现状

太仓市现有社会团体 180 家，民办非企业单位 130 家，基金会 2 家（在苏州市民政局登记注册），社区备案的社会组织 800 家。目前有三类社会组织可以在民政局直接登记注册（无须主管单位批准）：公益慈善类组织、社会福利类组织以及社会服务类组织。

作为新兴事物，社会组织在太仓只是刚刚起步，不甚发达。但从表5－1的统计中可以看出，社会组织从 2010 年开始有飞速发展之势，而 2010 年正是民政部大力推行培育、发展社会组织政策的年份，这说明政府的重视和政策支持及其对社会组织的培育产生了一定的效果。

表 5－1 太仓市社会组织发展情况

单位：个

| 年份 | 社团总数 | 民办非企业单位总数 |
|---|---|---|
| 2007 | 150 | 60 |
| 2008 | 153 | 73 |
| 2009 | 157 | 87 |
| 2010 | 166 | 104 |
| 2011 | 175 | 126 |

在太仓市的所有社会组织中，行业协会的发展最快，这在某种程度上反映了企业的诉求，维护了行业的利益。然而据太仓市民政局社会组织与社会工作科的工作人员介绍，目前行业协会内部存在不正当竞争，需要进一步规范管理。

太仓的学术性社团基本上都是由政府发起成立的，此类社团的最大问题是其负责人多为领导干部兼职，利益动机过强，行政色彩较浓，难以发挥其真正的作用。这类社团的独立性较差，没有独立于政府机构的意识和需求。

目前太仓由民间自发组建的慈善公益类的社会组织较少，此类组织需要有一定资质，门槛较高。如在太仓公益网基础上成立的太仓市义工联合会，成立之初需要 2 万元的注册资金，这 2 万元来源于之前活动资金剩余的 1 万多元和义工个人的捐款。太仓市慈善公益靠义工志愿者个人的兴趣和资金无法长期维持。因此太仓政府准备投入 200 万元，资助公益创投项目，借此孵化和培育一批公益服务类的社会组织。但是，政府在努力促进社会组织发展的同时，难以避免会对其形成一定的管制，这对社会组织的独立性构成了挑战。如何在政府促进社会组织发展与保持社会组织自身的独立性之间寻求平衡，是政府和社会组织需要共同解决的问题。

同时，社会组织也需要提高自身的专业性。太仓社会服务类组织中多是非注册的教育类组织，此类组织主要从事职业培训的工作，对专业性要求非常高。太仓市欢欣燕爱心陪护中心是提供专业陪护的民非机构，对护工专业要求非常高，但目前机构内的护工以本地农转非失地人员和外地务工人员为主，以女性居多，年龄在 40 岁以上，在文化知识和专业素养方面都较为欠缺。因此，陪护中心请了市人民医院不同科室的护士长对护工进行培训，要求护工持证上岗，还要在医院护理部的指导下进行工作。欢欣燕爱心陪护中心在社会服务类社会组织中属于专业水平较强的社会组织，但其负责人顾女士表示，"护工阿姨的流动性大，推行完全专业化的护理服务困难很大"（SZ20120221PHZX）。这说明目前太仓市对社会服务类组织的专业性需求非常强，但是其专业化发展不足。

在社区备案的社会组织基本上以文艺娱乐类为主，这类组织开展的活动所涉及的群众较为广泛，参与人数也多，但参与主体多为退休老年人，年轻人较少。

综上所述，太仓市社会组织有其自身的特点，这些特点与太仓整个社会的特点是相关联的。太仓一直以来的大政府、小社会的特点，使得社会组织发展缓慢，民众的社会参与意识不足。虽然民间的爱心和能力都很充分，也有能力承担社会慈善、社会服务的功能，但由于政府几乎包揽了全部的社会服务项目，使得民众对政府产生了习惯性依赖。但是，当政府提供的服务不能满足社会全部需求（例如：外来人口太多，政府提供的公共服务不能满足这部分人在医疗、教育等方面的需求；独居空巢老人增多，政府提供的养老服务不足）的时候，就会产生许多社会矛盾和问题。因此，社会组织承担起弥补政府不足的责任，由民间的力量来提供专业的社会服务和慈善活动。但由于民众对政府有依赖心理，而社会组织在专业化、独立性方面也有不足，因此，需要民众转变观念，减少对政府的依赖。民众要对社会组织建立信任，社会组织也要提高自身的专业化建设。与此同时，政府需要降低社会组织的发展门槛，减少申办手续和环节，增大扶持力度，培养其独立自主的能力。在苏南地区大政府的背景下，大部分地区的社会能力相对欠缺，政府在社会组织的引导方面应承担主要的责任，引导社会组织的发展，用社会组织自身能力的提高来改变民众的观念，减少民众对政府的依赖。

2. 社会组织与政府的关系

在"政社互动"体系中，政府与社区形成平等互动的合作关系，使社区在理念上与政府有了平等的地位。但目前社会组织并未包含在"政社互动"的"社"之中，依然要在政府领导和指导下开展活动。

目前社会组织需要有挂靠或主管单位，一般由对口的业务部门执行主管职能，而这些部门大多本着多一事不如少一事的原则，不喜欢接受社会组织的挂靠，因此部分社会组织在成立之初找不到挂靠单位，有的以不明确的身份开展活动，有的甚至直接流产。即使接受挂靠，因为挂靠之后需要承担连带责任，主管单位会严格审查社会组织开展的活动，并进行一定程度的活动干涉。政府部门与社会组织之间实际上依然是管理与被管理的关系。

针对这种情况，太仓市民政部门规定，三类社会组织可以在民政局直接登记注册，不需要主管单位。这三类社会组织是公益慈善类组织、社会福利类组织以及社会服务类组织。社区社会组织只需要在社区备案即可。这项措施弱化了政府部门与社会组织之间直接的管理关系，为社会组织与政府的平等关系以及社会组织的独立性提供了体制上的支持。

太仓市在民政系统下成立了社会组织与社会工作科，并即将组建社会组织服务中心，该中心将发挥社会组织孵化器的功能，对一些社会组织进行能力和项目培训，同时将开展公益创投的项目。类比北京的枢纽型社会组织，太仓准备创建联合型社会组织的管理模式，由GONGO（即原来的人民团体）来管理与其职能相关的社会组织。这表明政府对社会组织孵化越来越重视，但管理的手段依然以行政化手段为主。人民团体的人员、资金来源、管理方式与政府机关几乎一致，人民团体管理社会组织相当于政府管理社会组织。虽然政府对社会组织的支持力度不断提高，但在支持过程中存在指手画脚的可能，会对社会组织的运行进行干涉，这样有违社会组织的独立性，也有伤社会组织与政府的平等关系。

政府在对社会组织提供帮助的过程中，不能对社会组织的发展方向、运行方式进行过多的干涉，而是要给其充分的资源和空间，让其自主发展。政府应起到严格的监管作用，制定好相应的法律法规、行为规则，监督社会组织的运行是否合法、是否符合规则。政府与社会组织的平等，并不意味着两者功能的平等。政府不是要代替社会组织为人民服务，社会组织也不是要代替政府的权威，而要像善治理论所说，好的社会治理是管理者与被管理者的统一，有效的管理是政府和公民的合作。两者在功能上不能互相替代，政府要规范社会组织的行为，社会组织要利用政府给予的资源和环境更好地为民众服务。政府与社会组织应各取所需，互相促进，共同管理社会，为社会建设起到自己的作用。

3. 在社会组织中完成社会团结与自治

社会组织作为社会自治的纵向结构，在社会管理中承担着社会自我管理的功能，将民众团结起来，自我组织，自我治理。社会组织在社会管理中的地位和作用与公民社会理论关系密切。在现代公民社会理论体系中，公民社会与国家之间不是对抗和制约的关系，而是良性互动的关系，公民社会不能取代国家，而是要参与国家的治理，成为国家管理中的组成部分。社会组织承担起组织和教育公民参与政治的责任，推动国家的有效治理。国家承认和尊重公民社会的独立性、自主性的同时，也积极鼓励公民社会的发展，为其提供法律保障，对其进行必要的、有限度的干预、调节和支持。公民社会理论对我们的启示不在于社会组织一定要有多么强大的力量，一定要发展成多么大的规模，而在于社会组织一定要真正起到团结社会的作用，促进社会与政府的参与和合作。因此，社会组织要成为参与社会管理的主体，充当社会的安全阀，推动政府的和谐治理。

就太仓市的情况来看，虽然社会组织发展不完善，存在专业性、自主性不强的特点，但是它们在实际的社会管理中也起到了弥补政府不足、团结社会、缓冲政社矛盾的作用。

太仓市义工联合会由太仓市民众自发形成，是由志愿、无偿为社会提供义工服务的各界人士组成的非营利性社会团体法人。太仓市义工联合会成立以来，先是资助贫困孩子上学，后来扩大到建立爱心书屋。春节前夜，志愿者走上街头给排队买火车票的农民工送食送水，在汶川地震和玉树地震时，采购了棉被、药品等灾区紧缺物资紧急运往灾区……义工联的活动涉及社会生活的各个方面，为太仓市和周边地区的个人和社会提供了帮助。遇到政府行政体系来不及提供帮助的突发事件，义工联可以发动群众参与义卖或捐款等，及时提供帮助，弥补政府行政体系的不足。义工联的参与者遍布各行各业，有公务员、白领、农民工、企业主等，参与者多为年轻人，他们在一起不问出身，身价几亿的老板与其他人一起上街参与活动，外地打工人员也在义工联中找到了归属感，甚至有外地来太仓的打工人员在做义工的过程中相知相爱并结为连理。在义工联等社会组织中，个人有机地融入集体之中，成为集体的一部分，促进了社会的团结和凝聚。

太仓义工联在发挥社会的行动能力和独立精神、促进社会团结方面起到了重要作用。这种作用不仅在于为社会奉献了爱心、提供了服务，还在于团结了社会中的个人，使个人集聚成团体，进而促进社会自我服务、自我治理体系的建设和发展。在太仓这样的政府能力强、社会能力相对薄弱的地区，太仓义工联这样的组织的意义更加明显，它让我们看到社会组织的空间和能力及其在社会管理中的作用。社会组织社会能力的增强，可以使人群更加安定和安稳，使政府减轻负担。社会组织在社会管理方面能够起到沟通政府与民众的作用，让政府与民众之间建立安全网，缓和社会矛盾，促使社会稳定。

## 第四节　社会管理创新的愿景

在传统观念中，社会管理在狭义上仅指在特定条件下，由权力部门授权对不能划归已有的经济、政治、文化等部门管理的公共事务进行专门的管理。因此，多年来，社会管理只是政府职能的重要组成部分，政府作为社会管理的主体在起作用。在中国，由于社会发育不成熟，社会管理主要是帝国体制之下的政治统治[①]。我们现在的政府还受计划经济时代单位制社会管理观念的影响，不愿放权，希望在一个有统一计划的基础上管理社会。这种社会管理观念在现今多元社会中需要有所改变。党的十七大报告明确提出要建立健全党委领导、政府负责、社会协同、公众参与的社会管理格局，意味着我国政府正在试图改变以往单一强调经济发展的原则，提高社会发展的战略地位，并改变政府全包的管理方式，把传统的社会管理转变为现代的社会治理。培养社会力量，并不意味着政府做得不够好或者政府在推卸一部分责任，而是在现有体系下，将社会能做的分给社会做，将市场能解决的分给市场解决。这是政府分权的过程，更是政府给自己减压的过程，使政府能够依法行政、轻松行政。

但事实上，由于人力推进社会管理创新的主体是政府，社会组织、公众只起到参与、配合的作用，且政府在实践中大包大揽、过分抓权，社会组织生存空间过于狭窄、公众参与积极性不够的现象依然存在。在这种情况下，即使政府能够做到放权给社会，如太仓市政府实行的"政社互动"政策，社会也不可能在短时间内行动起来，因为基层自治组织尚不具有组织居民自治的能力，社会组织也没有能力承担起社会管理的责任，公众参与的积极性还没有培养起来。这需要政府、社会组织、公众的共同努力才能实现。

---

① 邓伟志主编《创新社会管理体制》，上海社会科学院出版社，2008，第9页。

　　由于大部分地区的社会管理工作主要是由政法部门负责推进，社会管理在逐层推进过程中有逐渐变为"对社会的管理"或"管理社会"的风险。"政社互动"的执行与初衷不符，也体现了这方面的问题。在现实生活中我们也会遇到类似的问题，如微博实名制、火车票实名制等。这些制度都是以实现某种管理为目标，以"控制"为实现目标的手段。控制的具体途径是以公权力介入个人生活，在公共权力和个人生活之间没有清晰的界线。在权力介入个人私生活的时候，相关法律被弃置一边。这种介入过程，都是以解决某方面的问题为合法性基础，也就是说，手段是服务于目的的。① 长此以往，社会将在这样的"社会管理"中更加缺失，社会组织更加难以培育，公民参与难以发展。如何改变政府全包的管理方式，将传统社会管理变为更先进的社会治理，选择更先进的社会管理模式，以适应现代多元社会的时代要求，是政府与社会共同面对的挑战。

　　因此，创新社会管理体制首先需要政府正视并接受自己的角色和职能，明确政府的位置，完成从管理型政府向服务型政府的转变。党的十七大报告指出，要"健全政府职责体系，完善公共服务体系，推行电子政务，强化社会管理和公共服务"，"加大机构整合力度，探索实行职能有机统一的大部门体制，健全部门间协调配合机制"②。这表明，中国正处于一个新的发展阶段和水平，政府需要适应社会经济的发展而进行自我调整。政府在社会管理中，需要从以往的直接管理经济与社会运作的管理型政府，转变为向社会经济运作提供服务的服务型政府。这并不意味着政府职能的缩小或者减少。政府依然要承担一些基本的职责，如调整贫富差距等。除此之外，由于我国社会参与发展不充分，社会组织从数量到开展活动都处于不充分的阶段，这种形势对政府提出了更多的要求。政府要引导公民参与社会管理，为公民参与社会管理提供通畅的渠道。要引导社会组织良好运行，起到孵化社会组织的作用。在这一过程中，政府特别要做到不与民争利，不破坏市场和社会的秩序，维持市场和社会的主体性，平等地与市场、社会对话，建设社会主义和谐社会。

---

　　①　孙立平：《走向积极的社会管理》，《社会学研究》2011 年第 4 期。
　　②　胡锦涛：《高举中国特色社会主义伟大旗帜　为夺取全面建设小康社会新胜利而奋斗——在中国共产党第十七次全国代表大会上的报告》，载《中国共产党第十七次全国代表大会文件汇编》，人民出版社，2007，第 31 页。

如导言所讲，社会现代化是政府、市场和社会三者相互合作、合力塑造的过程，而不只是社会的自我演进过程。正如市场不是独立的一样，社会也不是独立存在的。在不同时期，社会现代化中的政府、市场与社会有可能会扮演不同的角色，也有可能出现政府和市场的逻辑侵害和取代社会的逻辑，在某方面促进社会现代化的同时，也可能引发社会现代化进程中的问题和矛盾。因此，在整个社会现代化过程中，政府、市场与社会只有达成各得其位、相互促进和制衡的关系，才有可能实现社会的现代化。

创新社会管理需要政府、社会组织、公众共同协商。政府在其中需要承担重要的作用，比如，在相应政策、法规、法律方面对社会组织的主体性和公众参与进行保障，放宽市场准入制度，孵化和促进社会组织建设，保障通畅有效的社会参与渠道，等等。同时，村居社区、社会组织等社会主体也应做好自律与他律，重视自身制度和各项规范建设，按照有关法律、法规和规章制度运行，并且承担部分社会管理职责，协调政府与社会之间的关系。个人作为社会公众，在享受身为社会一员的权利的同时，也有责任和义务参与到社会管理中，表达自身的需求，履行自身的义务。三者共同协调发展，共同进行社会管理，才是社会管理的前景。理想的社会管理模式如图5-1所示。

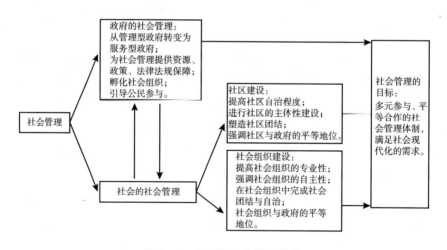

**图5-1　理想的社会管理模式**

社会管理是社会建设的重要组成部分，更是社会现代化实现的途径。优化和创新社会管理，需要改变政府的角色和职能，需要大力培育和完善社会组织，更需要鼓励全社会公众的广泛参与。社会管理是全社会共同自我管理、自我监督的过程，而非管理社会的过程。社会管理的真正实现，必然使社会能力得到提升，使政府工作更加省力，使社会更加团结，社会中的个人也将生活得更加幸福。

**参考文献**

邓伟志主编《创新社会管理体制》，上海社会科学院出版社，2008。

何增科：《社会管理与社会体制》，中国社会出版社，2008。

胡锦涛：《高举中国特色社会主义伟大旗帜　为夺取全面建设小康社会新胜利而奋斗——在中国共产党第十七次全国代表大会上的报告》，载《中国共产党第十七次全国代表大会文件汇编》，人民出版社，2007。

李程伟：《社会管理体制创新：公共管理视角的解读》，《中国行政管理》2005 年第 5 期。

孙炳耀：《社会管理与社会工作》，《加强社会工作人才队伍建设问题主题研究班参考资料》。

孙立平：《走向积极的社会管理》，《社会学研究》2011 年第 4 期。

郑杭生：《总论：社会学视野中的社会建设与社会管理》，载郑杭生主编《走向更讲治理的社会：社会建设与社会管理》，中国人民大学出版社，2006。

陆学艺、浦荣皋主编《苏南模式与太仓实践》，社会科学文献出版社，2009。

# 第六章

# 社区建设

　　城乡社区是社会的基本单元，是现代社会的基础，是人民群众生活的共同体，是实行人民群众自治的基层实体，承载着居民的各种权利。社区是社会的缩影，社会中各种复杂的关系和问题都能通过社区反映出来。社区和谐是社会和谐的基础，只有每一个城乡社区都成为全体居民的温馨家园，整个社会才会和谐。社区建设是社会建设的重要组成部分，是社会建设实现的路径之一。建成多样化的、充满生机的、以群众自我管理为主的新型社区，是太仓社会现代化的一项重要内容。

　　作为一个经济发达的县域，太仓在短短几十年间经历了从农业社会向工业社会、农村社会向城市社会、计划经济向市场经济的变迁过程。在这个急剧的社会变迁过程中，太仓的社区发生了怎样的变化？政府如何承担起城乡社区建设的重任，同时又面临怎样的挑战？民间社会如何进行自我修复？未来太仓社区建设的方向在哪里？这些问题是本章要重点讨论的问题。

## 第一节　社会现代化中的社区追求

　　西方是社区理论与实践的发源地。1881 年，德国社会学家滕尼斯最早提出社区的概念，并首先将"gemeinschaft"（一般译为共同体、团体、集体、公社、社区）一词用于社会学。1887 年，滕尼斯出版了德文著作 *Gemeinschaft and Gesellschaft*。他认为，从宏观上可以将人类社会发展历史分为两个阶段，即社区阶段和社会阶段。美国社会学家查尔斯·罗密斯（C. P. Loomis）将该书译为 *Community and Society*（《共同体与社会》）①。20世纪30年代初，美国芝加哥大学社会学系教授罗伯特·帕克来燕京大学社会学系讲学，把"community"这个概念引入中国，费孝通和他的同学将其翻译成"社区"。之所以这样翻译，是企图用"社"表示群或群体的意思，用"区"表示一个位置，具有地理上的意义。②

在滕尼斯看来，社区是指建立在血缘、地缘、情感和自然意志之上的富有人情味和认同感的传统社会生活共同体，而社会则是随着工业化的发展而出现的，建立在理性意志之上，靠契约来维持关系，是彼此有分工和交换的联合体。③ 滕尼斯提出社区概念的时代背景是工业革命和城市化的初期，当时农业社会正在向工业社会过渡。在这个特殊的历史阶段，他用抽象的二元划分法来概括现代工业社会与传统农业社会的不同。

继滕尼斯之后，西方学术界围绕着传统社区在现代城市中的命运究竟是"社区失落"（community lost）、"社区存续"（community saved）还是"社区解放"（community liberated）展开了争论。④ 针对"社区失落论"，学者们通过大量的研究发现，在现代城市社会，社区并没有消失，亲密的邻里关系依然是可以存在的。还有学者提出，随着网络时代的到来，社区的地域限制日趋被打破而获得了新表现，即具有一定联系的跨地域的"社会网络"。陈福平、黎熙元提出一个将地域性社区与社会网络空间进行沟通的理论框架，对于社区的两种空间——地域与社会网络之间的内在关系进行了阐释，并指出这两种空间在现实生活中是可以结合的。⑤ 显然，人们今天对于社区的理解已经和滕尼斯当初的理解有了很大的区别，但是，社区是居住在一定地域内的一群人所组成的"守望相助的、富有人情味和认同感的社会生活共同体"仍然是"社区"的本质。"当代社会学需要在自己的核心保持一种原则，即继续把共同体视为社会组织、社会存在和社会经

---

① 奚从清：《社区研究——社区建设与社区发展》，华夏出版社，1996，第2页。
② 丁元竹：《走向社会共同体》，中国友谊出版社，2010，第312页。
③ 斐迪南·滕尼斯：《共同体与社会》，林荣远译，北京大学出版社，2010。
④ 肖林：《"'社区'研究"与"社区研究"——近年来我国城市社区研究述评》，《社会学研究》2011年第4期，第185~208页。
⑤ 陈福平、黎熙元：《当代社区的两种空间：地域和社会网络》，《社会》2008年第5期，第41~57页。

验的一种形式。"①

鲍曼是这样界定"共同体"的，"首先，共同体是一个'温馨'的地方，一个温暖而又舒适的场所。……其次，在共同体中，我们可以互相依靠对方"②。当然，共同体的类型有很多种，人们也可能从属于多个共同体，社区作为地域性的社会生活共同体是共同体的一种，是人生活中的重要组成部分。不论经济如何发展，社会如何变迁，"社会之维系取决于人类在一个地方、地区和更广阔的地域共同生存的基本的物质和情感的需求。……不管是现代社会还是社会不发达的情况下，社区与社会的维系都是基于共同生活在各种空间内的需要"③。

共居一地的人们究竟有哪些需要？这些需要又如何来满足呢？根据马斯洛的需要层次理论，人的需要可以分为生存、安全、社交、尊重和自我实现五个层次。要想满足这些需要、提高生活的质量，居住地的经济发展、基础设施、社会治安、环境卫生、公共服务、社会保障、社会救助等就成为人们必须要面对的公共事务。人是社会的人，人与人之间需要情感方面的交流和支持。在农业社会，传统的共同体满足了人们的上述需要。工业社会使得市场的力量充分发挥，一方面，打破了传统的共同体，另一方面，为了解决由此带来的社会矛盾，逐步建立起政府提供公共产品的机制。但是，实践不断证明，单靠市场和政府不能够解决全部的公共事务，也不可能满足人们的情感需求。

在现代城市社区中，也许人们物质生活上已经富裕，很多需要都能够通过政府和市场来解决，但社区在满足个人的心理需求和精神需求方面仍然有着重要的价值。社区成员之间如果能够建立起相互信任的熟人关系，就能够在社会生活领域中相互支持，寻找到认同感、归属感和安全感。同时我们还应该注意到，虽然在现代社会中许多由传统共同体所承担的公共事务由政府承担，但是再庞大的政府机构都无法满足每个具体的人的各种需求，再加上家庭的功能在现代社会中逐渐式微，这就需要社区发现个人需求并自主寻求需求解决的途径，成为连接个人与政府及其他外部社会组织的纽带。在市场

---

① 毛丹：《村落共同体的当代命运：四个观察维度》，《社会学研究》2010年第1期，第1~33页。

② 齐格蒙特·鲍曼：《共同体》，欧阳景根译，江苏人民出版社，2003，第1~8页。

③ 黄平、王晓毅：《公共性的重建——社区建设的实践与思考》，社会科学文献出版社，2011，第9页。

和个人自由的前提下，重建地域性的社会生活共同体是完全有必要的，应当成为当前社区建设的要务。

综上所述，我们对于社区的理解是，社区是富有生机的、相互支持和包容的地域性的社会生活共同体。理解社区应注意以下一些要点：①社区由居住在一定地域内的人群所组成；②现代社会中的社区应该是开放的、多元的、具有包容性的共同体，而不是封闭的、同质的、狭隘的共同体；③社区的核心是社区感，社区的归属感、凝聚力是人与人之间的互信、互助、包容、参与等。社区归属感是整合社会、实现社会和谐的有效途径。

有学者提出，社区建设（community building）重在公共性的重建，"认同感、安全感和凝聚力作为整体的社区而不是单个的个人所体现的整体属性，具有公共的性质，也就是公共性。它构成了社区的必要条件"①。重建公共性需要公共资源，"'公共资源'，是指以实物形式或非实物形式存在的，不能在消费者群体之间进行分割的，由群体共享的那部分资源。它包括三种类型：第一类是'公共自然资源'，包括土地、河流、山脉等；第二类是可以形成直接投入和计算的'公共经济资源'，包括财力、物力和劳力；第三类是基于个人组成的群体在进行集体行动时的'公共社会资源'，包括道德、伦理、信任、互助、合作、理解等规范型资源，也包括规范、规则、组织等制度型资源"②。实际上，公共社会资源的主体就是人们常说的"社会资本"。"社会资源在形成共同体的过程中是必不可少的，成员之间应当保持一定程度的互信关系以及经常性的接触和交往。同时，让那些依附于特定共同体或邻里关系的群体也有一种社会归属感。"③

如图 6-1 所示，社区内人与人之间的信任、互助、协作、相互支持等社会资本，以及在此基础上长期形成的规范、规则、组织等正式和非正式的制度，是社区建设可利用的宝贵的公共社会资源，只有有了这些社会资源，才能将其他的资源（包括社区内部的公共经济资源、公共自然资源，也包括政府和外界对社区的投入）激活，使社区焕发出活力，更好地处理社区

---

① 黄平、王晓毅：《公共性的重建——社区建设的实践与思考》，社会科学文献出版社，2011，第 79~80 页。

② 黄平、王晓毅：《公共性的重建——社区建设的实践与思考》，社会科学文献出版社，2011，第 208 页。

③ 保罗·霍普：《个人主义时代之共同体重建》，沈毅译，浙江大学出版社，2010，第 75 页。

公共事务，开展社区公共生活，从而满足社区居民的各种需要。居民需要的满足可以反作用于公共社会资源，增加社区社会资本的存量，完善相应的制度安排，实现良性的循环。

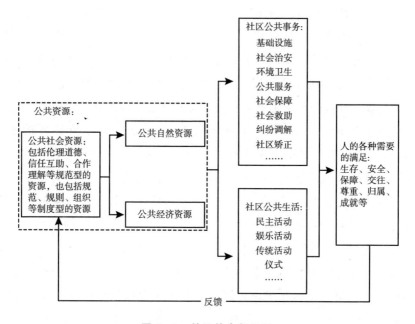

**图 6 – 1　社区的内部机制**

基于这个分析框架，本章首先分析太仓社区变迁的不同阶段中社区共同体的演变以及社区居民的需求满足程度。其次，对社区建设的现状进行分析，考察自 2000 年以来政府主导的社区建设所取得的成就和面临的现实问题，并对政府政策的及时调整及社会的自我修复行为进行展现。再次，探讨未来太仓社区建设的方向和可能的实现路径。

## 第二节　太仓社区的变迁

作为一个经济发达的县域，太仓在短短 30 多年间经历了从农业社会向工业社会、农村社会向城市社会、计划经济向市场经济的变迁过程。在这个急剧的社会变迁过程中，政府、市场、社会的关系不断地被调整和建构，社区也由此发生了相当大的变化。

单从行政区划的角度来看，太仓 1912 年设县，以农业为主。1993 年撤县建市，当时太仓城区很小，一条街也就 1 公里左右，其余全是农村和稻田。太仓乡镇和村落的变迁发生在最近的 30 多年间，而且变化很大。1986年末，全县有 21 个乡，3 个县属镇，329 个村民委员会（行政村），32 个居民委员会。随着撤乡建镇，到 1995 年，全市实现镇管村体制，下辖 22 个乡镇，329 个行政村，60 个居委会。1998 年以来，太仓市对乡镇和村的行政区划进行了三次调整，到 2011 年，调整为 7 个建制镇，88 个行政村，66 个居委会。2011 年 10 月，太仓市又调整了城厢、沙溪、陆渡三镇的行政区划，设立太仓市娄东街道办事处。目前，太仓市下辖城厢、沙溪、浏河、浮桥、璜泾、双凤 6 个镇和娄东街道办事处，88 个村委会，66 个居委会。具体如表 6 - 1 和表 6 - 2 所示。

表 6 - 1　乡镇/街道级行政区划的沿革

单位：个

| 年份 | 乡 | 镇 | 街道办事处 |
|---|---|---|---|
| 1986 | 21 | 3 | 0 |
| 1993 | 3 | 19 | 0 |
| 1995 | 0 | 22 | 0 |
| 1998 | 0 | 18 | 0 |
| 2000 | 0 | 12 | 0 |
| 2003 | 0 | 7 | 0 |
| 2011 | 0 | 6 | 1 |

资料来源：《太仓县志》及历年太仓年鉴、太仓统计年鉴。

表 6 - 2　村（社区）级行政区划的沿革

单位：个

| 年份 | 行政村（村委会） | 城市社区（居委会） |
|---|---|---|
| 1986 | 329 | 32 |
| 1995 | 329 | 60 |
| 1999 | 242 | 71 |
| 2003 | 218 | 49 |
| 2004 | 142 | 65 |
| 2005 | 126 | 62 |
| 2006 | 100 | 66 |
| 2007 | 92 | 68 |
| 2008 | 90 | 68 |
| 2011 | 88 | 66（其中包括 18 个涉农社区） |

资料来源：《太仓县志》及历年太仓年鉴、太仓统计年鉴。

正如本书导言中所述，"现代社会不是突然就达成的，也不是完全与传统社会断裂的，而是通过一个较长时间的演变过程而实现的"。本节以社区变迁的历史阶段为显性的叙事线索，以对社区的核心（共同体、公共性）在社区变迁的过程中是衰落还是提升的分析为隐性的分析线索，有利于我们更好地从整体的、历史的、延续的角度来展现太仓社区变迁的整个历程。

## 一　1949 年以前：传统社区

太仓古代为滨海村落，人烟稀少，户不满百。春秋时属吴地，秦属会稽郡，汉为吴郡娄县惠安乡。三国吴于此建仓屯粮，遂名"太仓"，渐次发展。元代于刘家港开创漕粮海运后，日益繁盛，成为万家之邑。元末筑太仓城。吴元年建太仓卫。明初置镇海卫，屯兵驻防。明弘治十年（1497 年），割昆山、常熟、嘉定三县地，建太仓州。清雍正二年（1724 年），升为江苏直隶州，并析州地置镇洋县。民国元年（1912 年），太仓州和镇洋县合并，定名为太仓县。[①]

1949 年前，太仓的社区形态主要有两种，一种是以农耕文明、自然经济为主要特征的村落社区，另一种是以商品生产和交换为主要特征的集镇社区。村庄和集镇是农村聚落的两种主要形式，在一定地域范围内，村镇共同组成一个有机整体，即乡村聚落体系。[②]

1. 传统的村落社区

太仓素有"鱼米之乡"的美称，河道纵横，土地肥沃，农业占主导地位。几千个自然村落星罗棋布。这些自然村落是村民长期聚居、繁衍的生活舞台，是累世而成的熟人社会。村落的公共事务由以血缘和地缘关系维系的家族和士绅管理着，如维护治安、资助穷人、开办私塾、捐资修庙、举办各种仪式等。多年来形成的乡规民约，同样维持着村落社区的秩序。在这种传统的乡村共同体中，基层社会享有高度的自治。

2. 传统的城镇社区

太仓的城镇主要是沿江、沿河逐渐产生和发展起来的。三国时期，鹿河

① http://www.dfzb.suzhou.gov.cn/zsbl/453527.htm。
② 冯健、张小林：《苏南小城镇发展与现代乡村社区变迁研究》，《地理科学进展》1999 年第 3 期，第 222～229 页。

即沿江成集。双凤古代生产夏布远销朝鲜等国，在晋代咸和年间已成镇。璜泾在晋代咸和年间成集，宋时已为大镇。陆渡在元代已成聚落，明清时代成集。元代太仓港开创漕粮海运后，刘家港成为江海运输的重要港口，从此太仓出现一派兴旺景象，人称"六国码头"。此间，境内城厢镇、沙溪镇和浏河镇都已相当繁荣，街路纵横密布，府第鳞次栉比，园林星罗棋布。明代，刘家港又是郑和下西洋的始发港和安泊处，海上运输继续发展，太仓更趋繁荣，遂设州的建置。清末至民国初期，鱼市和商市共盛，促进了沿江城镇的不断扩展。其他城镇，如岳王等，多在明清时形成。[①] 新中国成立前，太仓的小城镇分布密集，主要承担着农副产品集散地的功能。在传统的城镇社区中，主要居住着士绅和商人。传统的城镇社区虽不像村落社区是累世而居的熟人社会，但是与村落社区联系密切，二者组成有机的整体。

## 二　1949 年至 1983 年：计划经济时期的社区

中华人民共和国成立后，太仓县始属苏南人民行政公署苏州区专员公署，后隶属江苏省苏州地区专员公署，1983 年 3 月改隶苏州市。1949 年 5 月，太仓解放后，全县设 6 个区，25 个乡镇。1958 年全县实行公社化，政社合一，共建有 17 个人民公社。1966 年至 1983 年全县有 22 个公社，3 个县属镇。

计划经济时期，在城市中逐渐建立起一套以单位制为主、以街居制为辅的城市社会管理体制，在农村则形成了以农业集体主义为特征的政经社合一的人民公社体制。此时的太仓仍然是一个以农耕为主的农业县，以种植水稻和棉花为主，为国家工业化提供粮食和原材料的供给。太仓的农村社区仍然是社区的主体，在县城和镇中出现了很少的城镇机关、企事业单位社区。

1. 人民公社制下的农村社区

"生产小队—生产大队—人民公社"是太仓当时基本的组织形式，"三级所有、队为基础"是其基本的产权构造。围绕农业生产和农民生活，在农村基层建立了"七站八所"（这里所谓的七和八都是概数，主要包括农业技术推广站、供销合作社、水利站等农业生产、经营、流通机构以及文化

---

① 孟秀红：《经济发达地区小城镇的演变、动力机制研究》，南京师范大学硕士学位论文，2004。

站、广播站、卫生院等精神文化和医疗保健服务机构），为农民提供各种公共服务。在这一时期，随着国家政权对农村的全面渗透，乡绅阶层和宗法制度被明令取缔，宗法系统开始瓦解，乡绅阶层消亡，传统的高度自治的乡村共同体被行政共同体所取代。

生产队（自然村）是村民的生产与生活单元，社员都要参加集体劳动，队里专门有人记工分，粮食收获之后再统一分配。除了粮食生产之外，太仓在20世纪六七十年代已经开始以集体的方式兴办社队企业。在工厂里务工的都是本公社或生产队的村民。由于都属于集体的成员，所以到工厂做工后并不领取工资，而是和参加农业生产劳动一样记工分，到年底的时候才领取报酬，而且务工的报酬与务农的报酬差不多。社队企业的兴办，不仅部分地解决了农业生产中和农民生活中所需要的工业产品极度短缺的问题，还充分利用了农村中的剩余劳动力。同时，太仓（或者说苏南农村）这种将外部性问题通过社区内部化处理加以解决的"村社理性"，还实现了工业就业机会在村内的公平分配、工农从业收益在社区内部平衡以及社区福利保障等方面的公平化的收益分配机制。[①]

集体化的生产劳动与生活，使同一个生产队的村民之间的接触和联系较之传统社会更加紧密。集体承担了与农民生产和生活有关的一系列福利、保障和公共服务（虽然水平不高，但却覆盖所有村民），并在社区内部建立了公平化的机会和收益分配机制。因此，"尽管人民公社制存在着诸多不尽如人意的地方，但乡民们至少还可以从中体验和感受到'共同体'带来的安全保障与亲密情感"[②]。

2. 单位制下的城镇社区

新中国成立后，随着基层政权的建立，小城镇逐渐演化为乡村地域的政治、经济和文化中心。在太仓这样的农业县中，城镇居民在当时只占总人口中相当少的一部分，主要由县城和各镇的机关单位以及企事业单位的人员所构成。1978年太仓总人口428045人，其中农业人口374723人，占总人口的87.5%。

---

① 温铁军等：《解读苏南》，苏州大学出版社，2011，第18~49页。

② 黄平、王晓毅：《公共性的重建——社区建设的实践与思考》，社会科学文献出版社，2011，第205页。

单位同人民公社一样具有政治、经济与社会三位一体的功能，不仅通过单位成员的工作使之取得一定的经济报酬，而且还为单位成员及其家属提供住房、公费医疗、托儿所、幼儿园、食堂、澡堂等一系列的社会保障和福利，组织多样的文体娱乐活动，提供各种关怀和帮助。当然，在当时的短缺经济下，这种福利和保障有限，而且实行供给制。调查过程中，太仓的一位老干部向我们介绍了当时的供给制情况。

> 解放前种地，靠家里；解放后是供给制生活。人均 1 斤半粮食，出差发粮票。棉衣两年换一次，大衣三年换一次。春天，棉衣里面的棉花抽出来，交上去，变成夹衣；夏天发一套单衣、内衣内裤；冬天再给棉花，塞进去。牙刷半年一次，牙粉一个月几包，理发一个月一次。只有干部享受，工人、农民没有。食堂分大灶、中灶和小灶。大灶：小字辈吃；中灶：营以上干部、区长、区委书记吃；小灶：团以上干部、县长、县委书记、重病号吃。出差用代金券。那时候大家比较平等，也没有什么东西贪，"三反"的时候打老虎，实际上打的都是假的。顶多就是司务长自己吃得好点，或者菜务员给盛的菜多一点。（BM20120219QTXW）

在这样的单位制社区中，由于工作和生活一体化，人们彼此之间较为熟悉，人际互动和交往也比较频繁，对单位具有比较强的归属感。居民委员会仅仅是单位制的一种补充，在组织动员群众、协助政府开展工作、维护社会稳定以及向政府反映居民要求等方面发挥了一定的积极作用。

### 三　1983 年至 1997 年：苏南模式与社区发展

20 世纪 80 年代以来，农村开始推行家庭联产承包制。由于土地经营制度的变革，在我国农村实行长达 1/4 个世纪的人民公社体制随之解体。"撤社建乡"和村一级村民自治制度的逐步推行，最终形成了"乡政村治"的农村治理体制。随着现代乡镇企业的迅猛发展，乡村城镇化发展进程加速，过去一些规模较小的集市快速上升为小城镇。

太仓 1983 年进行体改，公社改为乡镇，大队改为行政村，小队改为村民小组。1986 年末，太仓全县有 21 个乡，3 个县属镇，329 个村民委员会

（行政村），有城厢、沙溪、浏河、南郊、浮桥、岳王 6 个镇和娄东、璜泾、直塘、新毛、双凤 5 个乡，共设 32 个居民委员会。1995 年，太仓实行镇管村体制，下辖 22 个镇，329 个行政村，60 个居委会。

### 1. 农村社区的新气象

1983 年后，公社办企业改为乡镇企业，队办企业改为村办企业。家庭联产承包责任制释放出了大量的农业劳动人口（分田到户后，老人在家里种地，年轻人就可以出去工作了），为了解决这些人的就业问题，在原有社队企业积累的基础上，乡镇企业获得更加蓬勃的发展。苏南地区这种"离土不离乡、进厂不进城"的乡村工业化模式，在当时成为中国改革开放后经济快速发展的一个典范，被称为"苏南模式"。

有学者总结，苏南模式形成于高度集中与集权的计划经济末期，即 20 世纪 70 年代。这是一种游走于计划经济的边缘并获得国家默许的经济与社会发展模式。这种模式的原初形态及主要特征在于：苏南地区许多县的公社乃至大队（20 世纪 80 年代改称乡镇和村）建立了集体所有制的劳动密集型企业，时称"乡镇企业"，乡镇企业的利润所得一定程度上维持和改善了本地的教育、卫生及农民的生活。[①]

因此，当许多乡村在实行家庭联产承包责任之后出现"有分无统"的局面、面临"共同体解体"带来的种种困境的时候，太仓的很多农村社区却沿袭了人民公社时期的"村社理性"，维持了社区共同体的正常运转。工业获得发展后反哺农业。"乡镇企业上交乡村集体积累，广泛地用于农村各项公益性事业、农村社会福利和社会保障事业，包括村镇社区建设、科教文卫事业的补贴和民政福利、扶贫救济、'五保'供养、优待抚恤、残疾人安置康复、养老和医疗保险等。"[②] 工业的发展还带动了当地社区老百姓生活水平的提高。在 20 世纪 80 年代后期，村里很多人家盖起了楼房。改革开放以来，许多乡村社区的住宅已经翻盖了两三次。在调查中我们还发现，合作医疗制度在太仓一直没有断，其原因就在于集体经济的发展和当地老百姓生活的相对富裕。

---

① 徐永祥：《新社会支持与服务体系：太仓新苏南模式构建的重要课题》，载陆学艺、浦荣皋主编《苏南模式与太仓实践》，社会科学文献出版社，2009，第 171 页。
② 温铁军等：《解读苏南》，苏州大学出版社，2011，第 71 页。

　　太仓的合作医疗一直没有垮。分红的时候，个人交 5 块钱，集体给
交 10 块钱，村里乡里个人三级负责。报销是有比例的。太仓经济条件
比较好，老百姓拿得出来，很多人家都是因病致贫，所以就坚持下来
了。基本上平衡，还有节余。赤脚医生很多用中草药，毛病看好了，还
少花钱。（BM20120219QTZZQ）


　　2. 小城镇社区的迅速发育

　　20 世纪 80 年代以来，乡镇企业的异军突起和农村工业化水平的大幅度
提高，推动了苏南乡村城市化水平的提高，小城镇（包括县级市市区、县
人民政府驻地镇和其他建制镇）进入崛起和迅速发展的新时期。小城镇建
成区面积逐渐扩大、乡镇工业不断升级以及人口流动制度的改革，增强了小
城镇吸纳乡村剩余劳动力的能力。1993 年，太仓由县升级为县级市。为了
适应这种变化，政府开始在城镇社区中增设居委会。此时的居委会仍然只起
到"单位制"的补充的作用。

## 四　1997 年以后：新苏南模式与社区共同体解构

　　1997 年党的十五大以后，集体企业的改制掀起了高潮。在上级文件的
指引下，太仓的乡镇企业纷纷转制，绝大部分的乡镇企业与社区脱离。在这
里暂且不分析集体企业改制的原因以及改制的具体方式是否合理，只看改制
之后的变化及其给太仓城乡社区带来的影响。

　　转制为苏南模式的转型提供了新的机遇，并赋予了其新的内涵与结
构。太仓是新苏南模式的典型代表之一，其标志性的特点就是"民营经
济、外资经济的快速发展与小城镇建设、城市化建设快速发展相结合"①。
在发展的进程中，太仓本地劳动力日益短缺，因此吸引了大量的外省农民
工。正是在这一阶段，太仓的社区发生了不同于以往的剧烈变化，村、居的
比例由 1995 年的 5.48∶1 发展为目前的 1.33∶1，原来相对封闭、稳定、同
构的村落共同体趋于瓦解，取而代之的是更加复杂和多样的社区形态（见
图 6－2）。

---

　　①　徐永祥：《新社会支持与服务体系：太仓新苏南模式构建的重要课题》，载陆学艺、浦荣皋
　　　主编《苏南模式与太仓实践》，社会科学文献出版社，2009，第 171 页。

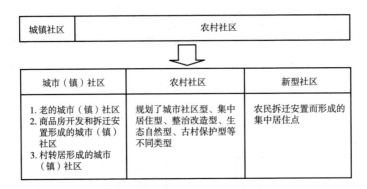

图 6 - 2　太仓社区形态的变化

在市场化、工业化、城市化快速推进的背景下，原有的社区共同体面临迅速解构的命运，社区福利和公共服务受到影响，社区成员之间的联系也日渐减少，社区社会资本受到侵蚀。具体来讲，主要有以下因素的共同作用。

**（一）市场原则对共同体原则的冲击**

乡镇企业转制之后，伴随着招商引资和经济转型升级，太仓在经济领域逐渐确立了社会主义市场经济体制。市场的原则是营利和效率，而共同体的原则是情感、安全、归属、公正等，当市场成为资源配置的主导力量的时候，必然会对原有的共同体原则产生冲击。

1. 农民转变为以个体为单位的自由劳动力，失去了原有共同体的庇护

乡镇企业转制对劳动力就业有影响。人少了，工作时间长了，有的工人年龄大了就不要了。一转制，很多人下岗，只留下精干的。不像在集体企业里，要照顾困难户、当兵转业的退伍军人等。当然，当时也存在问题，很多人来了不好好干。（SQ20120216XQHQWY）

本地企业转制而成的民营企业与招商引资引进的民营企业和外资企业的情况大致相同。此时，本地的农民已经彻底转变成了以个体为单位的自由劳动力，与企业之间遵循雇佣与被雇佣的契约劳动关系，失去了原有村社共同体的庇护，共同体所带来的归属感与安全感也由此减弱。

2. 农村社区的集体福利受到影响

乡镇企业改制对农村社区集体经济和社区福利也有影响。由于没有了原

来乡镇企业所上缴的集体积累，导致有的村集体收入减少，村里的基础设施、环境卫生等公共事务处于无钱提供管理的状态，村民的集体福利也受到了影响。

> 2000 年前改制前，我们村里有六七个企业（有电镀厂、五金厂、化工厂、综合厂、联营厂等，都是搞体力劳动），在整个镇里算是好的。转制后，成了私人的，给村里交土地和房屋租金。2003 年后，（大部分企业）由于环境污染或者产品落后都消失了。有的利用动产设备搬到别的地方去租车间开厂，有的破产了。（SQ20120216FQXC）

面对这种状况，政府采取"合村并村、以强带弱"以及有意识地鼓励和扶持农村社区投资物业和三产用房等方式，试图再造集体经济和集体福利。但是，此时集体经济的内容和性质已经和乡镇企业改制前有了很大的区别，而且城市化等原因导致农村社区已经不再是传统的相对封闭和稳定的共同体，因此集体资产的存在反而有可能影响到社区管理和社区内不同群体之间的融合与和谐。

3. 社区内部的分化影响到了社区的团结

乡镇企业改制为个人所有之后，造就了一批本地的老板。市场经济条件下，收入的获得更多地依靠个人的能力和才干，因此，村庄内部的贫富差距开始拉大，社区内部也开始出现分化。尤其是在经济实力较强的村庄，"经济资源和社会资源较多，但分配严重不平等，资源与机会的垄断性和集中性比较明显，村内分化相对严重，社会团结几乎破裂"[1]。除了本地居民内部分化之外，同居一个社区的外来人口与本地人口之间同样也存在不小的财产、收入、福利方面的差距分化，这种分化，使得本地人和外地人之间存在潜在的紧张关系，影响到了社区的团结。

**（二）居住地的改变导致社区内人际关系的疏离**

1. 商品房小区的开发

楼盘开发所形成的城市商品房小区不同于传统的农村社区，也不同于传

---

[1]　黄平、王晓毅:《公共性的重建——社区建设的实践与思考》，社会科学文献出版社，2011，第 64 页。

统的城市单位社区。由于居住者来自四面八方，互相不认识，邻居之间也少有往来，是陌生人社会。

2. 合村并村集中居住

1999 年前，太仓共有村委会 329 个。1999 年，根据江苏省"一个村的人口一般在 3000 人左右"的村域调整要求，合并了 87 个村委会，占总数的 26.44%。1999 年末，全市有村委会 242 个。2000 年起，分期分批调整村委会，至 2003 年，调整合并了 24 个村委会。2003 年末，全市有村委会 218 个。2004 年，根据经济发展，坚持"调大、调强、调优"原则，适应"城市化管理"，全市调整合并了 92 个村委会，其中，合并了 69 个村委会，将 7 个"两块牌子"的村委会划归为社区居委会，将 16 个村委会更名为社区居委会。2005 年末，全市有村委会 126 个。到 2011 年，村委会还剩 88 个。

2004 年前的村委会合并仅仅是行政和经济意义上的合并。虽然合并后一个行政村管辖的范围增大、人口增加，但并没有改变原来自然村的具体形态。到 2004 年之后，利用新农村建设的政策和资金支持，全市规划确定了几十个农民集中居住点，有序引导农民向新型社区集中。截至 2010 年底，太仓市的农民集中居住率达到 38.7%，港口开发区所在的浮桥镇，农民集中居住率已达 53%。根据太仓市"十二五"规划，2015 年底，全市农村居民集中居住率将达 60% 以上。

合村并村、集中居住虽然优化了资源的配置，为工业化和城市化的发展集约出了大量的土地，也优化了农民的居住设施和居住环境，但却破坏了传统村落社区所积累下来的守望相助的人际关系。从以下访谈资料中，可以看到原有的熟人关系失去之后村民的不适。

我们社区里邻里互相走动的，不像城里边。我们小组 24 户。其他小组认识是认识，但不走动。婚丧嫁娶，一个小组都来，村里边结婚是 200~300 元。如果生病，一个组里的邻居会来关心一下，有的也会给点钱，邻里关系蛮好。有的邻居会留心一下，比如不回来的话，告诉邻居关照一下。所以我们这边希望以后还是住在一个社区，独栋的房子，还可以走动。高层门都关了，不认识。本来是传统的，想去帮忙的，现在门一关，距离就拉开了。（SQ20120218LHWACM）

　　我是从新仓村搬过来的。新仓村由卫星村、新东村、新仓村合并而成，共4000多人。现在有2/3的人已经集中居住了，放在3个社区（在我这个社区的有十几家），剩下的1/3还在新仓村。住到集中小区之后，和原来在村里不一样了。原来在村里，邻居之间经常串门的。但是住了楼房之后，串门就不多了，因为卫生搞得太好，进别人家都要换鞋，所以不好意思进去，就只有在车库旁边散散步、聊聊天了。老人都不种地了，没事做，所以小区里开了很多小的麻将馆，但是我不去玩，因为很多人抽烟，空气太差。社区里的老年活动中心还没有开放，如果开放的话到社区里活动挺好的。（SQ20120216FQXCJM）

### 3. 外来人口大量进入城乡社区

2010年11月1日零时为止，太仓全市共登记的总人口为81.09万人，其中，户籍人口（含户口待定人口）47.01万人，外来人口34.08万人。在全部登记人口中，常住人口为71.21万人。[1] 如图6-3所示，整体来看，2000年以来，太仓市外来人口急剧增加，是太仓市域总人口规模增加的主要原因。外来人口的急剧增加，主要是由于太仓2000年以来经济发展的提速创造了大量的就业机会，对外来人口的吸引力增强。

　　几乎相当于本地人口规模的大量的外来人口来到太仓，他们都住在什么地方呢？他们会给城乡社区带来怎样的影响呢？在调查中我们发现，外来人口中除了很少的一部分在太仓购买了商品房之外，有的住在企业提供的集体宿舍中，有的租住在本地村集体建的集宿楼中或者当地老百姓的房屋甚至车库中。调查中我们发现，外来人口虽然居住在当地社区中，但很难融入社区，基本上和本地人不打交道，处于被隔离的状态。

　　外来人口很多。原来本地户籍人口2000多人，但是外来人口1万多人。派出所有外来人口协管员，每家每户进行出租房登记、变动登记、颁发暂住证等。还有计划生育指导和服务站。外来人口的影响主要有以下方面：①建设方面离不开外来人口。②对生活环境影响很大，比

---

① http://www.tc.chinanews.com/1/2011/0509/21868.html。

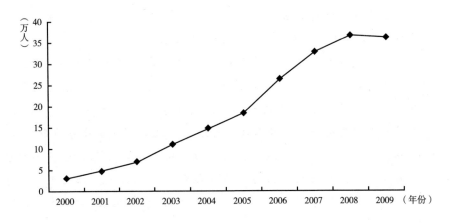

**图 6-3　太仓外来人口增长情况**

数据来源：《太仓市城市总体规划（2010～2030）说明》、太仓市公安局。

如说垃圾随便丢到河里等。③为本地人带来不少租金收入。村里基本上每家每户都有出租房，60多户人家，出租480间房，平均每户房租收入一年五六万。④治安问题，以前逢年过节的时候偷盗很多，现在好一点了。打工者居多，以前是收垃圾的多，流动性强。现在流动人口大部分是连家带口的，孩子都能进入打工子弟学校，条件好的还会择校。⑤现在住在这里时间最长的外地人有十二三年了，已经很熟了。外地人对村委会没有什么要求，只和房东有关系，村民与外来人口交朋友的很少。（SQ20110411CXTF）

刚开始的时候，外来人口几乎不参与所居住社区的公共事务与公共生活，只是居住在社区中的局外人，其教育、医疗等公共服务也主要是靠自己供给，主要包括外来打工子弟小学、私立幼儿园等。后来，政府开始有意识地加强对外来人口的管理，派出所专门有外来人口协管员负责对外来人口进行登记，并逐步为外来人口提供公共服务，如公办学校有针对性地吸收（八证齐全）外来打工者的孩子，为外来打工者子弟提供免费接种服务，向工厂中打工的外来人口提供"五险"，等等。但是，在访谈中我们也发现，虽然政府提供有这些服务，但是由于外来人口人际关系的匮乏和信息的闭塞，很多人对这些服务并不知情，更不用说享受了。

## 第三节　社区建设的现状分析

### 一　政府主导下的城乡社区建设

太仓的城乡社区建设始于 2003 年，主要是以政府主导的自上而下的方式展开的，称为"政府主导的社区建设"。之所以开展城乡社区建设，原因主要有两个方面，一是上级的要求，二是现实的需求。

从全国的角度来看，2000 年以后，为了解决我国经济社会发展过程中面临的种种矛盾和问题，中央提出社区建设、和谐社会建设、新农村建设等大的战略。从太仓的现实需求来看，随着乡镇企业改制、工业化发展和城市化进程加快，社区发生了很大的变化，有大量的人从传统的城乡社区中转移出来，因此迫切需要进行社区建设。

#### （一）新农村示范村建设

由于我国长期实行城乡二元体制，因此，社区建设也是按照城市社区建设和新农村建设两条路径分别开展的。2007 年之后才逐渐进入城乡并举的社区建设新阶段。

2005 年 10 月，党的十六届五中全会通过的《中共中央关于制定国民经济和社会发展第十一个五年规划的建议》提出"建设社会主义新农村"的历史任务。2005 年 12 月，中共中央、国务院发出《关于推进社会主义新农村建设的若干意见》。2006 年，中央 1 号文件提出社会主义新农村建设的重要目标和任务，将新农村建设的具体目标和总体要求概括为二十个字：生产发展、生活宽裕、乡风文明、村容整洁、管理民主。

2006 年 9 月，民政部发布《关于做好农村社区建设试点工作推进社会主义新农村建设的通知》。2006 年 10 月，中共十六届六中全会通过的《中共中央关于构建社会主义和谐社会若干重大问题的决定》提出，"全面开展城市社区建设，积极推进农村社区建设，健全新型社区管理和服务体制，把社区建设成为管理有序、服务完善、文明祥和的社会生活共同体"。2007年，党的十七大报告明确提出"把城乡社区建设成为管理有序、服务完善、文明祥和的社会生活共同体"，首次将农村社区建设置于与城市社区建设同等的地位，表明我国社区建设步入城乡并举的新阶段。

在推进社会主义新农村建设的过程中，为保证农村经济良好的发展势头，保护地方特色，太仓市从 2006 年开始，根据各村的形态、经济基础、物质条件等特点，按照城市社区型、乡村别墅型、整治改造型、生态自然型、古村保护型等不同定位，遴选村庄作为示范村，合理安排重点建设项目，着力推进农民向新型社区集中。太仓市加快农村社区服务中心建设，加强农村基础设施建设和农村环境建设，使各示范村展示出经济发展、生活富裕、环境优美、文明祥和的新面貌。

据农工办介绍，在太仓所有的 88 个行政村中，共有 65 个新农村建设示范村。2006 年第一批有 15 个村，2007 年、2008 年各有 10 个村，2009 年有 16 个村，2010 年有 14 个村。资金已经全部到位。具体做法是，以项目为抓手，每个村每年落实一定的建设项目。这些项目包括：村级公共基础设施建设；村级社区服务中心建设；能带来村级经济收入的物业用房建设（标准厂房、三产用房、集宿楼等）。列入示范村的，市级财政以奖代补，每个示范村 200 万元（100 万元用于基础设施，100 万元用于发展村集体经济），以项目方式运作，进行配套设施建设。200 万元分两到三年给完。

**（二）和谐社区和规范化社区建设**

1991 年，民政部提出"社区建设"的概念。1998 年，国务院确定民政部在原基层政权建设司的基础上设立基层政权和社区建设司，意在推动社区建设在全国的发展。2000 年 11 月，国务院办公厅转发了《民政部关于在全国推进城市社区建设的意见》（中办发〔2000〕23 号），由此带来了社区建设在全国的广泛推行。十六届四中全会上，中国共产党从构建社会主义和谐社会的战略高度，提出了"加强社会建设和管理，推进社会管理体制创新"的要求。从此，社区建设开始加速推进。

2006 年 3 月，十届人大四次会议通过的《中华人民共和国国民经济和社会发展第十一个五年规划纲要》中，社区建设成为"十一五"时期的公共服务重点工程，社区发展被提到重要的战略地位。2006 年 4 月，国务院下发《国务院关于加强和改进社区服务工作的意见》（国发〔2006〕14 号），成为指导社区服务的重要纲领性文件。在前述两个文件的指导下，国家发展和改革委员会与民政部制定颁布了《"十一五"社区服务体系发展规划》。全国各地加大了社区服务工作的力度，铺开了社区公共服务中心（站）和服务设施的建设。随后，民政部又相继发布了《全国和谐社区建设示范单位指导标准（试行）》（民发〔2008〕142号）、《关于进一步推进和谐社区建设工作的意见》（民发〔2009〕165号）。2010年10月，中共中央办公厅、国务院办公厅发布《关于加强和改进城市社区居民委员会建设工作的意见》（中办发〔2010〕27号）。2011年12月，国务院办公厅下发了《社区服务体系建设规划（2011—2015年）》（国办发〔2011〕61号），提出"到2015年初步建立起较为完善的社区服务设施、服务内容、服务队伍、服务网络和运行机制"的发展目标。

　　各级政府高度重视社区建设，表6-3列举了近几年来国家、江苏省、苏州市和太仓市出台的关于社区建设的重要文件。

表6-3　近年来各级政府出台的关于社区建设的重要文件

| 文件名 | 文件编号 |
| --- | --- |
| 民政部《全国和谐社区建设示范单位指导标准(试行)》 | 民发〔2008〕142号 |
| 民政部《关于开展"农村社区建设实验全覆盖"创建活动的通知》 | 民发〔2009〕27号 |
| 民政部《关于进一步推进和谐社区建设工作的意见》 | 民发〔2009〕165号 |
| 中共中央办公厅、国务院办公厅《关于加强和改进城市社区居民委员会建设工作的意见》 | 中办发〔2010〕27号 |
| 中共江苏省委、江苏省人民政府《关于加强新形势下城乡社区建设的意见》 | 苏发〔2011〕15号 |
| 江苏省民政厅《关于贯彻落实〈省委、省政府关于加强新形势下城乡社区建设的意见〉的实施意见》 | 苏民基〔2011〕6号 |
| 中共苏州市委、苏州市人民政府《关于进一步加快推进城乡和谐社区建设的若干意见》 | 苏发〔2010〕4号 |
| 中共苏州市委、苏州市人民政府《关于进一步创新完善社会建设管理体制的若干意见》 | 苏发〔2011〕60号 |
| 中共苏州市委办公室、苏州市人民政府办公室《关于加强全市社区居民委员会自治能力建设的意见》 | 苏办发〔2011〕55号 |
| 中共苏州市委办公室、苏州市人民政府办公室《苏州市社区工作者管理办法(暂行)》 | 苏办发〔2011〕56号 |
| 中共太仓市委办公室、太仓市政府办公室转发市委组织部等部门《关于对优秀社区干部实行人事关系挂靠代理的办法》 | 太委办〔2009〕63号 |
| 中共太仓市委办公室、太仓市政府办公室《关于完善社区主要干部基本报酬和社会保险费统筹的办法》 | 太委办〔2010〕62号 |
| 中共太仓市委、太仓市人民政府《关于加强农村新型社区建设的试行意见》 | 太委发〔2010〕29号 |
| 中共太仓市委办公室、太仓市政府办公室转发市委组织部、市委农村工作办公室、市民政局、市财政局等部门《关于进一步加强村(居)小组长队伍建设的意见》 | 太委办〔2011〕5号 |

　　资料来源：苏州市民政局基层政权与社区建设处编印《政策法规文件简编》（2011年11月）。

近年来，太仓市以全国和谐社区建设会议精神为指引，以全国和谐社区建设示范城区（市）建设为契机，多措并举，合力推进，不断丰富城乡社区建设内涵，努力提升城乡社区建设水平。2009 年，太仓市荣获"全国农村社区建设实验全覆盖示范单位"和"全国和谐社区建设示范市"两个称号，得到了上级部门的高度肯定。

1. 社区服务设施建设

围绕"城乡一体化"的发展目标，太仓市着眼于城乡社区硬件的提档亮化，不断提升社区设施建设的规范化水平。近两年，太仓市的城乡社区基础平台建设进入提速期，全市新建、改扩建项目近百个，各镇（区）总投资 2 亿余元，市级"以奖代补"资金累计投入 500 万元。目前，全市农村社区服务中心的平均用房面积为 1316 平方米，城市社区为 908 平方米，达标率平均超过 95%。另外，针对农村集中居住社区管理与服务过程中出现的问题，太仓市不断创新农村新型社区服务和管理方式，在管理体制上提出明确要求，规定"视农村新型社区的规模和工作需要，小区入住 300 户以上，应设立社区工作站"。通过各方努力，到目前为止，已在全市范围内率先建成并投入使用了 20 个农村新型社区工作站，覆盖居民达 3 万多人。

2. 社区服务体系建设

太仓市社区事务工作站"八位一体"（社区党建、社区事务受理、社区劳动保障、社区文化、社区治安、社区卫生、社区环境、社区老龄）功能拓展、完善，并向农村社区延伸。在农村社区服务中心，大力实施"12345"工程，即一个室外活动场地二个阵地（宣传栏、公示栏）三支队伍（专业管理人员队伍、服务站人员队伍、志愿者队伍）四个室（老年人/残疾人活动室、警务室、卫生室、多功能教室）五个站（社区农业服务站、社会事业服务站、卫生服务站、社会保障服务站、综合治理服务站）。目前，各社区普遍达到了这一要求。

社区"一站式"服务大厅覆盖率达 80%，形成"十五分钟"服务圈。针对农村社区的特点，太仓市还增加了生产资料供应、农技知识咨询、便民超市、纠纷调处、维权保障等服务。

太仓市积极开展"情暖万家，爱心服务"志愿活动，充分整合党员志愿者、社区志愿者、青年志愿者、义工组织等有效资源，进一步深化了志愿服务的内涵，打响了爱心服务的品牌。以此为依托，全市社区志愿类服务开展得有声有色，涌现出一大批特色社区。

连续四届的社区业余文艺团队"百团大展演"活动带动了全市 3000 余名文艺爱好者深入社区，为新老太仓人送去了文化盛宴，实现了"人人参与文化，人人享受文化"。

### 3. 社区工作者队伍建设

太仓市依法选齐、配强社区"两委"班子成员，充分发挥社区党组织的战斗堡垒作用。2009 年，太仓市出台了《关于对优秀社区干部实行人事关系挂靠代理的办法》。2010 年，太仓市制定了"社区工作者培训计划"，开展了一系列经常性、专业性的教育培训活动，开设了"村居干部网络课堂"，搭建了网络学习和沟通的平台。2010 年，太仓市委、市政府相继出台了《关于完善社区主要干部基本报酬和社会保险费统筹的办法》《关于进一步加强村（居）小组长队伍建设的意见》，有效地保障了村（居）干部的待遇和"两小组长"的补贴，激励了广大社区工作者投身社区建设的热情。2011 年出台的《关于印发村（居）民小组长队伍建设基本制度的通知》，进一步规范了"两小组长"的职责。在此基础上，太仓市在全市组织开展了一次"两小组长"培训活动，有效地提升了"两小组长"的能力与素质。此外，太仓市还积极推行社区志愿者注册登记制度，大力培育志愿者服务组织，扩大社区志愿者队伍。

### 4. 社区信息化建设

为了更好地服务社区居民，太仓市着力推进社区服务信息化，市级层面已建立便民服务信息平台，并将以此为依托构建市、镇、村三级便民服务信息网络。同时，太仓市从 2007 年起共投入 450 万元，以计算机网络技术为支撑，形成就业、医疗救助、菜单式培训等方面的快捷、优质服务。各镇也纷纷探索、实践，有的建立社区电子信息档案，有的推行社区网格化管理模式，有的设立电子屏（用于党务、政务、村务、财务公开和社区信息公布）。

## 二　社区建设面临的问题及原因分析

政府主导的自上而下的社区建设成效显著，城乡社区的环境卫生、社会治安、基础设施、公共服务、社会保障等方面都有了相当大的改观，但是同时也暴露出了一些问题和弊端，面临不小的挑战。这些问题，从全国来讲是带有普遍性的。产生这些问题的原因是多方面的，既与当前开展社区建设的方式、方法有关，也受到我国社会转型和体制转轨的大背景制约。

## （一）社区建设面临的问题

### 1. 社区自治组织行政化

与西方不同的是，中国的社区建设从一开始就是由政府推动的，社区这个在西方文化中本来没有行政色彩的社会概念，在中国的社区建设中被赋予严格的行政意义。所有的政策、措施都源于政府，始于政府。[①] 伴随着社区建设步伐的加快，政府管理重心逐渐下沉，造成两个方面的结果：一是政府权力向自治组织无限延伸，政府责任向自治组织无限转移；二是自治组织行政化十分严重。

依照《中华人民共和国宪法》《中华人民共和国城市居民委员会组织法》《中华人民共和国村民委员会组织法》的规定，居（村）民委员会是居（村）民"自我管理、自我教育、自我服务的基层群众性自治组织"。但是，目前的居（村）委会却忙于为政府做事。

> 居委会工作太琐碎，一方面，政府下来的任务多，又是检查，又是创建，另一方面就是老百姓琐碎的事。上面要来检查，就造台账，糊弄上面。实际上没有那么大的精力来做这事，而且也不必要。工作量最大的是社保，社会上的人比较多，退休以后都由社区来管理。（SQ20110414SXXB）

> 现在条线上的事很多，各项创建、达标、卫生、安全、环保等，主要精力都放在这方面。又要应付上面，又要面对村民，两头受气。如果不应付这些，可以多为村里做些事情。（SQ20110416HJWX）

通过上述访谈可见，居（村）民委员会日益成为事实上的行政管理的末梢，政府的需要而不是居民的需求成了居委会和村委会的主要推动力。由于被下沉了很多本不属于居委会和村委会工作范围的事务，使得作为城乡社区自治组织主体的居委会和村委会没有成为居民和村民的"头"，反而成了基层政府的"腿"。

---

① 丁元竹：《社区的基本理论与方法》，北京师范大学出版社，2009，第90页。

2. 社区居民参与不足

社区干部人数有限，为了能够完成上级政府布置下来的各项任务，他们只能采取动员社区积极分子的方式把任务传达和布置下去。这些积极分子往往是党员、党小组长、楼组长、女性、退休人员等。他们参与的原因既包括有充足的时间和多种心理需求、受到单位组织文化长时期的熏陶，也包括有时候会有象征性的物质回报。除了少数的积极分子之外，社区广大居民对社区缺乏认同感和归属感，对他人和社区事务、社区活动漠不关心。

> 我今年快 70 岁了，是阳光爱心服务站志愿者、居民小组长。志愿者活动是领导安排的，主要是看望结对对象。我帮扶的是一对 80 岁的老夫妻，儿子在浙江，女儿去世了，家里如果有事会打电话来。我没事情，他们有困难，应该去帮帮他们的。现在志愿者只能算是一股力量，起到辅助作用，但是也不能完全解决困难群众的问题。太仓社区普遍环境比较好，领导也比较重视。志愿者大部分是退休的人，都是义务的，没有什么报酬，也不要什么报酬。志愿者女的多，男的退休之后事情比较多。（SQ20120215CXZQZYZ）

2011 年，太仓出台了《关于进一步加强村（居）小组长队伍建设的意见》，落实了"两小组长"的补贴，规范了"两小组长"的职责（六大员：宣传员、安全员、信息员、调解员、服务员、监督员）。这实际上还是遵循了计划经济体制下社会动员的思路，通过这些，积极分子可以顺利地完成上级交办的各项行政任务。当然，看问题也要一分为二，在当前社区社会组织发育不足、居民普遍缺乏参与社区公共事务的积极性的背景下，这种方式似乎是最合理的路径了。

3. 社区服务供需错位

广大居民缺乏参与导致的直接后果是政府社区建设的供给与居民的需求脱钩，从而影响了社区建设投入的效果。

在目前的社区建设中，各级政府部门是社区建设的决策主体，也是资金投入和项目实施的主体，带有很大的强制性，供给数量与结构基本上通过文件下达，整齐划一。供给的侧重点主要在于：社区工作人员配备；办公用房、办公经费的保证；社区基础设施建设和社区服务站建设。社区居民对于政府的社区建设成果只能被动地接受，而其真正的需求却无法得到很好的满足，同时，基础设施使用和后续的维护与管理出现了一些问题，社区建设成果的可持续性堪忧。

在调研的过程中，我们发现许多社区的硬件设施已经相当好了，但是，不少图书室无人阅读，社区室内健身设施无人活动或者仅仅被极少数几个人占用，社区服务中心事实上成了办理老年证、残疾证的"办证"大厅，老年人和残疾人所迫切需要的服务支持却无法得到满足。

4. 社区规模与管理难题

如果单从户籍人口的角度来讲，太仓的社区规模可能并不算大。但是，如果将所有常住人口、流动人口都包括在内，情况就不一样了。目前，社区划分、人员编制和经费的确定，都是以辖区的户籍人口数作为基本依据，很多社会服务配套也都是以本社区户籍人口为基数来设置的。因此，社区居（村）委会实际上负责管理和服务的人群是本社区的户籍人口（一些涉农社区的重心仅在失地农民），而对外来人口只进行居住登记、计划生育管理和服务等。

> 现在建了几个商品房社区，包含一部分外地在本地的购房人口，有4000~5000人。外来人口的管理和本地人口不同，在这里买房子的外地人有自己的业主委员会，平时他们主要跟物业联系比较多，跟社区联系少，有联系也是通过业主委员会与社区建立联系。（SQ20110410CXWY）
>
> 社区空挂户很多，户口应该好好整理一下，人户分离现象十分严重，不好管理。另外，现在社区主要管的是失地农民，个人认为，失地农民应该与居民分开，居民应由街道办管。居民与村民的福利待遇不一样，都放在一个社区里会产生不少的矛盾，不好管理，也解释不清楚。失地农民的户口不分农业与非农业，叫"家庭户口"，所以要享受家电下乡政策的话，都得到社区打证明。（SQ20120216XQHQKJ）

从以上访谈资料可以看出，村庄的合并、外来人口的进入以及仍然沿袭的计划经济体制下依户口进行管理的原则为社区管理制造了很多的难题。受户籍的限制，在同一个社区居住的不同人员，所享受到的福利待遇和服务是不一样的，其结果是人为地造成了社区内部不同群体之间的隔阂和矛盾，不利于社区的融合。

**（二）社区建设问题的原因分析**

上述社区建设面临的挑战，不是太仓独有的，而是全国范围内普遍存在的问题。那么究竟是什么原因导致这些问题呢？一方面，从社区建设本身来讲，自上而下的社区建设使国家的权力过度地渗入基层社区，由此忽略甚至阻碍了自下而上的社区组织能力的形成，而社区的认同感、归属感和凝聚力才恰恰是社区共同体的核心所在。另一方面，从大的角度来讲，上述很多问题并不是在社区内部就能够解决的，只有从更高的战略层面来观察和思考，才能找到问题的症结所在。

1. 自上而下的社区建设方式

改革开放（尤其是 20 世纪 90 年代中期）之后，中国（当然包括太仓）从总体性社会向市场社会转变的过程中出现了诸多的社会问题。太仓市政府对此做出"反向运动"的反应，我们把这一时期界定为行政社会阶段。目前开展得轰轰烈烈的政府自上而下的社区建设运动就是行政社会的重要表现之一。由于在社区建设过程中行政逻辑替代了社会逻辑，因此，一方面削弱了社会联系纽带及社会共同体的自主、自治能力，另一方面在资源配置上也存在低效率、不合理以及供需错位等问题。

在现实的操作过程中，社区建设主要是通过从国家到省、市各个层面的创建、评比和考核来达成的。虽然各种各样的创建、评比、考核活动对政府工作的快速推进大有助益，但却造成了社区的行政化，将城乡社区导向了对上不对下、重形式而轻内容的道路上，进而排斥了绝大多数社区居民的参与。表面上看，社区各项公共服务设施齐备，各种功能似乎也健全，但是真正能够发挥的作用不大，不能满足社区居民的需求。这样建设起来的社区，投入不小，却只是一种机械的、僵化的社区，是一种缺乏内聚力和活力的社区，也缺乏未来发展的可持续性。

在目前政府主导的社区建设运动中，政府把资源直接投入到了社区公共事务的具体解决方面，而忽略了社区的本质，忽略了对社区公共社会资源的培养。实际上，社区公共事务的具体解决，只是形成理想社区的必要条件，而非充分条件。如果社区只是个体的居住区而没有社会行动能力，作为生活共同体并不存在，那么政府的努力都将是变了味的、无法长期维持下去。

在未来的社区建设过程中，如何提高社区居民的参与程度和自组织的能力，探寻出一条适合中国国情的自上而下与自下而上相结合的更加合理的路径，是政府必须面对的挑战。

2. 社会转型与体制转轨大背景

从社会转型的角度来看，太仓已经或正在经历着从农业社会向工业社会、从农村社会到城市社会的重大转变。工业化、城市化的大发展，带来了空间—人口的剧烈重构，本地人口向城市中心区聚集，外来人口大量进入本地城乡社区。这种变化，消解和破坏了人们传统的社区联系和关系纽带。

从体制转轨的角度来看，太仓乡镇企业转制之后，社会主义市场经济体制逐渐建立起来，一方面瓦解了原来建构在乡镇企业基础之上的共同体原则，另一方面带来了人口的大量流动。在这种情况下，社会体制本应伴随着经济体制改革和社会转型的现实进行适时的调整，但是，由于计划经济时期形成的城乡二元分割的社会管理体制至今仍然没有大的改变，户籍制度依然是政府配置社会管理和公共服务资源的主要依据，因此，现在居住和生活在同一个社区中的人们却享受着不同的福利待遇和公共服务。这不仅给社区管理带来了难题，同时还成为阻碍社区中各类人群融合的重要因素。

综上分析可知，太仓当前正处在原有的共同体消失而新的共同体没有建起来的空档期。虽然政府适时提出了社区建设，并且投入了大量的资源，但在建设的思路上存在一定的偏差。社区建设只是建立了一个组织，拉出了一个框架，充实了一些力量，完善了一些设施，却忽视了对社区内在的认同感、安全感以及凝聚力等要素的激发和整合。同时也应注意到，社区存在的问题，不仅仅是社区内部的问题，而且是具有全局性意义的结构性不平等问题，人口流动带来的空间—人口重构、城乡二元体制和结构等因素直接影响到了社区的和谐。

## 三 政府和社会的积极应对

### （一）政府的主动反思与政策调整

实际上，太仓市政府已经敏锐地发现了社区建设中存在的上述问题，并且开始积极寻找解决的办法，创造性地提出了"政社互动"和"三社联动"的方案。调研过程中，我们深切地感受到，太仓的党员干部队伍确实是一个思想比较解放、视野相对开阔、创业热情极为高涨的群体。

1. "政社互动"

为了解决社区自治组织行政化倾向严重的问题，2009年5月，太仓发布了《关于建立政府行政管理与基层群众自治互动衔接机制的意见》，提出："凡属村（居）自治性的管理工作，放手村（居）委会自主管理"，"政府部门行政职责范围的工作任务，不得随意下达到村（居）委会"。2010年3月，太仓出台了《基层群众自治组织协助政府工作事项》和《基层群众自治组织依法履行职责事项》，整理出"自治组织依法履职事项清单"10项，清理出"行政权力限制事项清单"27项。2010年8月13日，两个试点镇分别与辖区内的23个村（社区）和11个村（社区）的主任签订了《基层自治组织协助政府管理协议书》，代替了原来的行政责任书，取消了社区与政府的隶属关系，建立了平等的契约关系，通过购买服务的方式，实现"权随责走，费随事转"。废止行政责任书后，太仓市又不失时机地出台了一系列配套政策，包括：停止行政指令性指标，停止创建发展指标，停止行政考核；废除村（居）委会主任候选人制度，实行群众"海选"；对村（居）民委员会主任的考核由政府考核变为群众考核；等等。

2. "三社联动"

在提出"政社互动"的基础之上，太仓还探索建立以社区为基础、以社会组织为载体、以社会工作专业人才为骨干的"三社联动"的工作运行机制，形成"政府扶持监督、社会组织承接、项目化管理运作、专业社工引领、志愿者参与"的社区服务新模式。"三社联动"是对社区、社会组织、社工和志愿者进行建设，是针对"政社互动"中的"社会"层面进行建设，以此来提升群众自治组织的自治、民主水平和能力。

**（二）民间社会的自我修复**

社会的发展向来不是单向度的。除了政府的努力之外，在急剧的社会变迁破坏传统社区共同体的过程中，社区中的居民也在自觉不自觉地进行着社会的修复和重建。

1. 传统乡规民约在新时期的再造

俗话说："远亲不如近邻。"邻里互助是中华民族的传统美德。在传统的熟人社会中，邻里间的交往和互帮互助是村民社会资本的重要来源。进入集中居住小区后，传统的人际联系被割裂，但在调查中我们却发现了居民主动重构"邻居"概念的有趣现象。

我们这个小区是由 30 多个村的人集中起来的。原来，村里谁家有婚丧喜事，就在村里搭个篷子，现在住到集中居住小区之后，新修了会所，以后办事就能到会所里了，只是现在会所还在装修，所以暂时还是在马路边搭篷子。这里的传统是办事的时候要请邻居来帮忙和吃饭的，邻居还要上礼。虽然这个小区是 30 多个村的人搬过来的，大家原来都不在一个村，但是既然住在一起了，就是新邻居，我们还自发地形成了一个规则：如果是横排四连体的别墅，就认为这一排是邻居；如果是独栋别墅，则认为前后左右的是邻居；如果是住高层，那么一个单元的就是邻居。（SQ20120216FQXCJM）

为什么会出现这种现象呢？原来的邻居是指一个小组（自然村）的，大家世世代代生活在一起。现在，原来的邻居都搬到了不同的地方，原来这种基于地域的生活共同体被破坏掉了。但是，村民的生活还得继续，遇到婚丧嫁娶，还是需要有人来帮忙和捧场，因此，自然而然地将传统在新形势下进行了重新的建构。这种现象实际上可以归结为"人类的社区本能"，"社区的基础是作为生命个体的人类彼此相互需要。人类的生命个体不能独立生存，它必须与自己周围的自然环境和人群建立联系，并依存于自己周围的环境和人群，从中获得自己生存和发展所需要的物质、精神、社会方面的资源，这是生命的共同体本能，或者叫做生命的生态系统。在社会学意义上，称其为社区"①。实际上，类似这种的传统是我们进行社区建设可资利用的宝贵的社会资源，值得引起关注。

2. 新型商品房社区的公共性再造

在另外一个中产阶级社区，我们发现居民积极主动担任志愿者、自发成立民间组织、社区及时给予帮助等再造公共性的途径。

很多公务员都在这个社区居住，还有一些比较有钱的经商者、外地人也在这儿居住，因此是比较典型的中产阶级社区。整体来讲，社区管理比较规范，居住环境比较好。

原来可能一板一眼的，比如社区民主自治，基层民主啊，有的人

① 丁元竹：《理解社区》，《中国农业大学学报》2008 年第 4 期，第 141～149 页。

觉得不是很亲切，通过社团、柔性组织，居民和社区接触多了，觉得社区是一个丰富多彩的组织。社区居民有一种归属感。居民的文化需求越来越多，原来可能就停留在打打太极拳、木兰拳，唱红歌、做手工，现在社区里好多报老年大学，唱歌，弹乐器，等等。社区中的社会组织，外地人也比较愿意参与。新建的小区本来就是外地人比较多的，外地人与本地人互相学习，互相融入。外地人也有担任居民组长的。（SQ20120217XQBH）

正是由于这个社区生活比较安逸，教育水平平均比较高，所以各种民间组织发育得比较快，参与者也很积极。在这样的社区，人力资源相对丰富，比如有中医专家、国家级舞蹈教师，只要稍加利用，马上就可以见到效果。社区社会组织发达，社区居民公共意识强烈，这个社区的公共社会资源就发达。在这个社区中，我们似乎看到了现代公民社会的萌芽。

**（三）简单的评价**

上述政府和民间社会的行为，思路和方向是正确的，但是仅仅处在刚刚起步的状态，还存在一些不足和有待完善的方面。

1. 政府方面

"政社互动"有待完善的地方包括：政府与社区的平等关系不够；缺乏外部评估和监督机制；居民和村民参与不足；流动人口没有被纳入整个管理体系。"三社联动"的不足包括：缺乏专业化的社会组织；社会工作人才缺乏；等等。

2. 民间社会方面

邻里关系的重构并没有把外地人包含在内。成立的社区民间组织以文体娱乐组织为主，社会服务类、社会福利类、公益慈善类的社会组织，尤其是专业化的社会组织，还相当缺乏。

# 第四节　未来太仓社区建设的方向

在经济高速发展、社会迅速变迁的过程中，太仓传统型的、共同体性质的村落与城镇社区相继解体。积极面对这种变化，在现代条件下为同居一地的人们提供共同体所能带来的认同感、安全感和归属感是实现社会和谐的基础。因此，建设理想的社区，对地域社会进行再建构具有重要的意义。

在现代社会，理想的社区应该是富有生机的、相互支持和具有包容性的地域性的社会生活共同体，是具有自组织能力的，能够自我聚合、融合、包容的"有机"的社区。社区是所有居民的温馨家园，居民是社区的主人，大家友爱、平等、相互支持，组织和动员各种资源共同解决社区面临的各种问题和需求，具有强烈的社区认同感和归属感，个人在社区中能够体验到安全和温暖。

构建理想的社区将是一个长期的过程，需要将政府自上而下的努力与社区自下而上的活力结合起来，需要政府、社区自治组织、社会组织、居民等各方面力量的通力合作，还需要专业化理论的支持和实践中的不断探索。下面从核心层面和制度层面来探讨理想社区可能的实现路径。

## 一　核心层面：培育社区公共精神和社会资本

社区的真正本质是社区意识、社区归属感和共同体精神。社区建设的灵魂在于社区内源性的自主发展，培育社区公共精神和社会资本是社区建设的内核所在。在社区中营造出一种公共精神与文化，可以为社区曾经衰落的公共社会资源注入新的活力，推动地域性的社会生活共同体的形成。

社区自治组织和社区社会组织应当把激励社区居民参与共同体和邻里活动作为自己的重要工作内容。首先，通过营造平等合作、真诚相待的氛围，拓展社区公共生活空间，开展多种形式的社区活动，使居民在参与中相互沟通和交往，激发人与人之间的相互信任与合作，改善社区的邻里关系，重建邻里网络，发扬邻里互助，促进社区新老居民的融合，增强社区的凝聚力。其次，充分运用社区公共服务信息系统、社区论坛、社区 QQ 群、社区微博群等新兴的网络技术平台，发挥它们在社区日常生活中的独特作用，促进社区居民之间、社区居民与政府之间的交流和沟通，使彼此陌生的居民逐渐打破冷漠、认识彼此，找到彼此共同关切的议题，并在共同的议题上促发集体行动，形成主动关心社区事务、参与社区建设的习惯和氛围。

政府应注重培养社区的公共社会资源，增加社区的活力。可以采取以下一些具体的方式和措施，激励民众朝着更富公共精神的方向发展。首先，在当代社会，教育系统是社会资源最重要的来源或原动力之一。通过开展公民教育，使下一代了解社区的历史，积极参与共同体的活动和服务，可以增强社区的归属感。要让每一个社区的成员（不论是土生土长的本地人，还是外来打工的"新太仓人"）都热爱生活于斯的社区，这是增强社区公共性的重要途径。其次，政府还应该关注老百姓重建公共性的动机，并给予主动的引导和支持。政府在公共服务之外可以设立扶植民间组织发展的专项基金，鼓励村（居）民委员会和其他社区组织来申请。凡是合乎要求的社区组织活动，就可以得到经费支持；凡是不合乎要求的，就得不到这笔经费。这样可以调动社区组织的积极性，也可以增强社区组织的自治能力。这笔基金可用于补助社区举办春节联欢、元宵花灯、中秋赏月、重阳敬老、国庆庆祝等活动。

实际上，公共精神潜藏在每个人的心底，只要能够将其激活，就会迸发出巨大的能量，关键是要营造一种平等的参与氛围。社区居民间的互信与合作是社区建设可资利用的宝贵的社会资源，有了这种社会资源，将大大提升城乡社区的自组织能力，推动社区内外各种资源的有机整合，实现社区建设的最大效果。同时，在相互合作与共同行动中，社区居民的需求得到很好的满足，并产生强烈的认同感和归属感，社区将真正成为居民团结友爱的温馨家园。

## 二　制度层面：着力构建新型的社区治理机制

### 1. 科学规划社区平台

社区居民的"定居意识"是社区归属感、地域归属感和社区认同产生的基础，也是社会和谐稳定的基础。社区建设就是要以社区全体居民为本，从社区全体居民的需求出发，把所有的新老居民都安排好，促进新老居民融合。应以社区常住人口为基础，合理设定社区规模。把长期居住在本社区的外来人口真正作为本社区的居民来对待，在社区基础设施建设与教育、文化体育、医疗卫生、养老、社会保障等公共资源配置及社会管理等方面逐步做到一视同仁。

当然，这里涉及整个国家的体制问题，有些并不是太仓当地就能够完全解决的。因此，应从中央层面上适时调整不合理的户籍制度、产权制度、公共资源配置制度等，并适时调整人口管理政策，由原来的身份管理转向职业管理，使每个公民不论迁移到哪里，都能够享受到国民待遇，都能够安居乐业。

2. 理顺自治组织和经济组织的关系，实现"政经分离"

在计划经济体制下所形成的"政经社"合一的体制，已经成为当前社区管理和社区发展中的重要羁绊。社区与集体经济、集体资产、土地等经济利益纠缠在一起，产生了很多矛盾，也不利于社区管理和社区内各种人员（失地农民、本地居民、外来人口）之间的融合。因此，农村社区（涉农社区）应与集体经济组织逐渐分离，社区将不再是一种集体经济组织或生产共同体，而是从事多种经营、多种职业的人们的生活聚居地或社会生活共同体。针对集体企业，可以探索在确权和股份量化的前提下，转为股份公司制，按照现代企业制度的要求来运行，这实际上也是对计划经济条件下合作化运动的一种很好的终结。

3. 理顺自治组织和政府的关系，继续深化"政社互动"

目前太仓的"政社互动"已经有了良好的开端，但是还有一些待解的难题，需要继续探索和深化。首先，在建立政府和社区的平等关系方面，政府要做出更大的努力。其次，可以考虑委托第三方对公共服务价格及效果进行评估。政府委托第三方进行公共服务项目评估和监督，凡是政府要提供的公共服务，如果需要基层自治组织协助完成，就必须不折不扣地将需要的经费支付给村（居）民委员会，村（居）民委员会可以根据完成这些任务的需要，增加相应的管理人员。第三方对村（居）民委员会完成任务的情况进行评估，并督促村（居）民委员会更好地工作。再次，最为关键的是，"政社互动"不能只是政府和村（居）民委员会之间的互动，社区居民的参与是保证社区自治和"政社互动"实现的必要前提。

4. 理顺自治组织和居民的关系，从制度上保证居民的自治权利

社区居民是社区的主人，是社区建设的主体。应充分发挥社区居民的主体性，建立共同体成员对社区事务的参与意识，使社区居民能够通过自己的力量去解决自己的问题。可以通过议事会等形式，保证社区居民民主参与的权利。探索和加强居民、村民（代表）会议及议事会、监事会等基层民主机制建设，并可以按照实际情况，设立跨村、跨社区的联合议事机构，充分发挥其公共服务和社区治理的民主决策功能。在这个过程中，一方面，社区居民可以逐渐学会如何通过民主与法制的手段来解决自身发展的问题，从而提升现代公民素质和参与社会公共领域活动的能力；另一方面，也可以产生相应的倒逼机制，促使政府职能转变以及干部工作方式的转变，不断地重塑

政府与社会的关系，寻找政府与社会职能的合理边界，形成政府支持下以社区自主治理为核心的新型的社区治理机制。

5. 理顺自治组织和社会组织之间的关系，社区向社会组织购买公共服务

村（居）民委员会在承担公共服务生产方面存在专业化不够的问题，不可能成为公共服务的直接提供者，因此应该引进社会组织参与社区公共服务。多元化的社会组织的发育是和谐社会的一个重要标志。社区居民的需求可以通过社会组织来满足，不要把村（居）民委员会变成一个全能的小政府。

针对目前太仓社会组织发育不足的现状，政府可以通过购买服务的方式来主动孵化和培育各种类型的专业化的社会组织，让它们在社区开展服务，满足社区居民的各种需求，如教育、职业技能培训、社会交往、文化娱乐、慈善捐助、外来人口融入等。

**参考文献**

保罗·霍普：《个人主义时代之共同体重建》，沈毅译，浙江大学出版社，2010。

德鲁克基金会主编《未来的社区》，魏青江译，中国人民大学出版社，2006。

丁元竹：《理解社区》，《中国农业大学学报》2008年第4期。

丁元竹：《社区的基本理论与方法》，北京师范大学出版社，2009。

丁元竹：《走向社会共同体》，中国友谊出版社，2010。

斐迪南·滕尼斯：《共同体与社会》，林荣远译，北京大学出版社，2010。

黄平、王晓毅：《公共性的重建——社区建设的实践与思考》，社会科学文献出版社，2011。

陆学艺、浦荣皋主编《苏南模式与太仓实践》，社会科学文献出版社，2009。

罗伯特·帕特南：《独自打保龄——美国社区的衰落与复兴》，刘波等译，北京大学出版社，2011。

齐格蒙特·鲍曼：《共同体》，欧阳景根译，江苏人民出版社，2003。

温铁军等：《解读苏南》，苏州大学出版社，2011。

奚从清：《社区研究——社区建设与社区发展》，华夏出版社，1996。

# 第七章

# 社会福利

社会福利不仅是一个国家现代化水平的重要标志，也是促进现代化进步的重要手段。欧美国家自诩为先进国家，有两个重要法宝，那就是民主和好的社会福利。相对于民主而言，老百姓更看重的是社会福利状况，民主的一个重要功能就是为社会福利的改善服务。当前社会福利建设和发展成了我国社会建设的重要内容，是改善民生福祉的重要手段。本章将从社会福利的视角去分析、透视太仓市的社会现代化，并将社会福利的建设和发展视为太仓实现社会现代化的一个重要路径进行深入分析和讨论。

## 第一节　作为现代化实现手段的社会福利

### 一　社会福利的含义及其与社会现代化的关系

"社会现代化"简单来说就是社会领域的发展和进步。"发展"有狭义和广义之分。从广义来看，在最初阶段，发展被等同于经济增长，国民生产总值和人均国民收入的增长是衡量发展的唯一标准。但是，现实很快就证明这一观点的片面性。事实上，经济发展并不必然带来相应的社会进步，因此，发展被重新定义为包括经济增长、政治民主、社会转型、文化变迁、自然协调、生态平衡等多方面的综合进步。20世纪90年代以来，主流观点认为，发展的关键在于人的发展，从宏观层面上则是社会福祉的提高。① 在目

---

① 庞元正、丁冬红主编《当代西方社会发展理论新词典》，吉林人民出版社，2001；詹姆斯·米奇利：《社会发展——社会福利视角下的发展观》，苗正民译，格致出版社、上海人民出版社，2009；童星：《发展社会学与中国现代化》，社会科学文献出版社，2006。

前主流的社会发展观的语境下理解社会现代化，可以将其最终目的概括为人的现代化，即人类幸福的实现。

福利的英文是 welfare，它关注的是"人们活得好不好"[1]。因此，福利是关于人类幸福的，或者说它是能使人生活幸福的各种条件。[2] 从"福利"到"社会福利"，意味着"幸福"从个人层面上升到社会层面，即通过正式的和非正式的社会安排，提升社会成员的整体幸福感。社会福利的目标与社会现代化的目标是一致的，它是实现社会领域的现代化目标的核心内容。其中，将"社会福利"和"社会现代化"联系在一起的核心概念是人类的"幸福"。

## 二　福利供需理论与社会福利制度变迁

### 1. 福利供需理论

任何制度都是嵌入在经济社会环境中的，制度需要是制度存在的基础。具体到社会福利制度，其存在的目的在于满足社会成员的"福利需要"。尽管个体的需要都有主观性的成分，但是"在个体社会成员的需要聚集成为一种在同一社会文化背景中的社会群体成员具有的需要时，个体的需要就变成了社会的需要。从个体需要的不满足状态发展成为社会需要没有得到满足，就成为一种影响社会发展的社会问题"[3]。因此，这种在特定的历史条件和文化背景下，以"社会性"和"客观性"为特征的"社会需要"正是社会福利制度存在的基础。

此外，需要是分层次的，马斯洛将个体的需要从低到高分为生理、安全、情感和归属、尊重以及自我实现五个层次。这五个层次是层层递进的，前一个层次的需要获得一定程度的满足时，追求更高层次的需要就成为驱使行为的动力。景天魁也将福利从低到高分为三个层次：获得基本物质生活资料、提高全体成员的生活质量、在前两者基础上实现社会成员的幸福与满足。[4] 这个分类说明，福利需要也是分层次的，因此福利体系包括社会救

---

[1]　哈特利·迪安：《社会政策学十讲》，岳经纶、温卓毅、庄文嘉译，格致出版社、上海人民出版社，2009。

[2]　钱宁：《现代社会福利思想》，高等教育出版社，2006。

[3]　彭华民：《社会福利与需要满足》，社会科学文献出版社，2008，第32页。

[4]　景天魁等：《福利社会学》，北京师范大学出版社，2010。

济、社会保险、社会服务等多项子系统，旨在满足社会成员不同层次的需要。正是因为在不同的社会阶段表现出来的社会需要的层次不同，所以福利制度的具体内容也不同。

然而，我们不可能在真空状态下讨论需要满足。在具体的经济社会环境中讨论需要满足的时候，要考虑现实的资源供给与约束。罗斯最早提出了"福利三角"的理论，认为福利的提供不仅仅来源于政府，还应该是政府、市场、家庭三方的总和。在此基础上，约翰逊加入了"志愿组织"，形成了政府、商业部门、志愿组织、非正规部门共同提供社会福利的"多元主义"观点。由于这类理论是对西方1970年以来的福利国家困境的一种回应，因此受到学界的重视，很多相关理论应运而生。不同的福利理论有不同的福利多元组合内容，或者在福利多元组合中对不同的部门予以强调。比如伊瓦思在罗斯的"福利三角"理论的基础上进一步分析指出，市场的价值是选择和自主，国家的价值是平等和保障，家庭的价值是团结和共有。[①]

福利需要和多元福利供给构成了福利制度的两个方面，直接决定了福利制度的实施效果，而这两者又是嵌入在经济社会环境中的，因此，通过西方社会福利制度的变迁可以看到经济社会环境——社会福利需要和供给条件——社会福利体系之间的互动。这一互动过程可以为今天的福利制度设计提供借鉴。

2. 西方福利制度变迁

西方福利制度产生于工业革命初期，迄今为止经历了以下三个发展阶段。

一是济贫与劳动保障阶段。在工业革命之前，追求幸福是个人和家庭的责任，这是因为在传统的农业社会，社会分工并不发达，个人面对的风险也较弱，因此主要靠家庭内部的合作抵御风险。然而，随着工业社会的到来，传统的生产和生活方式被瓦解，自给自足的谋生方式被社会化大生产所取代，人们在社会中面临的风险增加，传统的家庭保障功能却在减弱。西方制度化的社会福利起源于1601年的《伊丽莎白济贫法》，其应对的福利需要是工业化初期因失地和失业带来的严重的贫困问题。随着工业化的进程，工伤、失业以及人口聚集带来的公共卫生和传染病等问题严重影响着劳动力的质量，

---

① 彭华民：《社会福利与需要满足》，社会科学文献出版社，2008。

也引发产业工人的不满。19 世纪 70 年代，德国俾斯麦政府率先推出面向产业工人的社会保险制度，实施有利于劳动者的社会改良，以此作为安抚工人阶级的社会控制手段，同时通过劳动保障确保健康劳动力的持续供给。其他国家纷纷效仿，至 20 世纪初期，欧洲工业化国家普遍建立了以保障劳动者为主的社会保险，采取了改善环境卫生、预防传染病等措施。这一阶段，社会福利关注的"主要不是人类福祉的提升，而是工业资本主义的需求"①。在政府、市场、社会的关系方面，市场的自由竞争力量迅速增强，与此相伴随的是家庭、社区的衰落，即社会力量的减弱。政府的角色在于推动经济发展，并未从社会平等的角度规划社会福利。

二是以社会保障为核心的国家福利阶段。20 世纪 30 年代以来，全球经济危机和第二次世界大战带来了经济停滞、大量人口失业以及社会动荡，权利运动进一步高涨。随着经济社会发展，人们对社会福利的需要内容大为改变，需要层次逐渐提高。在国家政策层面，"凯恩斯主义"成为主流观点，认为社会福利的支出对经济发展有促进作用，因此扩大社会福利支出成为促进经济发展的"社会需要"。第二次世界大战后，英国著名的《贝弗里奇报告》就是在这一背景下出现的。该报告规划了覆盖全民的、全面的社会保障制度，被认为是欧洲"福利国家"建设的开端。从此，社会福利由济贫上升为全面的保障，由面向少数群体扩大到面向全体社会成员。由于各国历史、文化等具体情况不同，这一时期建立起来的福利制度的具体内容也各不相同，但都强调福利权是一项基本公民权，而国家承担社会福利的主要责任，因此这一阶段的特点是以社会保障为核心内容的国家福利。政府的角色得到极大强化，社会成员的平等性大大提高。但是与此同时，市场和社会在福利领域的作用相应削弱。为儿童提供的子女补贴，打破了传统的家庭赡养职能，由国家直接代替家庭向非劳动人口承担部分赡养责任。

三是以整合服务为核心的多元福利阶段。20 世纪 70 年代末以来，西方国家面临的共同背景是全球化、老龄化以及经济衰退。全球化意味着社会风险的进一步增加，而老龄化对社会的影响更为广泛，年龄结构的变化带来福利需要的结构性变化。随着经济社会发展，人的全面发展成为新的追求，福利

---

① 哈特利·迪安：《社会政策学十讲》，岳经纶、温卓毅、庄文嘉译，格致出版社、上海人民出版社，2009。

需要不再只是风险保障，而更强调如何提供适宜的社会服务。与此同时，欧美资本主义国家结束了经济发展的"黄金时期"，社会各界对福利国家的批评日盛。这些批评可以概括为：一是政府的服务素质欠佳，效率低下，官僚化严重；二是国民习惯于依赖福利金和政府服务，工作意欲弱化，自力更生精神受损；三是削弱了家庭和社区的责任；四是政客和官僚为了讨好选民，不断扩张福利和作出不切实际的承诺，造成政府超负荷；五是政府负担过重触发财务危机，公营部门规模过大浪费社会资源，不利于经济发展，亦减低了竞争能力。① 由此可见，过度强调"国家责任"的福利国家建设面临效率和团结双重危机。正是在此背景下，强调多元责任的"福利三角"和"福利多元主义"理论出现。尽管这类理论得到越来越多的认可，但是在既有的国家福利已经形成制度刚性的情况下，改革并不容易，目前大部分发达国家仍陷于福利困境中。

上述变迁可用表 7 - 1 概括如下：

表 7 - 1　西方国家的社会福利制度变迁

| 时间 | 福利内容 | 政府的角色 | 市场的角色 | 社会的角色 | 代表性制度或改革 |
|---|---|---|---|---|---|
| 工业革命初期至第二次世界大战 | 济贫和劳动保障 | 政府保障的目的是服务于经济发展，而非促进社会平等 | 市场自由竞争占主导 | 传统社会联系和社会保障削弱 | 《伊丽莎白济贫法》、俾斯麦政府的社会保险制度 |
| 第二次世界大战后至20世纪70年代 | 社会保障 | 政府承担主要的福利责任 | 市场的作用被政府挤压 | 社会的作用被政府挤压 | 《贝弗里奇报告》 |
| 20世纪70年代末至今 | 整合和改善社会服务 | 政府退出部分责任 | 引入私立部门和市场竞争 | 开始注重社区、家庭和社会组织的作用 | 撒切尔改革 |

## 三　本章的分析框架

从供需理论和西方社会福利变迁中，我们可以找到一些对中国发展社会福利有重要借鉴的经验和理论知识，以促进中国社会福利更好、更有效地服

---

① 黄黎若莲：《"福利国"、"福利多元主义"和"福利市场化"》，《中国改革》2000 年第 10 期，第 62 ~ 63 页。

务于中国人的幸福生活。我们正是从这样的思路来分析和讨论太仓的社会福利与社会现代化进程。分析框架如图7-1所示。

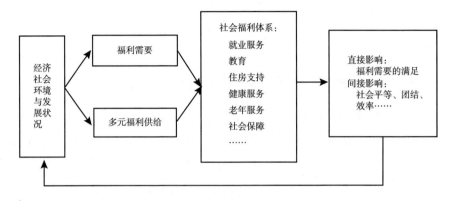

**图7-1　社会福利体系分析框架**

第一，福利需要和福利供给都是嵌入在社会环境中的，福利制度的变迁反映的是社会环境的变化，因此没有放之四海而皆准的福利模式，只有跟环境最契合的福利模式才是最恰当的福利模式。

第二，福利制度存在的目的在于满足社会成员生存和发展的需要，所以福利需要是制度设计的基础，福利需要的结构决定了福利制度的具体内容。比如工业革命初期以济贫和劳动保障为主，而老龄化社会的福利国家改革则强调社会服务的改善和整合。

第三，政府、市场、社会都是福利的提供者，从福利国家的发展过程看，三者在福利提供中的作用各不相同，而某个角色的欠缺或过度发展都会产生相应的问题。比如政府角色的欠缺会使福利资源分配不公平，而过度强调国家的角色则会带来福利依赖。

第四，社会福利制度首先是满足人的需要的手段，制度设计的直接结果是影响需要的满足程度，同时，福利供给也会间接影响到社会的整体发展，比如社会公平、效率、团结等。

## 第二节　太仓社会福利的历史与背景

我们对太仓社会福利的分析，既要借鉴西方国家的社会福利经验和理论知识，又需要从其自身乃至中国社会福利演变的历史脉络中寻找分析视角。正如上文所述，福利制度是嵌入在经济社会环境中的，因此太仓福利制度的变迁也是经济社会环境变迁的结果。这里，我们将经济社会环境分为全国福利制度变迁的外部环境以及太仓经济社会变迁的内部环境。

## 一 新中国成立以来国家整体的经济社会发展与社会福利变迁

在计划经济时期，我国实施的是"国家—单位制"的社会保障形式，其特点是国家负责、单位包办、板块分割、封闭运行、全面保障。[①] 在那个时候，几乎没有市场的生存空间，而传统社会组织或被取缔或被边缘化，社会被政府强力塑造为机关事业单位、城镇企业单位、农村集体三个相互封闭的独立板块。福利在单位和集体内部提供，看似是一种社会合作形式，但是这种社会合作形式却是在特殊的社会环境下依附于政府的，因而缺乏自主性和独立性。尽管单位和集体内部强调绝对平等，但是三个板块之间，甚至同一个板块的不同单位之间仍存在很多不平等。

改革开放以后，我国的社会福利体系发生了巨大的变化。通过国家自上而下的改革以及市场自下而上的日益渗透，单位在萎缩，集体在解体，原有的福利体系难以为继。20世纪80年代和90年代，一度出现福利的真空和断裂，引发很大的社会矛盾，呼唤着一种新的社会福利体系。在20世纪90年代，国家开始重建针对城市职工的养老保险、医疗保险以及失业保险等保障制度，其重点是服务于经济改革的劳动保障，不在体制内的城镇居民以及农村进城务工、经商人员不在这个保障范围。与此同时，国家在农村主要实施以提高农村经济发展水平为目的的扶贫开发，农村集体解体带来的集体福利丧失问题并没有被关注和解决。在这个一切以经济建设为中心的阶段，各级政府以及企业过分注重经济增长，不重视社会福利的发展，结果是，到了20世纪90年代中后期和21世纪初，经济与社会发展出现严重失衡，社会矛盾、社会问题变得越来越突出，社会出现明显的"断裂"现象。

进入21世纪，随着"和谐社会"的提出，国家开始反思过分注重经

---

① 郑功成：《中国社会保障制度变迁与评估》，中国人民大学出版社，2002。

济发展带来的经济社会发展失衡和严重的社会不平等问题。以国家为责任主体、面向全体社会成员的国家福利体系开始构建。具体表现为：在过去10年中，城乡合作医疗、农村养老保险等面向全民的社会保险制度建立，并迅速覆盖绝大部分社会成员；农村义务教育开始实施；城乡最低生活保障制度覆盖面扩大，实现"应保尽保"，保障标准也逐渐提高；很多地区开始了城乡一体化的探索；等等。在这个过程中，我们看到，国家的责任和作用越来越强，政府在福利领域承担主要的筹资责任。但是，随着财政投入的加大，社会福利逐渐呈现一个误区——片面强调政府责任，而忽视福利的多元提供。我们似乎走上西方第二次世界大战后国家福利的路径。

## 二　太仓经济社会发展与社会福利变迁

在过去的60多年中，太仓的经济发展是中国整个现代化进程中体现出的多样性的一部分，一方面不可避免地依循着国家的发展轨迹，即从计划经济向市场经济、从农业社会向工业社会、从封闭社会向开放社会转变的进程，另一方面在具体方式上呈现自身的许多特色。这就构成了太仓社会福利变迁的社会经济背景。纵观过去60多年的变化，太仓的经济社会发展可以分为三个阶段，但是其阶段划分与全国的情况有一定区别。

1. 第一阶段：新中国成立初期至20世纪90年代初

太仓在新中国成立之后也建立了与全国一致的计划经济体制，但是，与其他地区的工业化发源于城市不同，太仓乃至苏南的工业化有相当一部分在农村内生。这些社队企业始于20世纪50年代后期。从20世纪70年代到90年代初，社队企业、村办企业、乡镇企业的数量、职工数、产值一度占据了全市经济一半以上的份额。与这个过程相伴随，太仓的城市化不仅仅是城市范围向郊区和农村扩展，更是农村乡镇的就地城市化；一直到20世纪90年代乡镇企业改制之前，太仓农村一直有集体经济的基础，村集体并没有像其他地区一样随农村改革而迅速瓦解。

在福利领域，与全国其他地区类似，太仓建立了以村"集体"和城市"单位"为依托的"单位制"福利。在城市的机关、企事业单位建立了内容全面的劳动保险福利，部分国营单位实施劳动保险，国家机关和事业单位实施公费医疗，对部分未成年子女实行儿童统筹医疗，企业自建集体宿舍，较大的工厂开办职工保健室、浴室、理发室、妇女卫生室、托儿所等，少数企业在外地自办疗养院等。但是，计划经济时期国营企业和城市人口的比例都较小，绝大部分太仓人口是农业户籍人口，享受的是以农村集体经济为依托的农村社区福利。集体经济用于福利的开支主要包括路桥等基础设施建设、公共卫生、农村合作医疗、"五保户"和经济困难人口救济等。

改革开放初期，农村集体经济并未解体，因此，所有的农村集体福利都得以延续。以合作医疗为例，1985 年，全县有村办合作医疗 317 个，乡镇办企业合作医疗 7 个，参加合作医疗的共 309487 人，占农业人口总数的 82%，其余农民大多是县、乡企业的合同工，享受企业的劳保医疗待遇。此外，教育经费是以财政为主，以学杂费和地方集资作为补充，财政部分是由县和乡镇两级财政共同负担，以乡镇为主。无论是老"赤脚医生"、老村干部还是卫生局的干部都认为合作医疗之所以延续下来，集体经济是主要原因。"合作医疗之所以延续下来了，关键的一点是乡村医生队伍是稳定的，没垮，如果村卫生室全部变成私人诊所，农村合作医疗肯定就垮了。而乡村医生没垮的原因又在于村里有集体经济和集体收入的支撑。当时乡村医生享受村一级副职干部待遇，和妇女主任、民兵营长都是同等待遇的，基本收入是村集体支付的。"1984 年，全县"赤脚医生"人均收入 710.35 元，比农村人均收入高出 3.24%。得益于与当时需求相契合的卫生制度，1985 年全县有六个项目（居民享受初级卫生保健、计划免疫、接产和婴儿护理、儿童营养、婴儿死亡率、平均期望寿命）达到世界卫生组织规定的"2000 年人人享有初级卫生保健"的千年目标①。

2. 第二阶段：20 世纪 90 年代中后期的乡镇企业改制和招商引资时期

20 世纪 90 年代中期开始，"苏南模式"经历了转型，一方面是以产权制度和经营机制改革为核心的乡镇企业改制，另一方面是县、乡镇、村各级的积极招商引资。乡镇企业的数量和地位大大削弱，外资、台资、港资等企业以及本地的私营企业占据经济主导。转型进一步的影响是，农村集体经济

---

① 《太仓县志》，江苏人民出版社，1991。

收入大幅度下降。因此，政府通过"并村"政策，在一定程度上维持农村集体经济实力。在城市，与全国的情况一致，经济改革向纵深发展，传统的"单位制"被打破，"单位人"变为"社会人"。

在社会福利领域，城市逐渐建立了面向正规就业者的各项社会保险制度，比如城镇职工养老保险、城镇职工医疗保险、失业保险等。但是在农村，面临的却是集体经济基础的日趋薄弱。因此，从福利上来看，政府提供的劳动保障并未延伸到农村，依赖"弱村"并到"强村"后农村集体仅有的微薄经济基础，农村的社区福利得以维持。尽管福利的绝对水平没有下降，甚至在某些方面有些许改善，但是与当时的经济发展水平和人们收入的增长水平相比，农村的福利水平是远远滞后的，基本上起不到保障的作用，更谈不上促进社会公平和社会成员发展。

3. 第三阶段：21 世纪至今

进入 21 世纪，招商引资成为太仓经济发展的主要推动力，其范围向村庄扩展。越来越多的农民拆迁"上楼"，集中居住。同时，太仓政府也在大力推进"城乡一体化"，城乡差距进一步缩小。农村集体的主要收入来源由过去的经营企业转变为兴建和出租厂房，收入迅速增长。目前太仓村集体年均收入超过 500 万元。

在国家的整体政策框架下，新型农村合作医疗、城市居民医疗保险、城乡最低生活保障制度、农村新型养老保险等制度先后建立，覆盖全部户籍人口的社会保障制度框架已经形成，而且其管理水平和保障水平都走在全国前列。在大规模的征地拆迁过程中，太仓实行"土地换保障"和"宅基地拆一还一"的方式，保障和补偿水平相对较高，因此征地拆迁的过程比较平稳，没有引发较大的矛盾冲突。这一阶段社会福利的最大的特点就是原有"社区福利"和国家福利的此消彼长。由于已有的农村社区福利已经滞后于经济社会发展，同时征地拆迁更加大了社会保障需求，因此政府开始介入农村，替代"村集体"作为社会福利的主要提供者。尽管这一时期村集体收入增加，重新具备了提供社区福利和服务的能力，但是这些集体资源极少用于集体福利，甚至由于部分福利责任转移到了政府身上，村集体的福利责任在减少。福利内容和提供的具体情况见下文。

综上所述，纵观太仓过去 60 多年的经济社会发展可知，其工业化和经济转型是社会变迁的主轴，与之相伴随的是独特的城市化和村庄集体经济变迁过程，这三个过程决定了太仓特有的社会福利变迁过程（见表7-2）。

表7-2　太仓经济社会发展与社会福利变迁

| 时间段 | 工业化和经济转型 | 城市化 | 基层组织形式和资源 | 社会福利供给 | 社会福利内容 |
|---|---|---|---|---|---|
| 新中国成立初期至20世纪90年代初 | 计划经济和乡镇企业崛起 | 农村人口职业结构由农业向工业转变 | 以传统农业和乡镇企业为基础的农村集体经济 | 农村社区福利和城市"单位"福利 | 基础设施、公共卫生、初级健康保健、生活救济 |
| 20世纪90年代中期至末期 | 乡镇企业改制和招商引资 | 小城镇发展 | 集体经济仍然存在，但基础日趋薄弱 | 城市劳动保险和农村社区福利 | 城市：劳动保险；农村：与上一阶段类似 |
| 21世纪初至今 | 农村地区纳入工业发展统一规划 | 城乡一体化和乡村的就地城市化 | 以出租土地和厂房为基础的村集体资源迅速积累 | 社区福利和国家福利此消彼长 | 现代意义的社会保障 |

## 三　太仓的经济社会现状

如上文所言，社会福利是嵌入在客观环境中的，因此在设计整体规划前，首先要对相关经济社会环境进行分析，以对福利需求和供给情况有更好的把握。

第一，太仓的经济发展水平很高，产业结构以第二产业为主。2004年，太仓社会经济综合发展水平名列全国百强县（市）第十位。如表7-3所示，太仓的人均地区总收入远高于全国平均水平，且高于中等偏上收入国家的平均水平。从产业结构看，无论产值还是就业人员，第一产业占比已经非常低，产值占比已经低于中等偏上收入国家，接近世界平均水平和发达国家的水平，就业人员比例也接近发达国家水平；第二产业占比非常高，产值超过一半，就业人员也接近一半，产值和就业人员占比都远高于中等收入国家，也远高于全国的平均水平；第三产业的产值和吸纳的就业人员比例不高，有较大的发展空间（见表7-3、表7-4）。

表7-3 太仓经济发展指标与全国和世界情况比较

| | 人均国民/地区总收入(美元) | 第一产业占比(%) | 第二产业占比(%) | 第三产业占比(%) |
|---|---|---|---|---|
| 太仓 | 16206 | 3.7 | 57.4 | 38.9 |
| 中国 | 4283 | 10.2 | 46.8 | 43.0 |
| 世界平均水平 | 8613 | 3.0 | 28.0 | 69.0 |
| 中等偏下收入国家 | 2078 | 13.7 | 40.8 | 45.5 |
| 中等偏上收入国家 | 7878 | 6.0 | 32.6 | 61.4 |
| 高收入国家 | 39345 | 1.4 | 26.1 | 72.5 |

注：国际数据来源于国家统计局网站，http：//www.stats.gov.cn/tjsj/qtsj/gjsj/2009/；全国数据来源于国家统计局网站，http：//www.stats.gov.cn/tjgb/ndtjgb/qgndtjgb/t20110228_402705692.htm；太仓数据来源于太仓政府网，http：//www.taicang.gov.cn/art/2011/3/14/art_6161_109461.html。太仓和全国的"人均国民/地区总收入"是人民币收入按目前的汇率折算的，由于数据来源不同，统计口径也可能存在差异，本表不苛求精确，只反映大致情况。

表7-4 按产业类型划分的就业构成

单位：%

| | 第一产业 | 第二产业 | 第三产业 |
|---|---|---|---|
| 美 国 | 1.5 | 20.8 | 77.7 |
| 德 国 | 2.3 | 29.8 | 67.8 |
| 英 国 | 1.3 | 22.0 | 76.4 |
| 加拿大 | 2.6 | 22.0 | 75.3 |
| 日 本 | 4.3 | 28.0 | 66.6 |
| 韩 国 | 7.7 | 26.3 | 65.9 |
| 巴 西 | 19.3 | 21.4 | 59.1 |
| 墨西哥 | 14.1 | 27.4 | 57.8 |
| 中 国 | 38.1 | 27.8 | 34.1 |
| 苏 州 | 5.7 | 60.0 | 34.3 |

注：国际数据来源于国家统计局网站，http：//www.stats.gov.cn/tjsj/qtsj/gjsj/2009/；全国数据来源于国家统计局网站，http：//www.stats.gov.cn/tjsj/ndsj/2010/indexch.htm；苏州数据来源于《苏州统计年鉴2010》。

第二，在城乡结构方面，太仓最显著的特征是从城乡"二元"社会向城市"一元"社会快速变迁。根据太仓统计公报的数据，2010年末太仓户籍人口46.89万人，其中农业户籍26.61万人，非农业户籍20.28万人。但是从劳动力构成上看，务农人口只有5.7%。同时，太仓正在向现代化农业和农业机械化稳步推进，农业吸纳的就业人口必然越来越少，农村不再是过去的社会结构。综合上述情况和数字，太仓的城市化率和工业化水平都相当高，城乡社会结构差距较小，整个社会结构处于从城乡二元结构向城市一元结构转化的过程中。

第三，在阶层结构方面，太仓的显著特点是为数众多的外来人口的存在。根据太仓2010年的统计公报，2010年末太仓户籍人口是46.89万人。根据太仓第六次人口普查公布的数据，全市常住人口是71.2万人。从这两组数据分析，外来人口的数量应该在24万以上，占全部人口的1/3以上，年龄结构上也以青壮年为主。

第四，在人口年龄结构方面，太仓的人口老龄化程度非常严重。根据公布的第六次人口普查的数据，太仓全市常住人口中，0～14岁人口为69261人，占人口总数的9.73%；15～64岁人口为563318人，占人口总数的79.11%；65岁及以上人口为79490人，占人口总数的11.16%。同第五次人口普查公布的数据相比，0～14岁人口的比重下降3.37个百分点，15～64岁人口的比重上升4.35个百分点，65岁及以上人口的比重下降0.99个百分点。① 一般认为，一个国家或地区65岁及以上老年人的比例超过7%，即意味着进入了老龄化社会。如表7-5所示，太仓65岁及以上人口的比例已经达到11.16%，超过全国平均水平，老龄化程度比较严重。从整体年龄结构上看，太仓15～64岁的劳龄人口比重较高，这应该是因为太仓吸纳了大量外来劳龄人口。如果排除掉这个原因，太仓户籍人口的老龄化更严重。据民政局的介绍，太仓户籍人口46.8万，60周岁以上的老龄人口11.4万，占户籍人口的24.36%。

表7-5　太仓人口年龄结构与全国情况比较

单位：%

| | 0～14岁人口比重 | 15～64岁人口比重 | 65岁及以上人口比重 |
|---|---|---|---|
| 太仓 | 9.73 | 79.11 | 11.16 |
| 全国 | 16.60 | 70.14 | 8.87 |

注：太仓和全国数据均是第六次人口普查数据，全国数据来源于《2010年第六次全国人口普查主要数据公报（第1号）》，国家统计局网站，http://www.stats.gov.cn/tjgb/rkpcgb/qgrkpcgb/t20110428_402722232.htm。

---

① 《太仓市2010年第六次全国人口普查主要数据公报》，太仓市政府网，http://www.taicang.gov.cn/art/2011/6/7/art_4062_117101.html。

第五，太仓的财政基础和社区经济基础都比较雄厚。根据太仓统计公报的数据，2011 年，太仓全年完成财政收入 226.45 亿元，比上年增长 25.8%；全市村级集体资产 30.2 亿元，村级平均可支配收入 508 万元，分别比上年增长 18.4% 和 25.1%；地区生产总值是 867.53 亿元，按可比价格计算，比上年增长 13.0%。从这些数据可以看出，太仓的财政收入和村级可支配收入不仅水平很高，而且这两项的增长率都远远超过地区生产总值的增长率。

第六，在家庭功能方面，一方面是原有的家庭传统传承了下来，另一方面是家庭自我服务的能力下降。尽管太仓的经济发展水平比较高，且老龄化程度比较严重，但因为中国传统的家庭文化在太仓的延续，成年子女大部分跟父母住在一起，四代同堂甚至五代同堂的家庭很多，老人入住养老院的比例并不高。但是近十年来却面临越来越大的冲击，主要包括以下几个方面的原因：一是太仓计划生育政策执行得较好，人均寿命达 81 岁，高龄化伴随着少子化，目前非常普遍的现象是一对年轻夫妻上面有四位低龄老人，以及八位高龄老人，过去依靠家庭满足经济保障和家庭照护的情况已经无法持续；二是农村拆迁以前的户均面积大都在 200 平方米以上，但是集中居住后，往往被分为几套单元房，无法几代共同居住；三是越来越多的年轻人将生活中心转移到城区，在城区买房，与父母分开居住，导致太仓近几年也开始出现农村空心化加剧的趋势。

第七，社会组织尤其是专业服务类的社会组织发育不足。在目前登记注册的社团组织中，几乎没有专业的社会服务组织。与专业社会组织发育不足相关的是专业服务人员极其缺乏。

综上，较高的经济发展水平意味着人们对社会福利的需求层次的提高。老龄化、外来人口人数众多以及就业人口主要集中在第二产业是决定太仓社会福利需求的最重要的三个因素，这是社会转型过程中产生的太仓特点，意味着在一般的福利制度设计基础上，要特别注意老年人、外来人口、产业工人这三类群体的福利需要，注意这些群体福利需要的满足有可能对其他群体甚至整个社会的发展产生的影响。潜在的福利资源方面，家庭传统的存在是宝贵的福利资源，但是家庭的福利能力是不足的，需要社区和政府予以支持。在较高的经济发展水平下，雄厚的财政实力使得太仓政府有能力建立内容全面、覆盖广、水平较高的社会福利体系。一直以来，太仓农村集体的保持与发展，尤其是近十年来集体资源的迅速增长，都为农村社区福利提供了组织和资源基础。但是，专业社会组织发育不足会阻碍专业的社会服务的发展。

## 第三节　太仓目前福利需要与满足情况

按照具体的福利内容分类，社会福利可以分为就业和经济保障、健康服务、老年服务、教育、住房支持等，这些方面基本需要的满足，是社会福利的主要目的。

### 一　健康需要

从我们的问卷调查情况看，首先，被访者的健康自评状况比较好，在1229 名被访者中，有 787 名被访者认为自己没有任何健康问题，占全部被访者的 64%。在所有健康问题中，患慢性病的比例最大，占被访者的23.2%，其次是经常生小病的，占被访者的 13.5%（见表 7 - 6）。

表 7 - 6　被访者健康状况自评

单位：%

|  | 是否患严重复杂疾病 | 是否患慢性病 | 是否经常生小病 | 是否行动不便 | 是否有其他健康问题 |
|---|---|---|---|---|---|
| 是 | 3.9 | 23.2 | 13.5 | 2.5 | 4.8 |
| 否 | 95.2 | 75.5 | 85.4 | 96.7 | 93.8 |
| 不适用 | 0.5 | 0.7 | 0.6 | 0.8 | 0.8 |
| 缺失 | 0.4 | 0.6 | 0.5 | 0.0 | 0.6 |

其次，在被访者的就医选择中，患小病时首选镇村两级或社区卫生机构的占 51%，说明公立的基层医疗机构仍是患者就医首选。有 31% 的被访者选择市（县）级医院甚至民营医院和外县市医院，说明公立基层医疗机构的吸引力仍待加强。被访者患大病时首选市（县）级医院的分布比较集中（见表 7 - 7）。有 12% 的患者会选择外县市医院，是离上海比较近的缘故，这一比例在合理的范围内，但也意味着太仓的市（县）级医院有较强的竞争对手，需要不断提高其医疗和服务水平。

表 7 - 7　被访者的就医选择

单位：%

| | 患小病时首选的医疗机构 | 患大病时首选的医疗机构 |
|---|---|---|
| 个体开业诊所 | 6.4 | 0.1 |
| 村卫生室/社区卫生服务站 | 23.8 | 0.2 |
| 乡镇卫生院/社区卫生服务中心 | 27.2 | 7.5 |
| 企业/单位卫生室 | 0.2 | 0.5 |
| 市（县）级医院 | 30.7 | 74.8 |
| 民营医院 | 0.2 | 0.2 |
| 外县市医院 | 0.2 | 12.0 |
| 其他 | 9.8 | 1.4 |
| 不适用 | 1.2 | 1.9 |
| 不清楚 | 0.1 | 0.9 |
| 缺失 | 0.2 | 0.2 |

　　尽管太仓的医疗体系建设已经走在全国的前列，但是从我们调查的情况看，被访者仍认为在医疗服务方面政府应该提供更多帮助。在最需要政府提供的帮助中，将医疗服务列在首位的被访者占 27.3%，列在前三位的共占 35.5%，远高于职业介绍、技能培训、住房等选项。有意思的是，如图 7 - 2 所示，被访者及家人最需要的医疗服务是"健康体检"，有 37.7% 的被访者选择了这项，后面依次是慢性病治疗（12.8%）、大病治疗（12.3%）、健康教育（11.0%）、小病治疗（6.8%）等。这表现出，随着老龄化和疾病谱的变化，人们的健康需求也在发生变化。同时也可以看出，随着太仓经济社会的发展，人们的健康意识正在提高。

　　综上所述，太仓的卫生体系走在全国前列，有很好的硬件和制度基础，但是受到我国卫生体系大环境的影响，健康服务与需求之间仍有较大差距，且主要集中于两个方面。其一是治疗领域的"看病贵、看病难"。我们在调查中发现，太仓百姓普遍对医药费过高、增长过快不满，认为医院行为过于逐利化，从各项医疗保障制度中得利的是医疗机构，而非老百姓。其二是现有的健康服务模式并没有随着人口结构和疾病谱的变化而相应调整。随着老

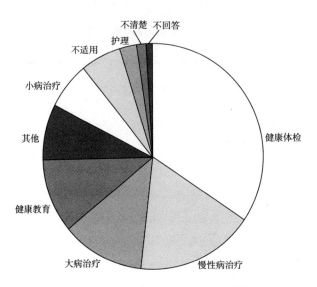

图7-2　被访者及家人最需要的健康服务

龄化的到来，慢性病和生活习惯病的比重将越来越大，同时，人们生活水平的提高意味着个人的健康意识日益加强，这些因素促使预防保健的需求大量增加。因此，我们在太仓调查时了解到，49%的被访者认为健康体检或健康教育是他们最需要的健康服务，大病治疗和小病治疗两项加起来还不足20%。但是目前健康服务体系和资源投入的重点仍集中在治疗领域，对预防保健服务的投入相对欠缺。

## 二　老年服务需要

在我们的问卷调查中，9.3%的家庭有老人或残疾人需要护理，其中绝大部分由家里人提供护理。如表7-8所示，在被访者最需要政府提供的养老支持中，首先是为老年护理提供现金补贴，其次是办社区养老机构，再次是办养老院，然后是安排护理员上门服务，最后是给家属提供护理培训。由此可以看出，社区支持的居家养老是最主要的服务需求。受太仓老龄化严重和失业率较低的双重影响，家属照顾老人的意愿和能力已经很弱，因此需要大量社区护理人员提供居家服务和社区服务。此外，中度和重度失能老人对养老院有一定的需求，因此机构养老应该作为必要的需求补充。

表 7 – 8 　被访者最需要政府提供的养老支持

单位：%

| | 最需要 | 第二需要 | 第三需要 | 总计 |
|---|---|---|---|---|
| 办养老院 | 14.1 | 3.7 | 2.6 | 20.4 |
| 办社区养老服务机构 | 17.6 | 11.3 | 3.4 | 32.3 |
| 给家属提供护理培训 | 6.0 | 7.6 | 2.8 | 16.4 |
| 安排护理员上门服务 | 3.2 | 7.2 | 6.6 | 17.0 |
| 为老年护理提供现金补贴 | 21.8 | 6.7 | 8.1 | 36.6 |
| 没想过 | 35.2 | 0.9 | 0.7 | 36.8 |
| 不适用 | 1.5 | 42.4 | 51.0 | 94.9 |
| 不回答 | 0.5 | 20.1 | 24.8 | 45.4 |

从我们访谈的情况看，老人大多跟子女一起居住，即使失能也倾向于由子女照顾，其原因一是由于传统价值观念的影响，二是受入住养老机构费用较高的限制。很多老人对未来比较担忧。随着独生子女一代陆续步入中年，他们的父母也都跨入了老年行列，未来靠儿女养老会给儿女带来很大的压力。老年人希望政府在养老方面提供支持，最希望的养老方式则是社区养老。太仓本地一位老阿姨的话比较典型。

都是独生子女，将来养老负担蛮大的。像我们这个村，一多半的年轻人都住到太仓去了，有能力的、有钱的都在太仓买房子，在太仓工作。留下的都是没钱、在太仓买不起房子的，或者是就在附近的工厂工作的。我们认为政府在养老方面应该支持的，在小区里办养老院最好，离子女近，照顾方便，环境也熟悉。

## 三　教育需要

在讨论教育体系的时候，最常见的两个角度是"教育公平"和"教育质量"，而教育的内容又可以分为基础教育、职业教育、高等教育等。从问卷调查情况看，如表 7 – 9 所示，在 30～50 岁的被访者中，本市户籍人口有 22.2% 的人为子女上学而苦恼，而外来人口的这一比例是 28.8%。

表7-9　本地人和外地人在子女上学方面的差异

单位：人，%

| | 最苦恼的事 | 第二苦恼的事 | 第三苦恼的事 | 总计 | 占该类被访者的比例 |
|---|---|---|---|---|---|
| 本市户籍人口 | 52 | 26 | 13 | 91 | 22.2 |
| 外来人口 | 25 | 7 | 2 | 34 | 28.8 |

再深入分析，在不同的教育阶段，被访者烦恼的问题是不一样的。如表7-10、表7-11、表7-12所示，从幼儿园阶段到高中和大学阶段，家长"有烦恼"的比例依次上升。在幼儿园阶段，被访者最烦恼的事是学费太贵，在这一方面本市户籍人口和外来人口的感受是一致的，外来人口的感受更强烈。在义务教育阶段，本市户籍人口和外来人口最烦恼的事都是"家长没能力辅导孩子功课"，此外，本市户籍人口还因"学校太远，接送不方便""择校困难，费用高""本地教育水平低，升学困难"而烦恼，也就是说相当一部分本市家长对附近学校不满意，不愿就近入学。在高中和大学阶段，家长的烦恼集中在"就业压力大"和"学费太贵"两方面。

通过访谈我们了解到，尽管太仓在义务教育方面很注意城乡的均衡发展，但是城乡在教育质量上的差距仍然存在。经济条件比较好的农村家庭倾向于让孩子在市区的学校就读，使很多农村学校出现生源不足的情况。学校通过吸纳外来人口子女就读提高生源，于是农村学校的外来人口比例普遍偏高，如城厢四小和新区二小的外来人口比例都超过了70%。本地家庭的家长"不希望自己的孩子和外地的小孩在一起读书"，并因此觉得"本地学校教学质量差"，给孩子转校的意愿更强。一位农村小学的校长跟我们提到：

> 我们学校的教学质量肯定不能跟城区比，但在农村小学里处于中等水平。我们生源也蛮困难的，本地家庭条件比较好的，家长都到城里买房子，小孩都到城里读书了，剩下的都是家庭条件差一些的。来打工的也是这样，我们学校外来务工子弟占到60%以上，他们的父母就是最基层的打工的，有时候我们到他们家里看，真是……出租房里面孩子的学习条件很差。

表 7 – 10　幼儿园阶段最烦恼的教育问题

单位：人

| | 学费太贵 | 幼儿园乱收费 | 本地幼儿园数量少，入学困难 | 幼儿园太远，接送不方便 | 幼儿园老师不负责任 | 幼儿园门槛高，只收特定学生 | 本地幼儿园教育水平低 | 没烦恼 | 其他 | 总计 |
|---|---|---|---|---|---|---|---|---|---|---|
| 本市户籍 | 14 | 1 | 1 | 4 | 3 | 0 | 9 | 37 | 18 | 87 |
| 外来人口 | 14 | 0 | 4 | 8 | 1 | 6 | 4 | 12 | 2 | 51 |
| 总　计 | 28 | 1 | 5 | 12 | 4 | 6 | 13 | 49 | 20 | 138 |

表 7 – 11　义务教育阶段最烦恼的教育问题

单位：人

| | 学费太贵 | 学校乱收费 | 学校太远，接送不方便 | 本地教育水平低，升学困难 | 择校困难，费用高 | 家长没能力辅导孩子功课 | 孩子放学之后无人管理 | 没烦恼 | 其他 | 总计 |
|---|---|---|---|---|---|---|---|---|---|---|
| 本市户籍 | 4 | 2 | 19 | 11 | 15 | 54 | 15 | 94 | 34 | 248 |
| 外来人口 | 9 | 0 | 7 | 12 | 4 | 18 | 0 | 19 | 8 | 77 |
| 总　计 | 13 | 2 | 26 | 23 | 19 | 72 | 15 | 113 | 42 | 325 |

表 7 – 12　高中和大学阶段最烦恼的教育问题

单位：人

| | 学费太贵 | 学校乱收费 | 本地教育水平低，升学困难 | 择校困难，费用高 | 就业压力大 | 孩子放学之后无人管理 | 没烦恼 | 其他 | 总计 |
|---|---|---|---|---|---|---|---|---|---|
| 本市户籍 | 22 | 3 | 5 | 6 | 60 | 15 | 38 | 20 | 154 |
| 外来人口 | 3 | 0 | 1 | 2 | 6 | 0 | 7 | 3 | 22 |
| 总　计 | 25 | 3 | 6 | 8 | 66 | 15 | 45 | 23 | 176 |

## 四 就业和经济保障需要

经济高速发展带来的是较高的就业率，2010 年太仓的城镇登记失业率只有 2.32%。在被问及"目前最苦恼的事"时，只有 105 位被访者选择"找工作困难"，占所有被访者的 8.6%。然而需要注意的是，"收入低"是很多被访者感到苦恼的事，共有 449 位被访者选择该项，占所有被访者的 37.0%（见表 7 - 13）。从这些数据可以看出，就业本身在太仓不是太大的问题，但是跟就业与经济保障相关的"收入低"却是需要引起重视的。

表 7 - 13 被访者目前最苦恼的事

单位：人，%

| | 最苦恼的事 | 第二苦恼的事 | 第三苦恼的事 | 总计 | 占所有被访者的比例 |
|---|---|---|---|---|---|
| 收入低 | 293 | 122 | 34 | 449 | 37.0 |
| 找工作困难 | 36 | 40 | 29 | 105 | 8.6 |

此外，从表 7 - 14 可以看出，尽管本地人和外地人都被收入低困扰，但是外地人情况比较严重，有接近一半的人有这方面的苦恼，而且情况跟本地人有一定差距。在找工作方面，本地人和外地人的问题都不大。

表 7 - 14 被访者目前最苦恼的事（分户籍）

单位：人，%

| | | 最苦恼的事 | 第二苦恼的事 | 第三苦恼的事 | 总计 | 占该类被访者的比例 |
|---|---|---|---|---|---|---|
| 收入低 | 户籍人口 | 197 | 87 | 29 | 313 | 33.9 |
| | 外来人口 | 96 | 35 | 5 | 136 | 46.6 |
| 找工作困难 | 户籍人口 | 25 | 25 | 22 | 72 | 7.8 |
| | 外来人口 | 11 | 15 | 7 | 33 | 11.3 |

## 五 住房需要

住房支持既包括使所有的社会成员有房可住，也包括其住房环境是舒适的。太仓的经济发展水平较高，自然环境也非常好，因此在环境卫生、公共设施等方面不存在太大的问题。从我们调查的情况来看，外来人口与本地人口在住房情况上有较大差异（见表 7 - 15）。

表 7 - 15　外来人口与本地人口的住房情况

单位：%

| | 外来人口 | 户籍人口 |
|---|---|---|
| 租赁私房 | 50.16 | 2.39 |
| 租赁公房 | 10.49 | 2.17 |
| 集体宿舍 | 21.64 | 0.43 |
| 自建房屋 | 2.62 | 51.14 |
| 商品房 | 8.20 | 26.38 |
| 宅基地置换房 | 0.00 | 12.49 |
| 其他 | 6.89 | 5.00 |

由表 7 - 15 可知，在被访的户籍人口中，租赁住房的比例不足 5%，住房自有率非常高。外来人口的住房是以租房为主，住房自有率只有 10% 左右。在租赁的住房中，主要以租赁私房为主，其次是集体宿舍。也就是说，在住房租赁这个领域，主要还是市场在起作用。太仓有大量外来人口，他们的私房租赁率高表明本地人口的住房是比较充裕的。与此同时，大量私房和集体宿舍通过市场出租给外地人，可以推断，出租住房是很多本地人和村（村转居）集体一个很大的收入来源。

除了住房的客观情况外，不同住房者的需求满足情况如表 7 - 16 所示。

表 7 - 16　因住房条件差而苦恼的被访者的比例

单位：人，%

| | 最苦恼 | 第二苦恼 | 第三苦恼 | 总数 | 占比 |
|---|---|---|---|---|---|
| 租赁私房 | 3 | 21 | 9 | 33 | 18.9 |
| 租赁公房 | 8 | 6 | 0 | 14 | 26.9 |
| 集体宿舍 | 4 | 4 | 3 | 11 | 15.7 |
| 自建房屋 | 7 | 5 | 7 | 19 | 4.0 |
| 商品房 | 7 | 11 | 3 | 21 | 7.8 |
| 宅基地置换房 | 1 | 1 | 0 | 2 | 1.7 |

从表 7 - 16 可以看出，住房自有的被访者一般不存在因住房条件差而苦恼的问题。对于租房者而言，住房虽然不是他们最苦恼的事，但也是主要的

苦恼之一，其中租赁公房的被访者对住房情况最不满意，超过 1/4 的被访者因住房条件差而苦恼。由此可以看出，太仓需要政府提供住房支持的比例不是很大，需求的重点在于改善租赁住房的条件。

## 第四节 太仓目前的多元福利供给

如上文所述，福利的供给主体应该是多元的，政府、社会、市场构成了"福利三角"，三者的角色不同。在太仓的社会福利提供中，这三个角色的作用都存在，但是其地位和发展程度却不相同。

### 一 政府的福利提供

政府提供福利，主要是指以财政作为筹资主体的福利制度。财政支持的福利不仅满足社会成员的福利需要，同时也是整个社会资源再分配的重要手段。如上文所言，政府的行为原则是"平等"，但是并非所有的财政福利都利于平等的实现，这要看具体的制度设计。政府除了作为筹资者之外，有时候还是社会福利的直接提供者，主要通过公立机构实现服务提供。

1. 社会保障体系建设

在养老保险领域，城镇职工基本养老保险在 20 世纪 90 年代建立。新型农村养老保险从 2003 年开始推行，从制度设计方面看，基本和"城保"接轨。农村养老保险在基金征缴、基金管理、基金增长等几个大的方面都参照城镇企业职工养老保险，就是为了便于接轨。但是目前的参保基数只是城镇职工基本养老保险的一半。城镇职工平均养老金是 1500 元，纯农民是 200～220 元，"以土地换保障"的农民是 650 元，这三项制度覆盖了 90% 以上的户籍人口。在医疗保险领域，2008 年太仓将新农合和城镇居民医疗保险合在一起，2012 年筹资标准是 500 元（两级财政贴 350 元，居民个人缴 150元），城市职工医疗保险的筹资标准是 2500～3000 元，另外还有一个太仓特色的"住院医疗保险"，筹资标准是 800 元，这三项制度覆盖了几乎全部户籍人口。在最低生活保障领域，现在城市的保障标准是 460 元，农村是 410 元。

从上述三项主要的社会保障政策来看，与全国其他地区相比，太仓的社会保障体系走在全国前列，呈现起步早、覆盖面广、水平相对较高、城乡和不同群体之间的差距相对较小的特点。但是，结合上述需求调查的情况可以看出，太仓社会保障的公平性有待提高。从上述保障标准可以看出，城乡之间不仅有较大差距，而且差距正在扩大。制度不公平是农村居民对保障制度不满的主要原因。

> 城乡一体化，就要城乡一样，我们就是"伪城市居民"，没有土地了，跟城市居民已经没有区别了。……现在的物价，让我们怎么生活?!

人保局的干部也提到了这方面的问题：

> 如果失地了是土保，没有失地的是农保，土保比农保水平高，但是比企业职工的低，而且差距在拉大。今年两会的提案中有人提出，农保水平低、土保水平低，城乡养老保险的差距越来越大。我们也注意到了这个问题，发现差距是扩大的，这是制度设计本身造成的，即使同比例增长（10%），但基数是不同的，因此，调一次，差距拉大一次。随着经济发展，保证农民有基本生活保障，靠现在的农村保险是不行的。

针对这些制度本身造成的不公平，太仓已经制订了分阶段解决的具体计划，在保障领域实现"城乡一体化"是今后的发展目标之一。然而最主要的不公平不是在城乡居民之间，而是在本地人口和外来人口之间。上述保障主要针对的是本地户籍人口，尽管制度本身对外来人口是开放的，但是外来人口的参保率并不高。从我们调查的情况看，外来人口参加本地医疗保险和养老保险的比例分别只有51%和31%。

2. 公共服务领域的财政支持和硬件投入

在医疗卫生领域，太仓的投入一直比较大。一方面是对各级医疗机构的硬件支持。太仓财政补助1.5亿元用于第一人民医院新院的建设。2008年，太仓财政花1400万元专门用于乡镇卫生院提档改造。提档改造后，乡镇卫生院的硬件设施已经远远超过一般乡镇卫生院的配置。村卫生室也提档改造成社区卫生服务站，硬件投入全部由财政负担。另一方面是公共卫生的广覆盖。公共卫生的财政筹资分为每年每人两个35元，其中35元基本公共卫生服务经费按常住人口数量筹资，35元重大公共卫生服务经费按户籍人口数量筹资。实际上，公共卫生服务方面户籍人口和流动人口是一样的。

在教育领域，太仓2006年率先实施免费义务教育，2007年通过省教育现代化建设水平评估，率先基本实现教育现代化。"十一五"期间全市教育经费总投入43.52亿元，幼儿园和学校在硬件设施上都实现了水平较高的标准化，城乡差距不大。

在老年服务领域，"十一五"以来，太仓市财政在该领域投入的重点是新建或改扩建老年服务设施，其中包括支出1.5亿元对三个镇的福利院进行改造。三个镇的福利院都是将附近原有的几个乡镇敬老院合并到一处，改造为现代化的大型养老院——"颐乐院"。每个福利院的床位都在500张左右。

3. 直接提供的福利服务

在太仓，主要的教育、医疗、机构养老三类公共服务，绝大部分是由公立机构提供的。

从基础教育到职业教育，太仓都是以公立学校为主。在幼儿教育方面，从2008年开始，同一个镇的全部幼儿园集体化，成立镇"幼教中心"。太仓的7镇3区共有10大幼教中心，下辖31所幼儿园。同一"幼教中心"里，人财物打通，师资共享互派，以此解决幼儿园服务水平参差不齐及部分幼儿园管理混乱的情况。

在义务教育方面，为了平衡城乡小学的教育质量，太仓正在实践将相似的学校组建成松散型的"教育集团"的方式，以及城区优质学校"托管"农村薄弱学校的做法，尽管这些做法还处于初步尝试阶段，还没有明显成效，但是从中可以很清楚地看出太仓教育未来努力的方向。此外，外来人口子女进入太仓公立小学就读的比例是72%，进入公立初中就读的比例是100%。在这些公立学校，外来人口子女享受跟太仓本地人完全相同的免费义务教育。

在医疗服务方面，从全国来看，在计划经济时期就形成了县医院、乡镇卫生院、村卫生室三级医疗服务网络。一般来说，县医院与乡镇卫生院都属于公立医院范畴，而村卫生室在改革开放前隶属于其服务的生产大队，改革开放后则实质上变成了自负盈亏的个体行医者。但是太仓的情况有所不同，由于农村集体经济一直存在，因此太仓的村医一直由其服务的行政村"发工资"，村卫生室一直是以集体福利的性质存在。这种情况在20世纪90年代中期发生变化。由于集体经济衰落，太仓财政开始对村卫生室提供部分支持。随着新农合的实施以及公共卫生经费等财政投入的加大，农村社区对村卫生室的控制逐渐削弱，政府和公立医疗机构的控制日益加强。目前部分乡镇已经在村卫生室建设方面开始了"乡村一体化"的试点，将村卫生室作为乡镇卫生院的派出机构，在管理上与乡镇卫生院的科室相同。一位老村医描述道：

> 以前用的药量和治疗病人量跟工资没关系。现在归医院管理了，就跟我们收入稍微有点关系了，需要根据你的营业额、门诊工作量发工资，这样就有点关系了。现在行政上乡镇管理，医疗上医院管理，工资是医院发，跟村里没有关系。……归医院管理之后，就相当于医院的一个科室了，要考核我们的利润和成本，就跟我们的收入挂钩了。以前属于村集体的时候，一点都不挂钩，都是固定工资。

村卫生室由过去对农村社区负责转向对乡镇卫生院负责，逐渐成为公立医疗系统的一部分。这样，太仓的初级卫生保健、二级医疗、公共卫生等绝大多数卫生服务全部由公立医疗系统提供。

在整个社会化的养老服务体系中，太仓主要以机构养老为主，居家养老服务和社区养老服务占的比重都比较小，仅处于尝试的初步阶段。公立机构的养老服务在整体养老服务中占绝对优势。目前太仓全市有公办养老机构9个，总床位数2715张。尽管太仓的老龄化非常严重，几个巨额投资的"颐乐院"的硬件条件也非常好，但是养老院的入住率都不高。在我们调查的时候，养老院入住率都不到60%。

4. 其他

除了上述制度外，太仓还有一些针对少数人群的福利。比如，为80岁以上的高龄者发放高龄津贴，公共设施和服务实施实行老龄优待，等等。除此之外，太仓也开始尝试政府购买居家养老服务。但是现在的购买对象只涵盖部分人群，包括百岁老人、低保户、优抚对象、劳模、归国华侨等，这类人群全市共700多人。政府购买居家养老服务的补助标准也是辅助型的，如全护理的话，一个月要近3000元，但是政府的最高补贴只有600元。由于处于起步阶段，以目前的情况看，此项福利制度的象征意义大于其实际价值，对于居家养老需求的满足是非常有限的。

## 二 社区与家庭的福利提供

家庭和社区是社会的主体，也是传统社会福利提供的主体。随着工业化和城市化，社会普遍存在的现象是家庭和社区已不再有足够的能力自我服务。农村集体经济一直是太仓的特色，太仓也一直保留着传统的家庭文化，因此农村社区和家庭一直是太仓社会福利的主要提供者。

### 1. 社区的福利提供

从计划经济时期一直到20世纪末，农村"集体"一直是太仓农村福利的最主要的提供者。原来的村庄福利包括行政村区域内的公共卫生和基础设施建设、乡村医生提供的初级卫生保健、特殊人群（比如低收入者、大病患者、高龄老人、残疾人等）的救济和福利。除此之外，乡镇企业改制前，村办企业还吸纳了很多本村人口在社区内就业。进入21世纪，农村集体的收入都大幅提高，但是村庄福利水平的提高非常有限。随着社会变迁，有些福利内容有所调整，但是更多的是政府在村庄福利领域的介入。

目前农村社区正在经历着的最大的变化是征地拆迁和集中居住，这一过程对村庄福利也产生了影响。以下是一个比较典型的拆迁后的村庄的福利构成。

1. "望病费"，按住院费用分档次：2000～10000元的补200元，1万～3万元的补300元，3万元以上的补500元；

2. 特困户及困难户照顾，500～1000元；

3. 养老金，分年龄段：60～69岁的150元，70～79岁的170元，80～89岁的230元，90岁以上的350元；

4. 居民医疗保险，个人部分150元，其中，社区补贴140元，个人交10元；

5. 意外险，60岁以上有股份制的，个人只交10元钱；

6. 五保户救济金；

7. 计划生育费；

8. 义务兵、复退军人慰问金；

9. 其他：有线电视、老年手机、购年历、天然气安装（每户1000元）……

2011 年，所有这些福利支出总计 247 万元，占村集体全部收入（1141 万元）的 21.6%。在拆迁后的所有村庄中，用于村庄福利的支出内容以及福利支出占总收入的比例，都跟上述这个村庄没有太大差异。与拆迁之前比较可以看出，村庄不再承担公共卫生、基础设施以及村医开支，这是因为在"村改居"的集中居住区，基础设施建设与城区一样由政府财政开支，村卫生室也转变为社区卫生服务站，人员经费列入财政统一预算。比城市更为优越的是，居住区的物业费也由财政代缴。上述几项的筹资责任人由村庄转向政府，大大减轻了村庄集体经济的负担。

村庄福利是跟村庄经济支出有关的。村庄还承担一些新的就业支持和公共服务职责，这也跟"农转居"的改变相关。拆迁征地对农民最主要的影响是失去土地这一主要的收入来源和经济保障，政府主要是"以土地换保障"的形式提供养老保障，但是保障的水平有限。失地农民，尤其是在劳动力市场处于劣势的老年农民，还面临收入减少的问题。因此，社区开始创办劳务合作社、物业公司等，支持社区的低龄老年人就业。东林社区是最早的实践者。如东林社区主任所言：

> 针对老百姓原来靠种地为生，把土地收走后没有收入来源的情况，我们成立了劳务合作社，再加上我们的物业公司、保洁公司、合作农场，我们用的人都是本村的老百姓。通过这些渠道，解决本村 450 人左右的就业。基本上都是 50 岁以上。我们安置了这么多人就业，从政府的角度说，我们为太仓社会稳定作出了巨大贡献。

东林社区的劳务合作社主要是给政府和企业提供绿化、河道养护、街道卫生等服务。政府也意识到这是提高失地农民收入、维护社会稳定的有效举措，因此大力支持，优先从劳务合作社和社区自己成立的物业公司购买服务。社区本身不仅需要对劳务合作社和物业公司等进行经济投入，相反可以从中获得收入，社区低龄老年人也获得了工作机会和收入。

但是，政府购买物业服务和政府进行村庄基础设施建设只适用于征地的"农转居"社区，未征地村庄的支出还需由村集体承担。以万安村为例，2011 年修路、桥、水渠的费用是 50 万元，疏通河道的费用是 20 万元，保洁员、辅警等人员补贴支出 30 万元。此外，原有城市社区的状况也比不上

"农转居"社区。城市社区没有任何可以用于投资的社区资源，所有工作经费全部来源于上级财政，因此根本谈不上利用社区资源给居民自主地提供福利，同时居民的物业费也不存在政府埋单的情况。

在社区提供的福利方面，我们可以看到，村庄在外部环境变化时自主调整社会福利供给，这些情况表现出社区在应对社会变迁和福利需要变化时的针对性和灵活性优势。但是在这个过程中需要考虑的是，政府在社区福利领域的介入对不同类型社区带来的公平性问题。政府对于公共服务的筹资责任应该承担到什么程度，或者说政府责任的边界在哪里，目前的这种筹资责任在未来实现城乡公平的情况下是否具有财政可持续性，这些问题都需要引起重视。

2. 家庭的福利提供

在传统社会，绝大多数福利都是家庭自我提供的。目前，我国家庭仍是福利提供的主体。但是从发达国家和我国少数大城市的发展来看，家庭的作用在日渐萎缩，与之相伴随的是家庭传统文化的削弱。

但是太仓却保持了家庭传统。家庭是儿童和老年人照顾的提供者。在太仓的传统观念中，老人"不送养老院的，人家听到不好听的"。如果家庭有能力照顾老人的话，还是尽量将老人留在家里照顾。因此太仓三个"颐乐院"尽管硬件条件很好，收费也不高，但是入住率都只有60%左右。而在家庭中，提供照顾服务的家庭成员主要是低龄老年妇女，她们下要照顾未成年（外）孙子女，上要照顾高龄公婆（父母）。尽管养老保险的覆盖在收入上对于老年人家庭有所帮助，但是就这些提供家庭照顾的低龄老年妇女来说，压力还是非常大的。

## 三　市场的福利提供

太仓现有民营医院有4所，门诊部、口腔诊所、中医诊所等总共20家左右。民营医院的床位数是270张，占所有床位数的8.9%。太仓的幼儿园有33所，其中31所公立，2所民办。小学只有8所民工子弟小学是民办的。太仓有民办养老机构1个，床位数400张，占所有床位数的12.9%。从以上数据可以看出，无论教育、医疗，还是养老，民办机构的数量都不多，只是作为公办机构的补充而存在。而且，无论民办医院和小学职工的水平、待遇，还是社会地位，都跟公立机构有一定差距。一位民办小学老师说：

公办学校的工资体现了国家对教育的重视。我们是不可能的，他们的钱是国家支付的。……出去开会就有感觉，别人都是公办的，我是民办的，别人是正规军，我们是土八路。

但是太仓已经开始采取措施支持这些民营机构的发展，从未来的发展方向看，它们将会获得更多的支持。

在我们调研过程中，一位卫生局干部说：

民办医疗机构基本上都是外地的，外地人投资，医护人员有本地的，也有外地的，外地人居多。民营医院都纳入医保，他们从生存方面没有问题。……鼓励和引导社会资本进入医疗领域，主要是康复、护理、口腔等相对薄弱和特殊的领域，也鼓励大型的医疗机构进入。

某民工子弟小学校长介绍说：

学校在电脑、复印机、投影仪等硬件设施方面得到了不少资助，其中不少是政府直接拿出来、社会资助、公办学校调整出来的硬件。

## 第五节　总结与展望

从上述对太仓现有社会福利体系的分析可知，太仓在过去的十年中对社会福利的财政投入非常大，社会福利建设走在全国前列。太仓取得的部分荣誉称号包括全国首批初级卫生保健达标县（市）、江苏省社区卫生服务先进市、江苏省"全国亿万农民健康促进行动"示范市、全国老龄工作先进单位、全国和谐社区建设示范市、全国民政工作先进市、全国救助管理规范化单位、江苏省教育现代化建设先进市、全国区域教育发展特色示范区、江苏省高中教育先进市、江苏省幼儿教育先进市、江苏省师资队伍建设先进市、江苏省义务教育均衡发展先进市、江苏省全面实施素质教育先进市等。

根据太仓目前的资源投入重点及社会福利的主要内容，太仓的社会福利建设应该是处于"经济保障"阶段，类似于发达国家第二次世界大战之后的情况。一方面，建立了面向全体社会成员的社会保障体系，跟全国其他地区相比，太仓社会保障的起步早、覆盖广，保障水平和管理水平都相对较高；另一方面，在这个过程中，特别强调政府在福利提供方面的责任。应该说，太仓这些年的社会福利建设为缩小太仓的收入差距、维护社会稳定以及促进居民的安居乐业起到了巨大作用。

"经济保障"对社会成员而言是风险保障，对整个社会而言是通过收入再分配促进社会平等，它的责任主体一般是政府。但是从需求调查和制度分析的情况来看，目前社会保障体系在平等方面还有一些制度缺陷，比如城乡养老保险水平的差距、本地人和外地人在各个具体保障领域的差距等。不过无论从访谈，还是从现有文件和规划来看，太仓已经意识到了这方面的问题，并且已经将其列入未来的规划予以重点解决。

那么太仓目前以"经济保障"为核心的福利制度是否契合福利需要呢？我们通过调查发现，太仓的福利需要主要包括以下几个方面：太仓的经济发展水平已经远远超过中等偏上收入国家的平均水平，社会成员的需求已经从温饱转向生活品质的提高，甚至自身的全面发展；生活水平的提高和疾病谱的变化，使得主要的健康服务需求转向健康检查、健康教育等健康保健服务；较高的老龄化水平意味着有大量的老年服务需求，从调查情况看，经济补贴和社区养老的需求最为迫切；太仓的发展离不开数量庞大的外来人口，他们在太仓居住和生活，和本地人面对同样的社会风险，由于他们原有的资源更少，因此需要平等的甚至更多的社会保障和社会服务，比如住房；第二产业产值和就业人口占据主导一直是太仓的特点，进行有针对性的就业培训和创业支持是非常必要的……

通过上述对福利需要的分析可以看出，以太仓目前的社会发展状况，社会福利的核心需要已经不是"经济保障"，而是以提高人们的生活质量及满足社会成员的多方面需要为核心的"社会服务"。结合发达国家福利制度的发展可知，市场和家庭、社区、社会组织在服务提供方面有各自的优势，市场可以促进效率的提高，家庭、社区、社会组织在福利提供方面的发展不仅更能迎合需求，还可以减少社会资源投入，促进社会团结。在"社会服务"为核心的福利模式下，更加需要强调政府、市场、社会三方力量的合作和共同发挥作用。

太仓的传统是政府的力量一直比较强，在过去十年的社会福利发展中，政府的责任全面扩大。政府在社会福利中承担一定的筹资责任是非常必要的，但是如果过多地介入社会服务的提供则会适得其反。因此，太仓目前福利模式转化的困境在于社会和市场的相对弱势：专业社会组织发育不足；社区在福利体系中的作用比较弱；家庭能力不足且未得到重视和支持；市场只起到了很微弱的补充作用。尽管之前太仓社会福利取得了很大的成就，但是如果没有完成必要的转型的话，很有可能会重蹈西方福利国家的覆辙。

从下面这段对某卫生院院长的访谈可以看出，政府对服务干预过多可能造成"吃力不讨好"的后果。

> 现在政府的确想拿点钱出来为老百姓做一些事情，但效果却比较差。实际上，像基本公共服务方面，政府不要过多地干预，让老百姓自己去选择。如果老百姓手中有张卡，让老百姓自己去选择，那么没有一家医院会做不好的，不做就没有钱。服务态度、服务质量、服务内容都会想办法去提高。我们一年突击做这么多的事情，很累很累的，但是老百姓满意不满意呢？不一定。政府感觉不错，一年一年做了这么多的事情，但是老百姓的想法是很多的，我们也有很多想法。不一定要把区域划得这么紧，老百姓愿意到哪里去就到哪里去，方便什么时候去就什么时候去。比如说上门服务，如果让我们医院的人拿上POS机去老百姓家，服务之后老百姓插上卡，基本公共服务费从卡上就可以划掉，那么，医院的人一定跑得比谁都快。

事实上，"经济保障"型福利是"社会服务"型福利的基础和必经阶段。太仓过去十年的福利建设已经为未来的福利模式转变奠定了必要的基础，未来的发展方向是建立以"社会服务"为核心的"多元普惠式"的社会福利模式。"多元"意味着社会福利的提供者既包括政府，也包括市场、社区、社会组织以及家庭；"普惠"意味着所有社会成员都能平等地享受社会福利，且是有适用性和针对性的福利，即真正从社会福利体系中受惠。

**参考文献**

哈特利·迪安：《社会政策学十讲》，岳经纶、温卓毅、庄文嘉译，格致出版社、上海人民出版社，2009。

黄黎若莲：《"福利国"、"福利多元主义"和"福利市场化"》，《中国改革》2000 年第 10 期，第 62～63 页。

景天魁等：《福利社会学》，北京师范大学出版社，2010。

马斯洛：《自我实现的人》，许金声、刘锋等译，生活·读书·新知三联书店，1987。

詹姆斯·米奇利：《社会发展——社会福利视角下的发展观》，苗正民译，格致出版社、上海人民出版社，2009。

庞元正、丁冬红主编《当代西方社会发展理论新词典》，吉林人民出版社，2001。

彭华民：《社会福利与需要满足》，社会科学文献出版社，2008。

彭华民：《西方社会福利理论前沿》，中国社会出版社，2009。

钱宁：《现代社会福利思想》，高等教育出版社，2006。

童星：《发展社会学与中国现代化》，社会科学文献出版社，2006。

陆学艺、浦荣皋主编《苏南模式与太仓实践》，社会科学文献出版社，2009。

郑功成：《中国社会保障制度变迁与评估》，中国人民大学出版社，2002。

# 第八章
# 社会现代化及其测量

## 第一节 引言

从农业社会到工业社会，社会在各个层面上都发生了本质性的变革。不同的国家、不同的地区由于传统文化和经济发展路径不同，即便在同样的经济发展阶段，社会现代化的水平也有差异。为了更清晰地认识社会现代化的程度，西方社会学研究从 20 世纪 70 年代开始就利用指标体系来评估社会发展程度，指导社会政策制定，引领社会发展发向。本章的目的就是探讨在太仓经济发展已经达到一定水平时，社会现代化应该如何建构，应该采用什么样的科学指标体系来反映一个县级市社会现代化所达到的程度与水平。

对社会现代化进行具体测量，首先需要解决的是社会现代化的内涵到底是什么，在一个具体的社会空间和时间范畴内，社会现代化具体应该包含哪些内涵。从社会学对于现代化的关注脉络来看，从古典社会学家孔德到现代社会学家帕森斯都是在对传统社会与现代社会进行对比研究中阐释现代社会的典型特质。在帕森斯看来，现代社会与传统社会的最大区别在于社会组织原则的不同。美国学者列维比较了"现代社会"与"非现代社会"的特点，总结归纳了现代社会组织原则的八个特征，包括：①现代化社会的各种组织的专业化程度较高；②各种组织相互依存，功能是非自足的；③伦理具有普遍主义的性质，而不是由家庭或亲属关系决定的个别性；④国家权力是集权而不是专制；⑤社会关系是合理主义、普遍主义、功能有限和感情中立；⑥具有发达的交换媒介和市场；⑦具有高度发达的科层（官僚）组织；⑧家庭是小型化的，家庭功能较少。① 丹尼尔·贝尔教授将工业现代化理论进行发展，提出"后现代社会"中轴理论。丹尼尔·贝尔教授认为，后工业社会中有5个组成部分对社会至关重要。①经济方面：从产品生产经济转变为服务性经济；②职业分布：专业和技术人员阶级处于主导地位；③中轴原理：理论知识处于中心地位，它是社会革新与制定政策的源泉；④未来的方向：控制技术发展，对技术进行鉴定；⑤制定政策：创造新的"智能技术"。②

从经济学对社会发展的研究脉络看，经济学更加关注个人的实质福利。随着工业化进程的不断演进，人们面临的社会风险越来越大，而政府的原有职能必须进行必要的改革、创新和调整，以满足工业社会的发展需要。德国的社会保险法是工业化社会的一个经典例证。18世纪，德国因工伤、失业、疾病问题积聚了严重的社会矛盾，因此，不得不采取社会保险制度来缓解工业社会的问题，这种方式被后来的许多工业化国家效仿。国家在工业化过程中越来越多地扮演着维护社会公平、提供社会服务、缓解社会压力的角色。经济学家阿马蒂亚·森建立了一套论证现代化的理论框架。他认为，"社会发展是扩展人们真实自由的过程"③。狭隘的发展观包括个人收入的提高、工业化、技术进步、社会现代化等，但这些只是属于社会发展的工具性范畴，最终是为人的发展、人的福利服务的。阿马蒂亚·森在《以自由看待发展》中提出了五种重要的工具性自由，即政治自由、经济条件、社会机会、透明性担保以及防护性保障，他进一步将这一理念发展为"人类发展指数"，作为评判一个社会发展的根本标准。

综合这些经典的现代化理论，我们可以梳理一下不同学者对于社会现代化的一些共识性看法，以构成我们在实证研究中需要关注的重要议题。

第一，现代化的社会结构变复杂了，其核心问题是社会组织原则的变化。与传统社会的家庭、家族组织方式相比，现代社会的组织方式内生于社会的职业分化。首先，在科学和技术的不断助推下，现代化的社会分工会越

---

① Levy, M. J., 1966, *Modernization and the Structure of Societies*, Vols. I and II, Princeton: N. J.: Princeton University Press.

② 丹尼尔·贝尔：《后工业社会的来临——对社会预测的一项探索》，高铦等译，新华出版社，1997。

③ 阿马蒂亚·森：《以自由看待发展》，任赜、于真译，中国人民大学出版社，2002。

来越专业化，人们的就业结构从单一的农业向多元的非农就业模式转型；其次，掌握科学和技术的专业化中产阶层将成为社会的主要阶层，主导社会的发展和进步；再次，随着人们生活水平的提升，人们的就业结构从传统的以经济增长为主导的工业向以满足人们生活需求为主导的服务业转型。也就是说，社会服务业将逐渐与工业并列成为现代社会经济的两大产业主体。

第二，从社会联系上看，现代化的工作模式更多的是在法人团体中实现，而不在家庭、住所或社区中进行。人们的社会联系超越家庭，需要在社区、社会组织、社会单位中建立新的联系方式。在现代社会中，虽然从经济发展水平和社会分工层面上看，社会的进化程度是一步步在提高，但社会学家们和社会心理学家们对社会团结的看法并不乐观。涂尔干（也译作迪尔凯姆）认为，"随着现代化水平的加深，个人的经济能力获得了稳步的提升，个人独立、自主的观念越来越深化，而越是这样，人们越感觉到孤独，个人越从群体里面脱离出来"[1]。西方著名社会心理学家弗洛姆指出："西方世界的整个社会、经济发展的目标是：舒适的物质生活、相对平均的财富分配、稳定的民主和持久的和平；但是，正是最接近这个目标的国家表现出了严重的精神不平衡的症状。……这些资料就提出了一个问题：关于我们的生活方式及我们的奋斗目标，是否存在某些根本性的错误？"[2]

第三，从社会价值上看，现代社会注重自由、平等和效率。市场机制在资源配置效率上的优势已经被经济学家所认可，但是与"效率"相对应的概念是"公平"，市场在发挥自由竞争的功能时，确实也将一些弱势群体排斥在主流社会之外。在保持市场机制的同时，要注意维护社会的公平。发达国家在市场化和城市化的过程中越来越重视政府的职能。较早论证政府责任和政府政策的理查德·蒂特马斯认为，"政府越来越被认为是有适当的职能，甚至是义务，去接触穷人，甚至是社会所有阶级的痛苦和张力"。最初政府承担的社会保障职能主要是为社会边缘人群提供最低生活水平的物质供给，以发挥社会安全网的功能。而在当代，部分福利国家的福利模式已经从"补缺型"的社会福利转向"普惠型"的社会福利，社会所有阶层都能从社会福利体系中获益。

---

① 埃米尔·迪尔凯姆：《自杀论》，冯韵文译，商务印书馆，2008。
② 弗洛姆：《健全的社会》，孙恺祥译，上海译文出版社，2011。

第四，从个体现代化的角度看，社会现代化的最终目的就是提升个体的生活质量，提高个体在风险社会中的生存机会。个人的预期寿命、教育机会、医疗机会、社会参与、社会满意度都需要在社会现代化中获得充分的满足。① 阿马蒂亚·森特别强调现代社会中个体政治参与机会的增加，认为政治参与本身就构成人类社会现代化的一个根本组成部分，个体的受教育机会、医疗机会并不能单纯靠"全能"政府来给予，而需要个体在政治决策过程中的有效参与，以此才能实现公平的资源配置，缩小不同人群在收入水平、社会保障、社会公共服务上的差距，最大限度地满足不同人群的需求。

## 第二节　社会现代化指标体系的建构

建立现代化的指标体系需要建立评估现代化的指标架构。这个评估架构首先要有效地反映社会现代化的内涵，其次，必须在一定经验研究的基础上进行创新。任何一个社会的现代化都是建立在自身传统社会的基础之上，因此，社会现代化指标的建立还必须要考虑社会的传统背景。

我们是在分析了社会现代化的内涵和范畴以及太仓的现实条件基础上建构太仓的社会现代化指标架构的。对于具体的操作性指标，我们参考了生活质量指数（PQLI）、社会进步指数（ISP）、人类发展指数（HDI）、可持续经济福利指数（ISEW）、联合国千年发展目标（MDGS）、香港社会发展指数以及我国20世纪90年代设计的全面小康社会指标，提出以下四方面的社会现代化测量内容（见图8-1、表8-1）。

第一，对于社会结构的测量，大部分学者的观点是一致的，即从人群的社会分工、职业分类的角度来看整个社会的结构。贝尔在"后现代"理论中，着重强调现代社会是以"服务业"为核心的社会形态。中国科学院发布的《中国现代化报告》指出，第二次现代化是以知识性行业为主的社会，对社会结构的测量也是采取以职业为视角的维度。经典社会学以职业为社会分层标准来区分社会结构到底是金字塔形结构还是纺锤形结构。因此，我们在测量中主要采取以职业来衡量社会结构的方式。在具体测量中，"城镇人

---

① 阿马蒂亚·森：《以自由看待发展》，任赜、于真译，中国人民大学出版社，2002。

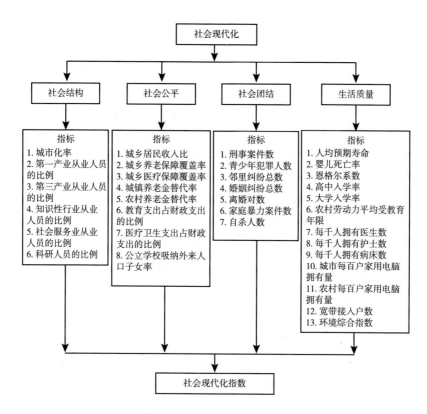

图 8-1 社会现代化指标框架

口占总人口的比例"反映城市水化水平;"第一产业从业人员的比例"反映社会发展阶段,这是一个负向指标,指标值越高,社会发展所处的阶段越传统;"第三产业从业人员的比例""社会服务业从业人员的比例""知识性行业从业人员的比例""科研人员的比例"反映了社会就业结构现代化的程度。

第二,社会公平的测量体现在政府提供的社会保障、公共服务以及收入差别三个方面。在现代化过程中,政府作为与市场相对的主体,其发挥的作用越来越趋向于如何防范现代化给职业群体带来的社会风险,如何保障一般公民基本的社会福利。因此,在测量过程中,社会公平指标主要反映为政府在养老保障、医疗保障、公共服务上承担的责任。在中国特殊的社会背景下,城市、农村一直在社会发展中处于不平衡的位置,特别是在社会保障和

## 表 8-1 社会现代化指标

| | | 具体指标 | 单位 | 指标意义 | 指标方向 |
|---|---|---|---|---|---|
| 社会结构 | 1 | 城镇人口占总人口的比例 | % | 城市化水平 | + |
| | 2 | 第一产业从业人员的比例 | % | 传统产业结构 | − |
| | 3 | 第二产业从业人员的比例 | % | 工业化产业结构 | + |
| | 4 | 第三产业从业人员的比例 | % | 现代化产业结构 | + |
| | 5 | 知识性行业 a 从业人员的比例 | % | | + |
| | 6 | 社会服务业 b 从业人员的比例 | % | 就业结构的现代化 | + |
| | 7 | 科研人员的比例 | % | | + |
| 社会公平 | 8 | 城乡居民收入比 | — | 居民收入差距 | − |
| | 9 | 城乡养老保障覆盖率 | % | 社会保障的广度 | + |
| | 10 | 城乡医疗保障覆盖率 | % | | + |
| | 11 | 城镇养老金替代率 | % | 社会保障的深度 | + |
| | 12 | 农村养老金替代率 | % | | + |
| | 13 | 教育支出占财政支出的比例 | % | 政府资源配置的公平性 | + |
| | 14 | 医疗卫生支出占财政支出的比例 | % | | + |
| | 15 | 公立学校吸纳外来人口子女率 | % | 外来人口享受公平就学的机会 | + |
| 社会团结 | 16 | 刑事案件数 | 件 | | − |
| | 17 | 青少年犯罪人数 | 人 | 社会融合水平 | − |
| | 18 | 自杀人数 | 人 | | − |
| | 19 | 邻里纠纷总数 | 件 | 社区团结水平 | − |
| | 20 | 婚姻纠纷总数 | 件 | | − |
| | 21 | 离婚对数 | 对 | 家庭团结水平 | − |
| | 22 | 家庭暴力案件数 | 件 | | − |
| 生活质量 | 23 | 恩格尔系数 | — | 消费结构现代化 | − |
| | 24 | 人均预期寿命 | 岁 | 健康水平 | + |
| | 25 | 婴儿死亡率 | ‰ | | + |
| | 26 | 高中入学率 | % | 教育水平 | + |
| | 27 | 大学入学率 | % | | + |
| | 28 | 农村劳动力平均受教育年数 | 年 | | + |
| | 29 | 每千人拥有医生数 | 人 | | + |
| | 30 | 每千人拥有护士数 | 人 | 卫生服务水平 | + |
| | 31 | 每千人拥有病床数 | 张 | | + |
| | 32 | 每万人社会组织数 | 个 | 社会参与水平 | + |
| | 33 | 城市每百户家用电脑拥有量 | 台 | | + |
| | 34 | 农村每百户家用电脑拥有量 | 台 | 社会信息化水平 | + |
| | 35 | 宽带接入户数 | 户 | | + |
| | 36 | 环境综合指数 | — | 环保水平 | + |

注：a 知识性行业包括科学技术行业和教育行业。

b 社会服务业包括居民服务、卫生、社会保障和社会福利业、文化、体育和娱乐业以及公共管理和社会组织。

社会福利体制上，城市居民和农村居民在待遇上差异很大。在比较发达的东部沿海，外来就业劳动力已经构成城市建设不可或缺的力量，但是在社会福利体制方面，国家制度设计上还没有建立完善的对接措施，因此，许多外来人口的社会保障和公共服务也是相对缺失的。在具体测量上，考虑到数据的可获得性以及太仓的社会背景，我们采用"城乡居民收入比"来衡量收入差距，采用"城乡养老保障覆盖率""城乡医疗保障覆盖率"来衡量社会保障的广度，采用"城镇养老金替代率""农村养老金替代率"来反映社会保障的深度和城乡之间的差异，采用"教育支出占财政支出的比例""医疗卫生支出占财政支出的比例"反映政府在社会投入上的程度。外来人口由于没有社会保障的历史数据，只有用"公立学校吸纳外来人口子女率"来反映太仓社会对待外来人口的变化过程。

　　第三，我们用人与人的社会联系的紧密度来测量社会团结。"社会团结"这个概念不同于经济概念，比如收入水平的测量可以直接用数据反映出来。"社会团结"最早由涂尔干在 1977 年提出来。涂尔干最早在实证研究中用"自杀人数"来衡量一个社会团结的程度。[1] 这是一个负向指标，主要反映社会的失范程度。失范程度越高，自杀人数就会越多，社会的团结水平就越低。后来的许多学者延续了涂尔干的思路，用"犯罪率""离婚率"来反映社会的团结程度。在本研究中，我们沿着这一思路，从一些社会现象上来观察社会的团结水平，具体指标包括"自杀人数""刑事案件数""青少年犯罪人数""邻里纠纷总数""婚姻纠纷总数""离婚人数""家庭暴力案件数"。

　　第四，"生活质量"这一指标是从个体角度反映社会现代化的程度，反映了个体从现代化过程中受益的程度。阿马蒂亚·森在《以自由看待发展》中提出人的自由至少应该包括五个维度（政治自由、经济条件、社会机会、透明性担保和防护性保障）。社会的发展过程实际上就是个体在这些维度上逐步提升的过程。个体生活质量体现在个体收入水平、健康水平、教育水平、个人公共服务可及性的提升上，同时也应当包含公民的政治参与程度。如果民意得不到有效表达，个体的生活质量就很难获得有效的提高，因此，公民的政治参与和社会参与也应该是生活质量测量的重要维度。但是目前还

---

① 埃米尔·迪尔凯姆：《自杀论》，冯韵文译，商务印书馆，2008。

没有关于公民政治参与、社会参与的统计数据，我们只能从我们的抽样数据中获得。

## 第三节　社会现代化指标的计算

### 一　指标的标准化过程

在测量社会现代化的过程中，我们运用的指标具有不同的单位属性，因此没有办法对不同的纬度进行直接比较，也无法观察到综合的社会现代化水平。为了能够看到社会现代化的趋势，我们需要对指标进行标准化的处理。

第一步：标准值的计算。我们的统计数据来源于 2000~2010 年太仓统计年鉴，需要将 11 年的数据进行标准化计算。如果标准化的数值是正向的，意味着当年指标值超过了 11 年的平均水平；如果标准化的数值是负向的，意味着当年指标值低于 11 年的平均水平。

$$标准值\ Z = \frac{Xi - \mu}{\sigma}$$

$Z$ 代表指标的标准化值，$X_i$ 代表指标的实际值，$\mu$ 代表指标的平均值，$\sigma$ 代表指标的标准差。

第二步：可比值的计算。上述过程是指标标准化过程的第一步。第一步是将指标去单位化。但是具体指标值还是相对复杂，为了使指标值更加简化，我们希望将指标值简化为 0 到 1 之间的数值，这样既可以方便未来的加权计算，又可以将四类指标合成一个综合的社会现代化指标值，方便不同年份之间进行比较，可以观察到所研究对象的现代化趋势。值得注意的是，此处的"1"值并不代表着已经趋近于现代化水平，而是代表 11 年中的最大值。

$$Y = \frac{Zi - \alpha}{e - \alpha}$$

$Zi$ 介于 $\alpha$ 到 $e$ 之间，$\alpha$ 代表第一步标准化之后的最小值，$e$ 代表第一步标准化之后的最大值，这样 $Y$ 值就介于 0 到 1 之间。

1. 对逆向指标的处理

在指标测量中，我们在社会公平、社会团结等维度采取了用逆向指标衡量的方式，指标值越大，意味着衡量的对象结果越差。所以在计算综合指标时，我们对逆向指标值进行调整，$Y^* = 1 - Y$，这样可以保证所有的指标方向一致。

2. 对指标权重的处理

在国际上，许多现代化指标的计算都是对不同类别的指标进行加权处理，但是用不同的权重会得出不同的结果。比较典型的权重处理有德尔斐方法、等级分析过程（Analytic Hierarchical Process）、因子分析方法等。德尔斐方法是一种典型的"专家意见法"。这种方法的问题是，对专家小组的意见要采取严格的控制和测量，否则就会出现偏差，在实际小范围应用中很难执行。另外两种方法比较适合于微观数据的处理。所以，本研究采取了简化处理的方式，对不同的指标赋予同等权重。这样的权重处理方式也是国际上通常采用的。社会结构、社会公平、社会团结和生活质量指数的具体计算过程如下：

社会结构指数 = 1/6（城市化率 + 第一产业从业人员的比例 + 第三产业从业人员的比例 + 知识性行业从业人员的比例 + 社会服务业从业人员的比例 + 科研人员的比例）

社会公平指数 = 1/8（城乡居民收入比 + 城乡养老保障覆盖率 + 城乡医疗保障覆盖率 + 城镇养老金替代率 + 农村养老金替代率 + 教育支出占财政支出的比例 + 医疗卫生支出占财政支出的比例 + 公立学校吸纳外来务工子女率）

社会团结指数 = 1/7（刑事案件数 + 青少年犯罪人数 + 邻里纠纷总数 + 婚姻纠纷总数 + 离婚对数 + 家庭暴力案件数 + 自杀人数）

生活质量指数 = 1/13（人均预期寿命 + 婴儿死亡率 + 恩格尔系数 + 高中入学率 + 大学入学率 + 农村劳动力平均受教育年数 + 每千人拥有医生数 + 每千人拥有护士数 + 每千人拥有病床数 + 城市每百户家用电脑拥有量 + 农村每百户家用电脑拥有量 + 宽带接入户数 + 环境综合指数）

需要说明的是，括号内所有指标值均为经过标准化处理的指标值。

## 第四节　社会现代化指标结果的分析

### 一　社会现代化的纵向比较

从社会结构指数的发展趋势（图 8－2）看，从 2001 年开始，太仓的社会结构并非平稳上升。由于我们在指标建构中着重突出了与社会现代化相适应的第三产业结构与知识性、社会服务性职业结构，所以总体上看，过去 10 年太仓在社会结构方面是有明显进步的。但是在 2004 年以前，太仓现代化社会结构的演进比较缓慢。从 2004 年开始，第三产业和知识性行业就业开始有了快速的发展，但中间有很大的波动，这说明太仓的社会结构虽然在向现代化方向不断发展，但是并不稳定。知识性、社会服务性职业的不稳定与太仓过去 10 年中以劳动密集型的"工业化"为主导模式相关联，产业制造工人在劳动力整体职业结构中占主导地位。如何维持社会结构持续、稳步发展仍然是一个挑战。

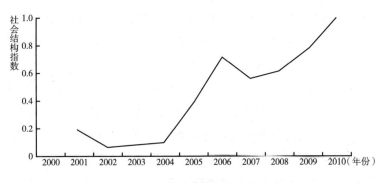

图 8－2　社会结构指数的发展趋势

注：图中数据引自《太仓统计年鉴》，但《太仓统计年鉴》自 2002 年才开始发行，2000 年社会结构指标的相关数据缺失，故图中的社会结构指数自 2001 年开始计算。

从社会公平指数的发展趋势（图 8－3）看，从 2000 年开始，太仓的社会公平指数一直稳步提升，这得益于太仓社会保障水平的逐年拓展。目前太仓已经实现了城乡社会保障一体化，社会保障的覆盖率达到 95% 以上。2007 年太仓基本实现社会保障的全覆盖，在全国县市中处于领先的位置。从 2007 年开始，太仓市社会公平指数一直停滞在 0.8 上下，没有再进一步提升。目前，社会保障虽然已经实现城乡全覆盖，但是还存在差距，且差距有不断扩大的趋势，同时外地人与本地人社会保障差距也没有解决，这成为太仓市未来发展必须要解决的社会公平问题。

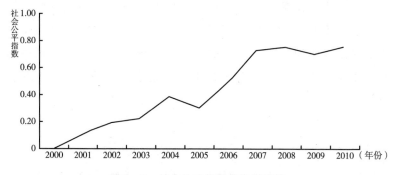

**图 8－3　社会公平指数的发展趋势**

从社会团结指数的发展趋势（图 8－4）看，太仓市的社会团结水平变化趋势是相对复杂的，没有随着经济发展水平的提升呈现稳步上升的模式，反而呈现不断的反复。从 2000 年开始，社会团结指数有三次下降，分别是在 2002 年、2005 年和 2010 年，其中 2005 年的社会团结指数最低。西方现代化过程中，传统的社会联结纽带呈现一步步断裂的过程。而在太仓，家庭仍然在社会联结中承担着重要的作用，家庭并没有从社会支持、幼儿抚养等角色中彻底退出，因此在社会团结中的角色仍然是积极的。但是社区团结和社会团结的过程不稳定。在太仓市合村并镇、农民上楼的过程中，传统的社会纽带能发挥的作用在弱化，伴随而来的是如西方现代化过程一样面临的一系列问题，刑事犯罪、青少年犯罪的数目不断上升。

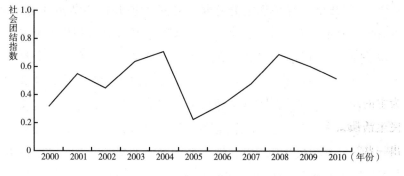

**图 8－4　社会团结指数的发展趋势**

从生活质量指数的发展趋势（图8-5）看，太仓市的生活质量指数是相对乐观的。从2000年开始，这一指数一直呈现稳步的上升模式。无论从收入水平上，还是从健康水平、教育水平、卫生服务、信息化水平、环保水平上，太仓市都做得比较好。即使在市场经济时期，依托于强大的集体经济，太仓居民在教育和卫生上的投入一直比全国平均水平要高一些。随着近年来财政收入水平的提升，太仓政府在提高居民生活质量上的投入也是相当高的。所以从客观指标上看，居民的整体生活质量稳步提升。

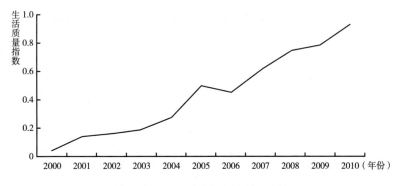

图8-5 生活质量指数的发展趋势

最后，我们用平均权重的方式计算了太仓社会现代化的综合水平（见表8-2、图8-6）。总体上来说，太仓社会现代化水平是逐步提升的，指数值从2000年的0.10提升到2010年的0.80。虽然中间有部分年份在指数值上存在波动，但是社会现代化的整体趋势是良性发展的。太仓生活质量指数从2000年开始一直呈现上升趋势，这对于提升社会结构的整体水平、逐步消除社会不公平、提高社会整体的团结水平都具有积极的意义。太仓现在需要面对的问题是社会现代化进一步发展的一些瓶颈，社会结构如何从工业化社会以产业工人为主的社会结构转向现代社会以知识性和技术性为主的现代化产业结构，如何从建筑业、工业等传统产业转向逐步提升居民生活质量的社会服务业。从社会团结的水平看，太仓社会已经初步显露出一些西方社会现代化的问题，随着经济水平的提升，整个社会的凝聚力呈现不稳定的趋势。

表 8-2 太仓社会现代化指数值

| 年份 | 社会结构 | 社会公平 | 社会团结 | 生活质量 | 社会现代化指数 |
|------|----------|----------|----------|----------|----------------|
| 2000 | 0.01 | 0.00 | 0.08 | 0.01 | 0.10 |
| 2001 | 0.05 | 0.03 | 0.14 | 0.03 | 0.25 |
| 2002 | 0.02 | 0.05 | 0.11 | 0.04 | 0.22 |
| 2003 | 0.02 | 0.06 | 0.16 | 0.05 | 0.29 |
| 2004 | 0.02 | 0.10 | 0.18 | 0.07 | 0.37 |
| 2005 | 0.10 | 0.08 | 0.06 | 0.12 | 0.35 |
| 2006 | 0.18 | 0.12 | 0.08 | 0.11 | 0.50 |
| 2007 | 0.14 | 0.18 | 0.12 | 0.15 | 0.59 |
| 2008 | 0.15 | 0.19 | 0.17 | 0.19 | 0.70 |
| 2009 | 0.19 | 0.18 | 0.15 | 0.20 | 0.72 |
| 2010 | 0.25 | 0.19 | 0.13 | 0.23 | 0.80 |

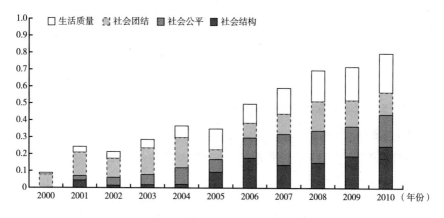

图 8-6 社会现代化的整体趋势

## 二 社会现代化的横向比较

我们从时间向度的比较中发现，太仓社会的整体现代化程度是不断提高的，表现为社会现代化指数从 2000 年的 0.10 上升到 2010 年的 0.80。那么，在横向比较中，太仓的社会现代化水平处于什么样的位置呢？与中国平均水平相比，太仓处于什么样的位置？与世界平均水平相比，太仓又处于什么样的位置？

首先，与全国小康水平相比。在社会结构上，2010 年太仓的城市化水平为 61.64%，比中国小康水平标准高 6.64 个百分点；在就业结构上，太仓第二产业和第三产业的从业人员占比为 89.08%，比中国小康水平标准低 3 个百分点；从社会公平视角看，太仓市已经实现了城乡居民养老保障 100% 全覆盖，城乡居民医疗保障 100% 全覆盖，这个水平比小康社会标准高 5 个百分点；从社会团结看，太仓每万人刑事案件数为 43.8 件，比小康社会标准高 2 个百分点，说明随着太仓经济发展水平的提高，太仓社会团结的水平并没有较为显著的改善；从生活质量上看，太仓的人均预期寿命为 81.15 岁，比小康社会 75 岁的标准高 6.15 岁；从受教育年数看，太仓农民的平均受教育年数为 12.3 年，比小康社会标准（9年）超出 3 年。整体上看，太仓社会基本上达到了小康社会的标准，其中有 4 个指标超出了小康社会指标，有 2 个指标没有达到小康社会指标，但是接近小康指标。但是，太仓的职业结构还是以第二产业为主，距离现代社会以知识性、社会服务性为主的职业结构还是有差距。此外，太仓的经济发展水平已经超越了小康社会的水平，但是社会现代化的水平特别是社会团结的水平并没有相应提升，反而呈现退行性的趋势，每万人刑事案件数、青少年犯罪人数都是比较高的。这说明我们需要从多元视角去评价太仓的社会现代化水平：从"硬性"的社会现代化指标看，太仓人的生活质量、社会覆盖水平都是高于小康社会水平的；从"软性"的社会现代化指标看，太仓的社会团结水平比小康社会水平低，未来究竟向何处发展还有待观察。

其次，与世界平均水平和发达国家平均水平相比。太仓的城市化水平比世界平均水平高，但比发达国家的平均水平低约 14 个百分点。在劳动力产业结构上，太仓虽然已经跨越了传统以农为主的阶段，但与发达国家相比，太仓的第二产业占比比发达国家平均水平高 36 个百分点，第三产业占比比发达国家的平均水平低 41 个百分点。在现代化职业结构上，太仓的社会服务性职业和科研人员的比例都比发达国家的水平要低一些。这说明太仓已经进入了工业社会的阶段，但是由于产业结构和劳动力素质的制约，太仓还没有达到以社会服务和科技型为主的现代化产业结构。从社会公平的角度看，太仓养老保障覆盖率和医疗保障覆盖率已经达到发达国家水平，但是养老金的替代率存在不公平问题。城镇养老金替代率为 52.89%，已经达到发达国家的水平，但是农村养老金的替代率却比较低，仅为27.17%。从社会团结的角度看，太仓的社会团结水平并不乐观，其中青少年犯罪率一直居高不下，比发达国家的平均水平要高一些。从生活质量的角度看，太仓人的预期寿命比发达国家平均水平高，婴儿死亡率比发达国家平均水平低。但是，太仓的恩格尔系数比发达国家平均水平高一些，这是负向指标。太仓的高中入学率和大学入学率已经接近或超过发达国家的平均水平（见表8-3），特别是，农民的平均受教育年数为12.3年，比发达国家的平均水平（10.4年）还要高一些，说明太仓对教育非常重视，本地人口的人力资源质量比较高。太仓的医疗服务可及性比发达国家的平均水平低，特别是"每千人拥有护士数"水平比发达国家的平均水平低，这一点与我国重医疗而不重视预防保健的整体卫生体制有密切的联系。在信息化水平上，太仓的互联网覆盖率达到了80.86%，比发达国家的平均水平高。总的来看，太仓的社会现代化水平已经步入了一个典型的工业社会的阶段。在劳动力结构上，太仓以第二产业为核心，而不是以第三产业为核心；社会保障实现了全覆盖，但还没实现城乡公平待遇，没有达到发达国家的平均水平；生活质量上预期寿命、婴儿死亡率等已经达到发达国家水平，但体现社会服务可及性的指标（比如医疗服务）还与发达国家的平均水平有差距。这些指标表明，太仓已经达到了社会现代化的初级阶段，但是距离社会现代化的高级阶段还有一定的距离。

表8-3　2010年太仓社会现代化水平（与全国、世界水平的比较）

| | 具体指标 | 2010年指标值 | 中国小康水平标准 | 2001年世界平均水平 | 2001年发达国家平均水平 |
|---|---|---|---|---|---|
| 社会结构 | 城镇人口占总人口的比例(%) | 61.64 | 55 | 58 | 75 |
| | 第一产业从业人员的比例(%) | 10.92 | — | 29 | 4 |
| | 第二产业从业人员的比例(%) | 61.68 | 92 | 21 | 25 |
| | 第三产业从业人员的比例(%) | 27.40 | | 50 | 71 |
| | 知识性职业从业人员的比例(%) | 5.59 | | 23 | 39 |
| | 社会服务性职业从业人员的比例(%) | 18.22 | | 21 | 29 |
| | 生产性职业从业人员的比例(%) | 76.19 | | 56 | 32 |
| | 科研人员的比例(%) | 0.48 | | 0.3 | 0.7 |

续表

| | 具体指标 | 2010 年指标值 | 中国小康水平标准 | 2001 年世界平均水平 | 2001 年发达国家平均水平 |
|---|---|---|---|---|---|
| 社会公平 | 城乡居民收入比 | 2.08 | | | |
| | 城乡养老保障覆盖率(%) | 100.0 | 95 | 41 | 83 |
| | 城乡医疗保障覆盖率(%) | 100.0 | 95 | 63 | 100 |
| | 城镇养老金替代率(%) | 52.89 | | 41 | 50 |
| | 农村居民养老金替代率(%) | 27.17 | | | |
| | 失业人口比例(%) | 2.32 | | 7 | 4 |
| | 教育投入比例(%) | 4.0 | | | |
| | 卫生投入比例(%) | 18.0 | | 5.9 | 4.5 |
| 社会团结 | 每万人刑事案件(件) | 43.8 | 41.8 | | |
| | 青少年犯罪人数(人) | 72.8 | | | 13 |
| | 青少年吸毒人数(人) | 13 | | | |
| | 邻里纠纷总数(件) | 304 | | | |
| | 婚姻纠纷总数(件) | 382 | | | |
| | 离婚对数(对) | 964 | | | |
| | 家庭暴力案件数(件) | 17 | | | |
| | 自杀人数(人) | 12 | | | |
| 生活质量 | 人均预期寿命(岁) | 81.15 | 75 | 67 | 78 |
| | 恩格尔系数 | 35.3 | | 25 | 11 |
| | 婴儿死亡率(‰) | 3.67 | | 38 | 5 |
| | 高中入学率(%) | 99.56 | | 77 | 100 |
| | 大学入学率(%) | 66.08 | | 34 | 59 |
| | 农村劳动力人均受教育年数(年) | 12.3 | 9 | 6.5 | 10.4 |
| | 每千人拥有医生数(人) | 2.68 | | 2 | 3.4 |
| | 每千人拥有护士数(人) | 2.42 | | 4 | 7.9 |
| | 每千人拥有病床数(张) | 5.36 | | 6 | 9 |
| | 城市每百户家用电脑拥有量(台) | 81 | | 13.9 | |
| | 农村每百户家用电脑拥有量(台) | 49 | | | 49.6 |
| | 互联网普及率(%) | 80.86 | | 12.9 | 40.8 |
| | 环境综合指数 | 96.2 | | | |

注：世界平均水平数据来源于《中国现代化报告 2006：社会现代化研究》。该报告提供了关于 2001 年世界现代化水平的丰富数据。本表中具体指标的表述与前文略有不同，但意思相近。因单位及数据来源不同，本表中小数点的位数没能完全统一，且部分数据缺失。

## 第五节 社会现代化指标建构的两个问题

在建构社会现代化指标中，我们一直徘徊于两个问题之上。

第一个问题是，在社会现代化指标体系中，人们的主观评价应该放在什么位置？现有的统计数据和经典的测量方式都不支持将主观评价纳入整个评价体系之中，没有历史数据，无法建构一个综合的社会现代化指标体系。但是，如果未来政府不采用这样的主观评价指标，那么指标的生命力是值得怀疑的。所以，我们此处将主观评价作为一个社会现代化指标校正参考值，来校正整个社会现代化的客观趋势和问题。

第二个问题是，在现代化指标体系建构中，我们囿于统计数据的局限，只能以户籍人口的情况来观察整个社会现代化的水平。但是太仓外来人口已经接近全市人口的 1/2，我们不能忽略外来人口的社会结构、社会公平、社会团结水平和生活质量。但是我们不能从统计年鉴上直接获得和外来人口相关的数据，不好直接与宏观数据进行整合。所以，我们需要设计另外一个校正社会现代化的指标维度。本节我们采用抽样调查数据，从微观数据的角度进一步观察太仓整体的社会现代化水平。

### 一 社会现代化的主观评价

基于我们的调查问卷，我们将主观评价也分为社会结构、社会公平、社会团结和生活质量四个维度，以对应宏观指标的维度。对于社会结构的满意度，我们采取了间接衡量的办法。传统上就业和收入水平是衡量阶层结构的重要指标，对于收入和就业的满意度则反映了人们对社会结构以及社会流动机制的满意水平，其他几个维度的衡量基本遵照了前文的逻辑框架。

从对社会结构的主观评价看，人们对就业的满意度和对收入水平的满意度普遍偏低，尤其是对收入水平的满意度，总体平均水平为 34.2%（见表8-4）。外地人对收入水平的满意度仅为 26.1%，对就业的满意度为36.0%。以上数据意味着，无论是本地人口还是外来人口，都对自己的职业地位和收入水平不满意。从对社会公平的主观评价看，本地人口对社会公平的满意度较高，对四类社会保障的满意度水平都超过了 50%，而外来人口对社会公平的满意度较低，对教育制度的满意度仅为 26.1%。在社会福利和公共服务制度上，外来人口还处于社会的边缘，没有被纳入整体的社会福利安排之内。从社会团结的主观评价看，外来人口对邻里关系的满意度尤其低，仅有 8.2% 的外来人口对邻里关系表示满意，本地人口对邻里关系的满意度比较高，为 83.8%。说明本地人口与外来人口的社会隔阂是客观存在的，并没有随着经济发展水平的提升而有所缓解。同时，本地人口和外来人口对政府办事的作风和效率的满意度普遍偏低，外来人口为 26.1%，本地人口为 33.4%，平均水平为 31.8%，这表明政府在社会现代化过程中发挥的作用受到一定的质疑。从对生活质量的主观评价看，人们对生活状况、住房、交通、通信和卫生环境的满意度水平超过了 50%，总体上看，满意度水平相对较高，但是，外来人口对住房的满意度稍差，仅为 39.2%。

表 8-4　社会现代化的主观评价

单位：%

| | 主观评价 | 外地人 | 本地人 | 总体平均水平 |
|---|---|---|---|---|
| 社会结构 | 对就业的满意度 | 36.0 | 44.9 | 43.4 |
| | 对收入水平的满意度 | 26.1 | 36.7 | 34.2 |
| 社会公平 | 对社会保障水平的满意度 | 42.3 | 63.8 | 58.6 |
| | 对医疗卫生制度的满意度 | 42.5 | 57.1 | 53.3 |
| | 对教育制度的满意度 | 26.1 | 57.7 | 52.1 |
| 社会团结 | 对社会风气的满意度 | 48.4 | 49.2 | 49.4 |
| | 对干群关系的满意度 | 53.6 | 43.7 | 40.0 |
| | 对邻里关系的满意度 | 8.2 | 83.8 | 81.3 |
| | 对当地社会治安的满意度 | 66.0 | 66.9 | 65.7 |
| | 对政府办事作风和效率的满意度 | 26.1 | 33.4 | 31.8 |
| 生活质量 | 对生活状况的满意度 | 51.0 | 62.2 | 59.3 |
| | 对住房的满意度 | 39.2 | 66.0 | 59.6 |
| | 对交通、通信的满意度 | 64.6 | 74.1 | 72.0 |
| | 对当地卫生环境的满意度 | 64.1 | 64.3 | 64.3 |

与社会现代化的客观评价指标相比，社会现代化的主观评价指标显然比客观评价指标要低一些，特别是在社会结构、社会公平和社会团结水平上，人们的主观满意度水平显然没有客观社会现代化指标的趋势清晰、稳定。这里既有本地人的因素，也有外地人的因素。从本地人的角度看，工业发展虽然客观上改变了人们的生存质量和福利水平，但是社会差距和由此产生的社会落差很大。因此，本地人对社会现代化的不满意主要反映在社会结构的不合理和政府办事作风、效率上。从外地人的角度来说，外地人大多是太仓社会现代化的边缘人群，由于国家宏观制度的限制，户籍制度还没有完全放开，本地的财政不可能以同等水平负担外来人口的社会福利，因此客观上造成同一社会背景下的不公正待遇，并由此而引发社会团结问题。

## 二　社会现代化的人口界定

目前统计年鉴的数据基本上是以本地户籍人口为统计口径的，那么外来人口的社会现代化水平到底达到什么样的程度？如果将外来人口考虑在内，太仓整个社会的社会现代化水平会呈现一个怎样的水平呢？为了回答这两个问题，我们参考课题组的抽样调查结果，将外来人口、本地人口以及年鉴数据进行综合比较，以便更清楚地看待太仓社会现代化中存在的问题。

从社会结构上看，外来人口中中产阶级的比例非常低，仅为 4.83%，而本地人口中中产阶级达到 31.15%（见表 8-5）。中产阶级是以本地人口为核心的。从职业结构看，本地人口在第三产业从业的比例最高，超过了在第二产业的从业比例，而外来人口则在第二产业从业的比例最高，超过了在第三产业从业的比例。换个角度说，第二产业劳动力供给是以外来人口为主，而第三产业则是以本地人口为主。从职业现代化角度看，本地人口在知识性行业从业的比例和社会服务业从业的比例远远超过外地人。在知识性行业从业人员中，外来人口仅占 1.5%。从有利的角度来讲，太仓的现代化过程在很大程度上得益于外来人口对第二产业的劳动贡献；从不利的角度来看，未来太仓现代化的转型不得不考虑劳动力结构的转型，如果不提升劳动力的整体综合素质，太仓社会现代化很难实现进一步的转型。

表 8 – 5　2010 年太仓社会现代化水平（本地人与外地人的比较）

| | | 2010 年抽样调查结果 | | 2010 年统计年鉴数据 |
|---|---|---|---|---|
| | | 外地人 | 本地人 | |
| 社会结构 | 中产阶级比例(%) | 4.83 | 31.15 | — |
| | 第一产业(%) | 0.40 | 2.50 | 10.92 |
| | 第二产业(%) | 68.70 | 40.86 | 61.68 |
| | 第三产业(%) | 30.90 | 47.34 | 27.40 |
| | 知识性行业从业人员[a] 比例(%) | 1.50 | 7.49 | 5.59 |
| | 社会服务业人员[b] 比例(%) | 5.90 | 12.71 | 18.22 |
| 社会公平 | 收入差距(%) | 45.95(外地人对本地人) | | 48.07(城乡) |
| | 医疗保险覆盖率(%) | 50.81 | 95.22 | 100.00 |
| | 养老保险覆盖率(%) | 31.27 | 85.54 | 100.00 |
| | 失业保险覆盖率(%) | 7.82 | 26.63 | 100.00 |
| | 工伤保险覆盖率(%) | 13.68 | 25.43 | — |
| 社会团结 | 参加村/社区选举的比例(%) | 13.49 | 66.81 | |
| | 参与当地集体活动(%) | 17.49 | 48.43 | |
| | 参与听证会(%) | 0.00 | 0.87 | |
| | 参与信访(%) | 0.00 | 2.93 | |
| | 参与座谈会(%) | 0.00 | 9.43 | |
| | 通过媒体或网络参与(%) | 0.00 | 6.82 | |
| | 没有表达意见(%) | 100.00 | 79.75 | |
| 生活质量 | 人均年收入(元) | 20382 | 44355 | |
| | 食品支出比例(相对于恩格尔系数) | 0.45 | 0.39 | 35.30 |
| | 人均住房面积(平方米) | 13.57 | 43.02 | 39.32 |
| | 慢性病患病比例(%) | 12.13 | 22.07 | |
| | 严重、复杂病患病比例(%) | 2.60 | 4.35 | |
| | 精神健康问题的比例(%) | 28.48 | 34.34 | |
| | 幼儿园入学率(%) | 89.65 | 97.00 | |

注：a 包括教育事业、科学研究和综合技术服务业从业人员。

b 包括社会服务业、医疗卫生健康业、社会福利业和文化艺术、体育、新闻出版、广播电影电视业从业人员。

　　从社会公平上看，本地人口在医疗保险和养老保险①方面的覆盖率较高，但外来人口在医疗保险、养老保险、工伤保险和失业保险方面的覆盖率

————————

　① 未参加养老保险的人口包含两部分：一是尚未征地的农村人口，没有执行"土地换社保"政策；二是部分农村老年人直接领取新型农村养老金补贴，没有缴纳农村养老保险。

均不高。在医疗保险和养老保险方面的问题更加严峻,部分外来人口长期在太仓居住,既不可能回到家乡,也没有可能获得太仓户籍,导致在外来人口社会保障上出现真空地带。

从社会团结的水平上看,在抽样问卷中,我们关注到了个体的社会参与情况,无论本地人口还是外来人口,社会参与的水平都比较低。本地人口没有对政府决策表达意见的比例是79.75%,外来人口则100%的没有表达过对政府决策的意见。这说明社会参与的渠道和空间相对有限,人们的社会参与不高对整个社会的发展并不有利。没有公民参与的政府公共决策究竟在方向上是对是错,政府将无法做出合理的判断,因为社会参与的不足,整个社会将越来越变成一盘散沙,社会公正的伦理和价值观念也会变得越来越淡薄,随着太仓经济现代化的发展,这种困境带来的影响将会越来越明显。

从生活质量上看,本地人口在收入和住房上的水平还是较高的,但由于进入老龄化社会,慢性病患病率和严重、复杂病患病率都比外来人口高。外来人口在慢性病患病率和严重、复杂病患病率以及精神健康问题上不显著,但是在住房和收入水平上却比本地平均水平低。

综合来看,如果将外来人口纳入太仓社会现代化的综合指标之内,在社会公平、社会团结和生活质量上,会拉低太仓的社会现代化水平。关键的问题是,在社会现代化过程中,外来人口究竟应该放在什么位置上。如果把外来人口纳入整体社会现代化的框架之内,流入地社会在哪些具体层面、在何种程度上承担外来人口的社会福利和社会服务的责任?对于这个问题的解答,将是未来中国社会需要面对的一个严峻任务。

# 第六节　总结

设计社会现代化指标有两方面的意义:一是为了评估一个社会在过去若干年社会发展上的总体表现,通过合理的指标建构和科学的数据分析,能够看到这个社会在各个层面上的成就和问题;二是为了指导政府、市场乃至社会如何进行调整,以适应社会发展的需求。

利用2000~2010年太仓统计年鉴的数据,我们建构了分析太仓社会现代化的四个视角:社会结构、社会公平、社会团结和生活质量。总体上看,太仓社会现代化的水平是稳步提升的,社会现代化指数从2000年的 0.10 上升到了 2010 年的 0.80 了，实现了稳步的发展。特别是，在个体生活质量提升上，太仓社会的人均预期寿命、人均教育水平、医疗服务可及性等方面已经趋近于发达国家的水平。在社会结构上，太仓社会目前还处于现代工业化社会阶段，与以社会服务性和知识性为主的现代服务性社会还存在一些差距。在社会公平上，太仓实现了本地城乡居民社会保障的全覆盖，但是在如何保障所有居民社会保障享有水平的公平、如何保障外来人口基本的社会保障水平和提高社会服务水平等方面还有进一步发展的空间。在社会团结上，太仓社会已经显现出欧美社会在现代化过程中出现的一些问题，比如青少年犯罪率的增加、家庭和社区团结的弱化等问题。

现代化的最终目的是提高社会成员的幸福水平。从宏观数据中我们无法观察现代化过程中人的主观评价因素，因此，我们利用抽样调查数据，对宏观数据结果进行校正。从主观评价上看，太仓居民对社会公平和生活质量的满意度比较高，对整个社会结构的满意度和社会团结的满意度比较低。对社会结构的满意度比较低具体反映在太仓居民对收入水平和职业的满意度比较低，对社会团结的满意度较低反映在对干群关系和政府办事作风、效率上的满意度较低。这意味着太仓整体上在一些"硬"指标上已经实现了现代化，但是在社会现代化的微观机制上还是存在问题。比如，在社会资源分配和职业资源开放性上还存在公平性配置的问题，政府的角色出现官僚性强势越位和社会服务缺位等问题。

利用微观数据还可以弥补宏观评价数据的另一个缺陷，那就是外来人口的现代化问题。如果将外来人口考虑进来，那么太仓社会现代化的整体水平会被拉低。无论在哪个维度上，外来人口的现代化水平都远远低于本地人口的现代化水平。太仓在公共服务和社会保障覆盖方面还不能满足外来人口的需求。在微观机制上，由于社会公平性的缺失，外来人口在太仓的社会空间中没有"公民"的自觉感，更没有社会融入的主动性，因此无论在邻里关系、社区关系，还是在与政府的关系上，都有一定的隔阂。

社会现代化的根本目的在于提高社会成员对社会发展的满足感和幸福感。基于社会现代化中的成就和问题，我们认为未来太仓的社会政策制定至少需要面对以下几个方面的问题。

第一，社会结构质量和社会开放性的提升。

太仓社会的基本结构还处于以外来人口为主的工业化社会阶段，而现代化的社会越来越趋向于向社会服务业和知识业为主导的社会结构延伸。在实现基本的社会现代化水平上，未来太仓社会还需要进一步提升人力资源素质，向以知识性人才为主的现代化产业结构过渡。同时，在这个过渡的过程中，不能忽略社会结构调整的微观机制，要保持政府的中立性，提高市场和社会作用的空间，加大社会流动的开放性，给弱势人口和外来流动人口一个公平的职业流动空间。

第二，社会公平性的改善。

目前太仓社会实现了本地城乡人口社会服务和社会保障的一体化，这在全国来说是一个巨大的进步。但是，未来还面临进一步的发展问题，包括：如何提供城乡均等化的社会服务、社会福利水平，缩小城乡的差距；如何保障外来人口的社会服务，提高外来人口的本地化水平。社会公平是衡量一个社会进步的重要基础。如果不能为全体社会成员提供公平性的社会服务和社会保障，最终会引发深层次的社会危机，例如巴西和印度。

第三，社会团结水平的提高。

现代化的社会不仅要建构现代化的物质水平，还要构建和谐的社会关系。西方社会现代化的过程伴随着社会的原子化过程，个体在不断独立的过程中缺乏归属感，最终造成了一系列的失范风险。太仓的社会现代化过程中已经出现了此类问题的端倪。提高社会团结水平最重要的因素就是给予社会自身成长的空间，让不同的社会群体有社会参与的权利，维护社区的公共性，建立现代化过程中的社会规范，同时对外来人口要给予公平的、非歧视性的社会待遇。在这样的过程中，社会团结才能达成。

第四，生活质量的改善。

个体生活质量的改善，不仅体现在硬性的指标上，也体现在个体对社会的主观感受中。如果个体对社会的现代化过程越来越不满意，那么这样的社会现代化就难以成功。因此我们认为，现代化指标建构中应将主观评价融入政府的指标评价体系中，特别是弱势群体对社会的评价尤其应该关注，比如老年人口、外来人口、失业人口等。在评估政府工作绩效时，应该将弱势人群的社会改善和社会满意度作为社会现代化的重要尺度。社会现代化的最终落脚点在"人"，"人"的发展是社会发展的根本。

# 附录：社会发展综合评价指标研究综述

20 世纪 70 年代以来，以经济发展为主轴的现代化模式暴露出越来越多的现代性问题，社会结构失衡、收入差距拉大、社会犯罪率提升等，这一系列的社会问题促使经济学、社会学、政治学都开始重新审视现代化的过程。如何全面地评价一个社会的发展和进步？西方发达国家的社会学者从 20 世纪六七十年代就尝试用建立全面指标体系的方式对现代化的过程进行全面的评价，并且将这种评价作为一种政策考核和执行的依据。本章主要对 20 世纪 70 年代以来的社会发展综合指标进行梳理，将之作为社会现代化评价指标的参考。

## 一　生活质量指数（PQLI）

20 世纪 70 年代以来，世界上许多国家把社会发展的战略重点都转向满足人们的基本需要上，因此部分学者开始尝试设计一些指标来反映社会整体的福利进步情况，从而弥补以 GDP 指标或其他货币指数为衡量标准的不足。生活质量指数（The Physical Quality of Life Index，缩写为 PQLI）是为了测量物质福利水平而开发的一个综合指数。它是在莫里斯（Morris）的指导下，由美国华盛顿海外发展委员会（ODC）提出来的，该指数的目的就是测量世界最贫困国家在满足人们的基本需要方面所取得的成就。人的基本需要包含了两个因素：首先，它包括一个家庭用于满足个人消费的一些最低限度的需要，如食物、住房、衣着以及必备的家庭设施等；其次，它包括整个社会所提供的基础生活服务，如安全的饮用水、卫生的环境、医疗卫生、交通服务、教育、文化设施等。莫里斯认为，基本需要是一个动态的概念，应把它放在一个国家整个的经济和社会发展中去考虑。

生活质量指数主要包含三个维度：识字率、婴儿死亡率和平均预期寿命。这三个维度具有简明、综合和可操作性强的特征，被广泛用于衡量一个国家或地区的社会经济发展状况，特别是发展中国家的发展程度。但是生活质量指数的核心思想是测量贫穷国家的发展政策能否满足人民的基本需要这一问题，因此对于更高层次的需求（比如自由、公平、安全或其他社会发展的指标）关注不足。

## 二　社会进步指数（ISP）

社会进步指数（Index of Social Progress，缩写为 ISP）是由美国宾夕法尼亚大学的埃斯特斯（Richard J. Estes）教授于 1984 年首次提出的。1988 年，埃斯特斯教授又提出了加权社会进步指数（Weighted Index of Social Progress，缩写为 WISP）。社会进步指数用于综合评价一个国家或地区各方面的进步情况，它将众多的社会经济指标浓缩成一个综合指数，以此作为评价社会发展的尺度。例如，埃斯特斯在 1988 年所著的《世界社会发展趋势》一书中，利用 ISP 指数，对世界上 124 个国家的社会经济发展状况做了广泛的分析评价。根据埃斯特斯的计算，1983 年中国的 ISP 指数值为 74，WISP 指数值为 37，分别居 124 个国家中的第 77 位和第 71 位，这一指标基本反映了我国当时的社会经济发展状况。

ISP 指数共有 10 个分类项目。这 10 个项目及其分项指标如下：

**教育**：入学率；成人文盲率；教育支出占 GNP 的百分比。

**健康**：婴儿死亡率；每千人拥有的医生数量；1 岁时的预期寿命；5 岁以下儿童死亡率；人均卡路里日摄入量；1 岁儿童 DPT 免疫率；1 岁儿童麻疹免疫率。

**妇女地位**：女性出生时预期寿命；女性成人识字率；已婚妇女避孕率；每 1000000 个母亲中生育死亡率；接受初等教育的女性与男性百分比；妇女中等教育入学率。

**防御性支出**：军费开支占 GNP 的百分比。

**经济**：以美元计算的人均 GNP；GNP 增长率；实际人均 GNP；年均通货膨胀率；人均实物生产指数；对外公共债务占 GNP 的百分比。

**人口**：总人口；出生率；死亡率；人口增长率；15 岁以下人口占总人口的百分比；60 岁以上人口占总人口的百分比。

**地理**：可耕地占土地总面积的百分比；自然灾害的敏感指数；每万人因自然灾害的年均死亡人数。

**政治参与**：政治权利被侵犯数；综合人类苦难指数；公民自由被侵犯指数。

**文化**：有同一基本宗教信仰人口占总人口百分比；有同一母语人口占总人口百分比。

**福利**：老年；残废；死亡；疾病；工伤；失业；家庭津贴。

以上每一项指标，都根据其对社会进步贡献或破坏的程度，设定"＋"号或"－"号。

总的来说，社会进步指数是评价社会发展状况的一个有效工具，它既可以进行国家间的对比，也可以在一个国家内部进行地区间的对比。但是，该指数也存在一些局限。第一，在指标选择上，没有清晰的理论阐释。为什么选择这些领域作为评价社会进步的依据，这些领域和相应指标是不是适合所有国家或地区的社会发展水平也是值得怀疑的。第二，与生活质量指数一样，该指标体系在指标选择上，还是没有包括一些重要的社会发展领域，比如社会结构、社会秩序、社会公平等领域。

## 三 人类发展指数（HDI）

人类发展指数（Human Development Index，缩写为 HDI）是联合国开发计划署在其《1990 年人类发展报告》中提出来的。该指数是现行国际上衡量各国和地区人类发展状况的权威指数。该报告的主要撰写成员美国经济学家阿马蒂亚·森将"自由、能力、机会"等理念贯彻到了人类发展指数当中，认为人类发展的过程就是人们扩大可行能力和增进福利的过程，包括长寿和健康的生活、受教育以及良好的生活水平，此外还包括政治自由、人权保障和自我尊重的权利。前者形成人的能力，比如健康的知识，后者是人将可行能力用于工作或生活。

在《1990 年人类发展报告》中，人类发展水平用四个综合指标来衡量：人类发展指数、人类贫困指数、公共支出和援助的比例、与性别相关的发展指数和性别权力指数。其中人类发展指数是核心指标。人类发展指数由三个指标构成，即平均预期寿命、成人识字率和人均 GNP。《1990 年人类发展报告》还进一步提出了指标细化的方法：一是可以根据地区、性别、城乡、种族计算不同的人类发展指数，这样有助于提高对不同类别人群社会福利水平的关注；二是明确优先发展的目标。对于同处于中等发达水平的国家，可以在三个基本变量中加入新的要素。比如，在预期寿命项中加入 5 岁以下儿童死亡率，在收入项中增加贫困指标等。对于发达国家，可以增加生育死亡率、高等教育入学率、基尼系数等指标。尽管目前 HDI 是国际上接受程度最高的社会发展测量指标，但人们对这一指标的适用性和计算问题也提出了一些质疑。比如，选取的变量和应用范围的有限。因此，有人建议增加政治自由、文化价值和环境的可持续性发展等指标。

## 四　可持续经济福利指数（ISEW）

1990 年，Daly 和 Cobb 在其著作《为了共同的利益》中提出了后来具有广泛国际影响的 ISEW（即 Index of Sustainable Economic Welfare，译作可持续经济福利指数）。许多发达国家如美国、奥地利、丹麦、荷兰、英国等都开始用 ISEW 来评估本国的社会发展和生活质量的变化。1995 年，Cobb、Halstead 和 Rowe 对 ISEW 进行修正，重新命名为 GPI（Genuine Progress Index，可译作真实发展指数）。

GPI 的建立是基于人们不是生活在一个社会体系内，囊括了 GDP 经济指标所忽视的社会发展的 20 多个方面，力图更接近经济和社会发展的本来面目。GPI 的计算仍以 GDP 相同的消费数据为基础，但是在很多方面对 GDP 进行修正（见表 8 - 6）。具体修正包括：增加一些价值，如家庭劳动和社会活动的价值；减去一些价值，如用于治理污染的费用。这样，就构成了一个能够区分一国经济增长的成本和收益的新平衡表。

表 8 - 6　真实发展指数（GPI）

| | |
|---|---|
| 增加的价值(修正 GDP) | 家庭和社会劳动价值:大量的影响人们生活质量的活动来自家庭和社会,比如照顾儿童、老人、对社区的义务贡献,GPI 按照一个家庭本应付给其他人的报酬来衡量家庭劳动的价值 |
| 减少的价值(修正 GDP) | 犯罪社会成本:它包括由于犯罪带来的医疗费用、财产损失以及人们为了防范犯罪的支出<br>收入分配:衡量整个人口实际分享 GDP 的公平程度<br>资源耗竭和生态退化:它包括由于空气、水污染对人类健康、农业和建筑的损害,以及类似的娱乐性损失<br>闲暇损失价值:如果人们为了保持"平等"地位而不得不做两份工作或更长时间,那么他们实际上是不平等的,它损失了家庭团聚、继续教育等机会 |

总的来看，GPI 指标整体上颠覆了 GDP 指标的核心理念，将社会发展的成绩和代价等考虑到整个 GDP 增长的过程中，从而描画出了与 GDP 完全不同的发展景象。比如，从 GDP 衡量水平看，过去 20 年间发达国家的经济

发展水平发展迅猛。而 20 世纪 70 年代以后，美国的生活质量逐步下降，20 年间下降了 45%。美国民众普遍感觉他们的生活质量是在下降，而不是在提高，因为他们必须工作更长的时间保持他们目前的生活水平，而且美国的贫富差距也越来越大。在英国，社会不平等和环境破坏的加剧，也严重地影响了人们的生活质量。综合来看，影响人们生活质量的三个最关键的因素是：不平等、环境破坏和家庭劳动的商品化。我们可以借鉴 GPI 指标设计的思想，审慎地对待现代化经济发展的代价，重视社会方面的代价，比如家庭团结的破裂以及由此造成的成本、为了防范社会犯罪而付出的成本等。这些都是我们在指标设计过程中需要考虑的。

## 五 联合国千年发展目标（MDGS）

2000 年，全球 189 个国家的 147 位元首签署了《联合国千年宣言》，并公布了联合国千年发展目标（The Millennium Development Goals，缩写为 MDGS）。这是世界各国为消除贫困及推动经济社会全面、协调和可持续发展所发表的宣言。联合国千年发展目标包括 8 项总目标和 48 项具体指标（见表 8 - 7）。

表 8 - 7 联合国千年发展目标

| 目标 | 指标 |
| --- | --- |
| 1. 消除极端贫困和饥饿（2015 年指标减半） | 日均开支不足 1 美元的人口比例；贫富差距比例；最穷 20% 的人口收入或消费的比例；低体重儿童比率；营养不良人口比例 |
| 2. 普及初等教育（2015 年普及初等教育） | 小学净入学率；读到 5 年级的儿童比例；识字率 |
| 3. 促进性别平等、赋权于妇女（消除性别歧视） | 女孩对男孩的比率：初等教育、中等教育、高等教育<br>女性对男性的识字比率<br>从事非农业有薪职业女性的比率<br>女性在议会中所占席位 |
| 4. 降低儿童死亡率 | 5 岁以下儿童死亡率；婴儿死亡率；麻疹疫苗的接种比率 |
| 5. 改善孕产妇健康 | 孕产妇死亡比率；有熟练医护人员护理的分娩比率 |
| 6. 遏制 HIV/AIDS、疟疾和其他疾病 | 15~24 岁孕妇艾滋病感染率、结核病致死率；疟疾病例数与致死率 |
| 7. 确保环境的可持续性 | 单位能源使用产生的 GDP；获得改善水源的人口比例；等等 |
| 8. 为发展而建立全球伙伴关系 | |

MDGS 的核心目标在于消除贫困、为弱势人口赋权，整个指标中没有 GDP 之类的经济发展指标，强化了社会发展的根本目标和意义。该目标的设计理念符合发展中国家目前的发展阶段，教育公平、健康服务公平以及妇女社会权利的获得等指标在今天看来仍然具有现实参考意义。

## 六　香港社会发展指数

20 世纪 90 年代末，香港社联设计出了一套客观的、科学的分析工具，即香港社会发展指数，从 2000 年开始就运用这一套指数不间断地追踪香港的社会发展进程，评估香港社会政治、经济以及社会发展的问题。该指标的核心宗旨在于体现 1995 年联合国哥本哈根社会发展宣言：无论男女都可行驶他们的权利，有效地运用资源并做出承担；每个人都享有合适的生活，并为家庭、社区以及人类整体的幸福做出贡献。

香港社会发展指数共包括 14 个领域，涉及社会、政治和经济等方面（见表 8 - 8）。为了突出不同社会群体的问题，香港社会发展指数分别就妇女、青少年、老年人、儿童、低收入群体等 5 个群体设计了分组指标（见表 8 - 9），用于考察政府、社会在解决弱势群体的问题上是否得力。

表 8 - 8　香港社会发展指数

| 目标 | 指标 |
| --- | --- |
| 公民社会力量分类指数 | 被豁免的慈善机构数或信托机构数<br>私人慈善捐款占本地生产总值的比例<br>私人慈善捐款与政府资助的比例<br>参与工会的工人占劳动人口的比例 |
| 政治参与分类指数 | 最近一次区议会投票率<br>区议会选举候选人与民选议席的比例<br>具政党背景的区议会候选人占总候选人的比例 |
| 国际化分类指数 | 香港市民无需签证即可旅行的国家<br>在港以外注册公司的数目<br>在港举行国际会议的数目 |
| 经济分类指数 | 人均本地生产总值<br>最低收入 50% 的家庭人口占全港人口收入的比例 |
| 环境素质分类指数 | 人均公共休憩用地、人均住宅用水量、废物循环利用比例 |
| 文娱分类指数 | 文化遗址的建筑数目、在本港首次出版书刊数目 |
| 康体分类指数 | 公共体育设施数目、公共体育设施的平均使用率等 |
| 科技分类指数 | 取得专利权的数目、科学学术著作数目 |

续表

| 目标 | 指标 |
|---|---|
| 教育分类指数 | 高中教育人口百分比、大专以上教育人口的百分比<br>持续教育课程修读人数 |
| 卫生健康分类指数 | 出生时预期寿命、出生时婴儿死亡率、肺结核感染人数<br>吸烟人数、冠心病人数、自杀人数 |
| 人身安全分类指数 | 食物中毒死亡人数、职业死亡人数、交通意外死亡人数 |
| 房屋分类指数 | 住房开支占家庭总开支的比例、轮候房屋委员会租住单位人数 |
| 治安分类指数 | 暴力罪案数目、非暴力罪案数目、暴力罪案受害人数占总人口的百分比、被定罪的贪污罪案数目 |
| 家庭团结分类指数 | 新婚数目、离婚案数与新婚案数比例、家庭暴力个案数目 |

表 8 - 9　就特殊群体设计的分类指数

| | |
|---|---|
| 妇女状况分类指数 | 居住在低收入户中的女性占女性人口的比例（每十万名）<br>已婚女性劳动参与率、女性中位工资与男性中位工资的比率<br>女性行政及经理人员占该级人员总数的百分比<br>女性民选议员占总民选议席的百分比 |
| 低收入人士分类指数 | 在低收入住户居住的人数（每十万名）<br>低收入住户房屋及食品开支占总开支的比例<br>居住在低收入户中的劳动人口的失业比率<br>实质工资指数、露宿者人数（每十万名） |
| 儿童状况分类指数 | 居住在低收入户中 0～14 岁人口占该年龄组人口的比例<br>居住在单亲家庭的儿童占儿童总人数的比例<br>0～4 岁儿童的死亡人数（每十万名）<br>2～6 岁儿童入幼儿园的人数（每十万名）<br>0～19 岁人口虐儿的个案数目（每十万名）<br>已接受三重疫苗注射的儿童占儿童总人数的比例<br>7～15 岁被捕的儿童占儿童总人数的比例 |
| 青少年状况分类指数 | 居住在低收入户中 15～19 岁人口占该年龄组人口的比例<br>高中以上程度的 15～19 岁青少年占该年龄组人口的比例<br>就读于大专教育课程的 15～24 岁青少年占该年龄组人口的比例<br>15～19 岁青少年的失业率<br>16～20 岁因暴力罪案而被捕的人数（每十万名）<br>15～19 岁药物滥用的人数（每十万名）<br>10～19 岁青少年自杀的人数（每十万名） |
| 老人状况分类指数 | 居住在低收入户中老年人口占老年人口总数的比例<br>65 岁时的平均预期寿命<br>初中文化程度的老人占老年人口总数的比例<br>最近一次区议会选举中老年人的投票率<br>老年活动中心会员人数占老年人口的比例<br>65 岁以上独居人口占老年人口的比例<br>老年人口的自杀率 |

香港社会发展指数分类比较细致，而且跟踪了 12 年。总体来看，这套指数相对比较成熟，其中某些指标对我们很有启发。比如，家庭团结指数是现代社会比较典型的问题，如果能通过一定的指数反映出来会非常有意义。香港社会发展指数将社会中的弱势人群进行分类，并对这些弱势人群在社会现代化、社会发展的进程中的发展情况进行分析，可以避免"平均水平"分析模式对弱势群体特殊问题的忽视。

## 七 全面小康社会指标

在国内，对于构建社会发展指标体系的努力从小康社会指标体系建设开始。20 世纪 90 年代，邓小平对中国的现代化进程提出了分"三步走"——温饱、小康、富裕——的设想，于是，围绕温饱、小康、现代化是否达标的评价指标体系研究在国内一直长盛不衰。

2004 年，在商务部和发改委支持下，由武汉大学生活质量研究与评价中心设计的全面小康社会指标，是目前为止设计得比较科学的评价我国社会建设水平的指标（见表 8 - 10）。

表 8 - 10 全面小康社会指标

| 五大类指标 | 具体指标 |
| --- | --- |
| 经济水平指标 | 人均 GDP；贫困人口比率；农村恩格尔系数；城市居民人均可支配收入；农村居民可支配收入；基尼系数 |
| 基本生存状况 | 贫困地区初等教育普及率；贫困地区 5 岁以下儿童死亡率；农村引用自来水人口的比率；贫困地区通公路的行政村的比例；等等 |
| 社会指标 | 中等收入阶层比重（阶层结构）<br>城镇人口占总人口比重（城市化水平）<br>第三产业就业人员比重（产业结构社会化）<br>非农业从业人员比重（就业结构现代化）<br>城市居民最低生活保障率（城市安全网覆盖水平）<br>农村居民最低生活保障率（农村安全网覆盖水平）<br>公共教育经费支出占 GDP 的比重（预算内）<br>出生婴儿性别比（男女性别比例）<br>初中教育女生和男生完成率比例（男女入学机会的平等）<br>城镇单位女性就业人员比例（男女就业机会的平等）<br>女性在政府部门中的就业比重（男女在政治经济决策参与上的平等） |

续表

| 五大类指标 | 具体指标 |
| --- | --- |
| 环境可持续性 | 环境治理经费支出占 GDP 的比重、森林覆盖率<br>城市人均公共绿地面积、水资源利用率、工业三废处理率 |
| 生活质量指标 | 人均预期寿命（健康水平）<br>农村居民蛋白质人均日摄入量（农村居民营养水平）<br>城市居民人均居住建筑面积（住房现代化水平）<br>每十万人拥有大专以上文化程度人口数（知识化水平）<br>每万人拥有医生数（医疗资源水平）<br>每万人拥有病床数（基本医疗资源占有）<br>每万人拥有律师数（法制化）<br>刑事发案率（社会安全）<br>失业率（社会安全和社会和谐）<br>非政府组织的比重（市民社会的发展程度）<br>年人均购书花费（文化消费水平）<br>城市每百户家用电脑拥有量（信息化水平）<br>人均国内出游率（交通消费和社会流动水平） |

　　在全面小康社会指标中，着力突出了社会指标和生活质量指标，而弱化了经济水平指标。在社会指标分类中，不仅考虑到现代化建设中的工业化水平、城市化水平、社会福利覆盖水平等非常普遍的社会问题，同时从性别平等的视角将性别平等从出生、教育、就业机会上进行刻画。同时，在生活质量的衡量上，全面小康社会指标纳入了非政府组织参与等指标，符合当前中国社会的发展趋势。所以，这一套指标体系对我们的研究有许多方面的可借鉴之处。

## 参考文献

阿马蒂亚·森：《以自由看待发展》，任赜、于真译，中国人民大学出版社，2002。

埃米尔·迪尔凯姆：《自杀论》，冯韵文译，商务印书馆，2008。

安东尼·吉登斯：《现代性的后果》，田禾译，译林出版社，2002。

丹尼尔·贝尔：《后工业社会的来临——对社会预测的一项探索》，高铦等译，新华出版社，1997。

弗洛姆：《健全的社会》，孙恺祥译，上海译文出版社，2011。

罗伯特·帕特南（Robert D. Putnam）：《独自打保龄——美国社区的衰落与复兴》，刘波等译，北京大学出版社，2011。

童星：《现代性的图景：多维视野与多重透视》，北京师范大学出版社，2007。

中国现代化战略研究课题组、中国科学院中国现代化研究中心：《中国现代化报告 2003：现代化理论、进程与展望》，北京大学出版社，2003。

中国现代化战略研究课题组、中国科学院中国现代化研究中心：《中国现代化报告 2006：社会现代化研究》，北京大学出版社，2006。

周宏：《福利国家向何处去》，社会科学文献出版社，2006。

Barrera-Roldán, A. and A. Sald'var-Valdés, "Proposal and Application of a Sustainable Development Index," *Ecological Indicators*, 2002（2）：251–256.

Esty, D. C., M. A. Levy, T. Srebotnjak, A. de Sherbinin, C. H. Kim, and B. Anderson, "Pilot 2006 Environmental Performance Index," Yale Center for Environmental Law and Policy（YCELP）, New Haven, US., 2006.

Levy, M. J., 1966, *Modernization and the Structure of Societies*, Vols. I and II, Princeton：N. J.：Princeton University Press.

Titmuss, R. M., 1958, *Essays on the Welfare State*, London：George Allen & Unwin.

Yale Center for Environmental Law and Policy（YCELP）and Center of International Earth and Science Information Network（CIESIN）, "2005 Environmental Sustainability Index," Yale School of Forestry & Environmental Studies & Yale Law School, US., 2005.

# 第九章

# 结论：太仓社会现代化的经验和
# 未来走向

本书从宏观、中观和微观三个层面分析和解读了太仓社会现代化的进程，并从行动策略角度深入剖析了这个进程的具体机制，从中找到中国作为一个后发国家在实现现代化过程中所具有的政治、经济、社会乃至文化条件及其利用条件而积累的经验，不仅丰富了现代化的理论内涵，而且为全国其他地方的现代化提供了一个重要的本土案例，也为太仓继续推进现代化找到了前进的方向和路径。

## 第一节　太仓社会现代化的经验

从对太仓社会现代化实践的调查和研究中，我们可以对其经验做如下简要概括：政府主导，以集体为载体；经济先导，社会普惠；现代与传统互促，内外兼容，城乡共生。

### 一　太仓的社会现代化是政府主导、以集体为载体的社会变迁过程

欧美发达国家的社会现代化程序基本上是这样一个过程：思想启蒙、科技发明、工业革命、市场拓展、阶层变化到政治民主、社会运动、社会福利等。在这个过程中，科技、社会、市场扮演了主导力量。西方的许多现代化理论按照西方现代化经验为发展中国家开出所谓现代化的"药方"，开放市场、政治民主，从而走向现代化。但是，这些理论的一个致命缺陷是，忽视

了发展中国家对现代化进程的自我掌控能力、资源供给和配置能力等问题。事实上，英国人类学家波兰尼已经看到，市场并不是自然产生的，而是建构的产物。西方现代化理论没有认识到，所谓的开放市场是按西方的市场规则去运行，忽视了发展中国家的市场掌控能力和竞争能力。发展中国家一旦按西方的市场规则去做，就容易导致西方企业的强势进入和垄断，从而失去自主能力，也危及本国的社会关系、文化价值和政治基础。许多发展中国家在现代化进程中碰到许多困境，但迄今尚未找到有效的路径和方法。中国作为最大的发展中国家，在过去30多年中经济发展迅速，成为世界第二大经济体，引起世界关注。虽然中国现代化还不能说是已经成功了，社会现代化还有很长的路要走，但是，中国的社会现代化实践已经积累了一些经验，特别是各地根据自己的情况而积累了有价值的经验。太仓作为苏南模式的代表，利用集体强大、政府主导这样的体制力量拓展出一条经济和社会现代化的路子，破解了社会能力弱、资源不足、市场不发达、计划体制障碍等困境。从总体性社会阶段到市场社会乃至行政社会阶段，我们都会发现政府主导的影响，尤其是在社会组织不发达、村社经济较强的格局下，政府通过行政手段、财政资源以及政策和法律的合法手段去推进社区建设、"政社互动"、公共服务均等化、城乡一体化、社会保障制度建设等。地方政府和集体在推进现代化中具有政策和法律的优势、强大的社会动员和组织能力优势、产权优势等，可以弥补资金短缺，克服一些体制制约，能够有效地调动集体资源（土地、劳动力资源），开拓市场渠道，为外部资本、技术的进入提供相应的政策和体制保障。

## 二 太仓现代化走的是经济先导、社会普惠的路子

太仓社会现代化基本上体现了中国的现代化路径：以经济建设为中心，推进农业现代化、工业现代化、科技现代化和国防现代化"四化"建设。太仓在经济现代化过程中的一个重要特点是强调集体的作用，在其经济发展中，集体福利既是一种动力，又是一个目标。这有别于温州模式、晋江模式。在太仓（包括苏南）过去30多年的经济发展中，我们看到的不仅是太仓工业化，而且是以集体福利增长为代表的社会福利的发展：乡镇企业带来的不只是工业化、经济总量的增长，而且包括当地农民"离土不离乡"的就业机会、非农化机会和城镇化机会。从中，我们可以看到乡村集体合作医

疗保障制度的延续、农村教育的快速发展、村社公共基础设施的改善等。虽然 20 世纪 90 年代乡镇企业改制转型后在一定程度上削弱了社会福利，但是，进入 21 世纪，政府在推进经济发展的同时，再次强调和重视发展集体福利的重要性，并在全市扩展社会福利，构建城乡一体的社会保障制度，实现均等的公共服务。由于一直以来太仓政府和集体的力量都很强大，也为老百姓所认可，因此必然会被要求更多地去承担社会普惠的责任。与此同时，由于政府和集体强力介入经济发展，造成在征地拆迁、利益分配上的一些矛盾，倒逼着政府和集体用社会福利的方法来化解矛盾。正如波兰尼所说的那样，英国等欧洲国家在市场经济侵入面前采取"反向"行动，以阻止前者的侵害，但在太仓我们看到的是，政府和集体在推进市场经济发展过程中用集体福利和社会福利的形式去化解市场的侵害。虽然这一做法在不同阶段表现得很不相同，也可能会在一定程度上助推市场对民众利益的侵害，但是，当面临一定的抵抗后，政府开始调整其社会政策，以遏制和弥补对社会福利的损害。当前太仓最明显的做法就是"强村富民"，再次通过发展集体合作经济推进社会福利发展。所以，经济发展和社会福利建设的平衡关系一直占据着太仓现代化的核心位置，这也是许多发达国家在现代化进程中所要面对和处理的最核心课题。

## 三 太仓社会现代化是传统与现代、内外、城乡三对重要关系不断变迁的过程

在这个过程中，太仓并没有按照西方的现代化理论逻辑——抛弃传统、农村衰减、后发国家靠外部输入而非内部成长机制——进行，因此，现代化理论的内生和外发视角都不足以解释太仓的社会现代化实践。事实上，太仓的社会现代化走了一条传统与现代互促、内外兼容并蓄、城乡共成长的路子。强政府和强集体是整个苏南模式的一个特点，靠着政府和集体的强力动员，有效地利用本地劳动力、土地以及上海等大城市的市场和人才资源，构筑了苏南工业化、城镇化和现代化的良好要素条件。太仓传统的商业文化、勤劳的农耕文化和邻里相助、和睦相处、重家庭的生活态度，为太仓的社会现代化提供了"精神支持"（按韦伯的说法，是伦理道德）。同时，太仓毗邻上海，在中国历史上曾是郑和下西洋的出发地，较早地与外部世界进行社会、经济和文化交往，受外来文明影响较大，养成了太仓不排外的社会和文

化生态。良好的农耕条件和江南鱼米之乡，为太仓工业化奠定了坚实的农业基础。太仓的工业化在城乡同时推进，形成城乡共发展的格局。所以，在太仓，我们可以看到这样的社会现代化格局：传统与现代相得益彰、相互促进；本地人、外地人和外国人共处共生共发展；城乡一体化。

但是，太仓的社会现代化还在进行之中，现在的经验不等于在将来依然管用，也不意味着现在就没有问题，如果我们换一个角度去看这些经验，也许会发现这经验背后潜藏着许多深层的社会问题。这也就意味着，太仓的现代化还没有告终，仍然有很长的路要走，仍然有许多问题等待解决，因为太仓的社会现代化不仅仅取决于本身的发展进程，而且受制于整个国家的现代化步伐。

## 第二节　太仓社会现代化面临的挑战

### 一　政府和集体力量过于强大，在一定程度上削弱了社会的自主能力、合作精神和动力

目前太仓还是处于行政社会阶段，政府取代社会的现象相当普遍，在社会建设上我们看到的都是政府的声音、行动，而社会的声音和影响很小。表面上集体属于社会的一部分，但是在实际运行中，集体的"行政化"相当明显，自治和自主能力比较弱，难以扮演"社会"角色。由于政府力量过于强大，加上当前政府掌握的资源非常多，尽管政府也很想让"社会"发展起来，但是社会建设中的政府依赖路径难以改变。因此，在行政社会状态下，社会现代化就会出现一系列问题。

首先，"社会需求"与政府的供给存在一定程度的错位。尽管政府在社会建设上投入资源很多，并快速增加投入，但是并不一定能很好地满足社会需求，出现了"政府供给的不是社会所需求的，而社会所需求的并一定是政府所供给的"尴尬局面。

其次，老百姓过度依赖政府，就会将所有责任、问题和矛盾都归咎于政府。政府承担无限的责任，进一步限制了政府的职能转变和体制改革，甚至出现逼迫政府向过去的全能主义型回归的态势。但是政府并不是万能的，在社会福利建设、民生事业发展、社会秩序建构等方面不再具有全方位的能力。所以，太仓市政府虽然财力很雄厚，但仍然觉得财政压力很大。

再次，民间的资源和创造性、积极性、合作性得不到有效的挖掘、发挥，这对社会现代化建设是很大的损失。实际上，在社会公共性、社区共同体的营造和建设上，财力雄厚固然重要，但是仅仅靠雄厚的财力很难达到良好的效果，更重要和更关键的是让民众能有兴趣、有积极性，自愿去参加，挖掘一些仅仅靠财力无法挖掘的资源——诚信资源、合作资源、幸福资源等。

最后，政府和集体过强过大，一方面会让政府和集体发展为有自身利益的实体，会在行动和决策上优先考虑自身的利益（政治、经济等利益），无形中难以保持公正、公平，甚至会有目的地损害一些社会利益特别是公共利益；另一方面造成社会太弱，无法对政府进行监督，没有能力影响政府的决策，从而会滋生腐败问题。这两方面都有可能会引发社会矛盾（尤其是干群矛盾），而政府自身又缺少解决矛盾的合法性、权威性和公信力。

所以，像中国这样的发展中国家，如果没有强有力的政府力量，不足以有效动员社会力量和资源去搞现代化建设，但是政府力量过于强大甚至到了全能的地步，也不利于社会现代化建设。构建良好的、平衡的、合作的政府与社会的关系，本身就是社会现代化的内在要求，也是其得以进行的重要条件。社会建设的提出无疑是对要求的行动响应。社会建设不仅限于将更多的财力和资源投入民生社会事业，更重要的是去扶持、促进"社会"的发展，增强"社会"的自主发展能力。

## 二　从经济建设到社会建设的提出是中国现代化建设向纵深推进的表现，但以经济建设为中心的惯性难以在短时间内得以改变

虽然最近几年社会建设越来越受重视，但是，与全国其他地方一样，太仓仍将经济建设和发展作为工作重心，在一定程度上降低了社会建设的效果，出现经济与社会一条腿长、一条腿短的不协调问题。比如，太仓居民收入占国民收入的比重比较小、中下层收入人员的数量比较大、就业稳定性比较低、外来人口融入程度不高、中产阶层比重偏小等。这些社会问题必须依靠促进太仓社会现代化和社会建设才能解决。

## 三　现代与传统、内外、城乡这三大关系的调整、协调和建构难以适应经济发展和社会现代化的要求

正如上文中指出的，一方面，传统在推进太仓现代化中发挥了积极的作

用，但是另一方面也面临现代化的挑战。比如，家庭关系和功能因计划生育、就业非农化以及城市化而出现弱化态势，社区联系纽带在撤村并村过程中受到削弱，而替代的关系和功能还没有成长起来，降低了社会凝聚的基础。大量外来人口进入太仓，带动和激发了太仓的经济发展，少部分的经济管理和技术人才获得了很好的社会融入，但是大部分外来人口依然处于流动状态，社会融入水平比较低。这不仅对流动人口的生存和发展不利，而且不利于太仓的社会凝聚和团结，不利于太仓经济的可持续发展。在三大关系中，城乡关系调整得相对好一些，这得益于太仓农村工业化的发展。但是，城乡一体化进程还远没有结束，资源配置依然偏向城市，城乡社会制度还没有达成一体和均衡，在社会保障上仍然存在城乡差别，表现为失地农民养老保险、农民养老保险、城镇职工养老保险和机关事业单位养老保险等制度的不同。当然，也有一些农村社区的集体经济和福利好于城市社区，出现一定程度的城乡倒挂现象。但是这种现象并不很突出，不论是在基础设施还是公共服务方面，城市社区仍然好于农村社区，大多数农村社区还要自己出部分甚至全部的资金用于基础设施建设和公共服务，尤其是，农村的公共服务质量远不如城市社区。

由此看来，催生"社会"成长，促进社会与经济协调，处理好现代与传统、内外和城乡三大关系，是太仓继续推进社会现代化和社会建设的重要内容和方向。太仓目前正在推进的"政社互动"和"三社联动"的改革实践，为催生"社会"成长找到了体制和技术创新路径。但是，如果没有政府职能的转变以及执政方式的创新和调整，这样的改革实践并不能取得有效催生"社会"成长的效果。未来，太仓依然肩负着重大的社会现代化任务：从宏观层面上形成平衡、合作的政府、市场与社会的三者关系，构建合理的社会结构，促进城乡一体化；从中观层面增强社会团结和凝聚力；在微观层面改善人们的生活，提升全社会的幸福感和满意度。太仓由此才可能真正成为一个安全和谐、民主稳定、富裕健康、城乡融合、自然与人融为一体的现代化"田园城市"。

# 第三节　太仓社会现代化的后续行动策略

## 一　政府的发展理念要创新

经济增长是社会现代化的重要基础，但是不能作为唯一的目标，因为它毕竟是物的层面，如果作为唯一的目标，会演化为人的"异化"力量，会对其他如社会参与、民主协商、幸福健康、社会自主和社会团结等重要目标和取向产生严重的危害和挑战。在过去的发展中，经济建设和经济增长一直是太仓现代化的核心，对改善太仓社会经济和民生有着不可忽视的作用，但是与此同时，经济建设和增长并不能很好地解决社会结构合理性问题、社会凝聚力问题、社会参与问题、幸福健康问题。这意味着政府的发展理念应该有所更新和创新，必须将经济发展与社会结构合理化、社会凝聚力提高、社会参与和幸福健康结合起来考虑。应该清楚地认识到，发展经济不是为了经济总量这个指标的好看与否，而是为了满足人们对安全、参与、健康、自主、民主和团结等的需求。

## 二 政府治理观念要创新

正如发展经济仅仅靠政府是不够的、必须要培育一个健康的市场一样，搞社会建设、社会现代化，完全靠政府也是不行的，必须要培育一个自主、自强、合作与和谐的"社会"，让"社会"承担更多的社会建设和社会现代化任务。当然，要注意的是，社会建设实际上比经济建设更复杂，面临更多的困难，因此，让社会承担更多的社会建设和社会现代化任务，并不意味着政府甩手不干或者不承担责任了。这里需要构建一个平衡的、合作的社会、政府和市场的三者关系和运行机制，最大限度地发挥它们在社会建设和社会现代化中的作用。就太仓来说，目前政府很强大、市场很活跃，但是社会很弱小，因此从社会治理的角度来看，眼下当务之急是通过治理方式、机制和体制的改革和创新，有效地培育和做强"社会"，使其能承担起更加重要的社会建设和社会现代化责任，只有这样，才能真正实现社会现代化。因此，当前太仓市委和市政府应该像过去培育市场那样，坚持不懈地、千方百计地去培育"社会"（如社区、社会组织等），以激活社会在社会建设中的活力和动力。

## 三 社会治理体制和机制要改革和创新

当前太仓的"政社互动"做法面临三大问题。一是观念问题。在治理观念上仍然带有浓厚的行政色彩，用单一的方式去实现政府的理念，仍然没有让老百姓做主的市民社会的治理理念。二是体制问题。政府试图让社区拥有更多的自治权，但是党仍然把社区作为自己的下属管理；法律上社区是一个自治单位，但是实践上社区"行政化"依然严重；在行政管辖和公共服务方面，从乡镇、街道到老百姓那里缺了一层行政执行和输送的单位。如何从体制上理清政社关系、党政关系、党社关系，对促进"政社互动"理念的实施有着非常重要的意义。三是机制问题。在"政社互动"上，缺乏多方竞争和监督、评估机制。目前的机制是，政府既是购买方，又是价格制定方和验收评估方，社区则完全处于弱势地位，没有讨价还价的空间和地位。但是由于没有其他社会组织参与竞争，政府也只能选择社区作为服务提供者。在这种情况下，就会出现政府与社区表面平等而实则不平等的尴尬局面，社区没有获得独立的地位，依然是行政化的组织。因此，我们认为，体制改革和创新应体现在：在社区层面设立政府公共服务执行和输送机构，执行和输送不能由社会购买的公共服务部分，让社区居委会和村委会成为真正的自治单位；在向社会购买公共服务上，引进更多的社会组织参与，并建立独立的定价、评估和监督机制；在政策上允许社会组织兴办一些政府力所不及以及不是职权范围内的社会公益事业，并从财政上给予一定的补贴支持。

**四  具体政策创新和改革**

从机构设置上，与社会建设和社会现代化有直接关联的党政和事业部门很多，如卫生、教育、民政、人社、文体、广播电视、社会团体、公安司法、学校、医院、协会、县志办等机构，但是缺乏有效的整合、规划、协调和领导这些部门的机构。虽然太仓设立了市委副书记领导下的社会建设办公室，但是，这个机构不论从编制、权力还是专业上都还存在严重的不足，缺乏有效的整合、协调权力和能力。如果在党内能成立由市委书记为主任的社会建设委员会，也许可以化解这个问题。在促进社会结构合理化上，目前的政策力度和效果都很不够，要出台系统的、配套的收入倍增政策（包括技能培训、社会保障等）以及外来人口市民化政策（包括外来人口子女教育与融入政策、外来技术工人融入政策、外来人口居住政策等）。在社会组织培育上，实现引进与培育相结合的策略，降低准入门槛，鼓励开拓服务项目和空间，建立规范、评估和监督体系与标准。当然，具体的社会政策创新需要建立在科学的深入调查和广泛的社会讨论基础上，其目的就是要更好地满足人们的社会需要，更好地体现人们的想法，激发更多的民众参与社会决策、社会管理和社会服务等活动，从而更好地凝聚社会，实现社会和谐。

## 五　建立长效的社会建设人才培养制度以及社会建设统计信息制度

社会建设需要大量的专业化人才，比如社会服务人才、社会组织人才等，现在这方面的人才相当缺乏，也没有相应的培训机构。为此，我们建议太仓市在党校或行政学院专门开设人才方面的培养课程或专业，为太仓定期培训社会建设人才。与此同时，太仓在经济建设上已经形成了一个比较系统、可操作、具有重要指导意义的统计信息采集、处理和公布的制度，对于政府的经济建设有着重要的指导价值，但是在社会建设方面目前尚未建立这样的制度。我们课题组为太仓设计了一个社会现代化指标体系，其中有些指标是可以直接从统计部门获取的，但是大多数指标在统计数据里是找不到的，因此，建议统计局专门为太仓市的社会现代化指标体系进行深入的调查研究，定期提供相关的统计数据和指标。只有这样，才能有效地推进太仓的社会现代化建设。

太仓作为中国的一个发达县级市，其社会现代化必然会受到外部各方面的影响和制约。整个国家的现代化进程和各种体制、江苏省的现代化进程和各种体制、苏南地区的现代化进程和体制乃至长三角周边地区的情况都会影响太仓的社会现代化进程。虽然太仓可以从体制和政策上进行创新，突破外部体制和政策的制约，但是一个县级市在体制和政策创新上所拥有的空间相对较小。目前最大的问题是上级党政机构与下级部门在职责和权力等方面没有明确的法律界定，因此很容易造成两个极端：①地方政府因法律和政策空间的模糊而极度地使用权力，对上级政策进行过度的解读、"弯读"和"创读"；②地方政府无所作为，更谈不上改革和创新。太仓的社会现代化建设需要在这两个极端之间找到一个平衡点，既不能不作为，又不能乱作为，要找出符合国家政策、具有创新特色的太仓社会现代化建设路子或模式，更好地实现太仓社会、政府和市场三者的均衡和合作，为全国其他地方的社会现代化建设提供有价值的经验。

我们相信，如果太仓市各界像过去搞经济建设那样持续不懈地推进社会现代化建设，那么，太仓同样可以很快成为苏南地区社会现代化建设的先行者。一个和谐、幸福、健康、合作的"田园城市"将在不远的将来成为现实。

**参考文献**

波兰尼：《大转型：我们时代的政治与经济起源》，冯钢、刘阳译，浙江人民出版社，
　　2007。
陆学艺、浦荣皋主编《苏南模式与太仓实践》，社会科学文献出版社，2009。
英格尔斯：《人的现代化》，殷陆君编译，四川人民出版社，1985。

# 附录一
# 太仓社会建设调查（个人问卷）

| 一审 | 二审 | 编码 |
|------|------|------|
|      |      |      |
|      |      |      |

问卷编号 ☐ ☐ ☐ ☐

访员编号 ☐ ☐ ☐

## 入户抽样

先生/女士/同志：您好！

我叫_____，是中国社会科学院课题组社会调查员，为了研究国情，了解民众对各种社会现象的意见和看法，我们组织了这次调查，选中了您作为调查对象。对问卷中的问题的回答没有对错之分，您只要把您的实际状况和平时的想法如实地告诉我就可以了。问卷不记您的姓名，对您的回答，我们将严格保密，请您放心回答问题。谢谢您的支持。

中国社会科学院社会学研究所

2011 年 4 月

| | 名　称 | 编　码 | | |
|---|---|---|---|---|
| 省(市) | | | 调查员姓名 | |
| 县/区 | | | 调查员电话 | |
| 乡/镇 | | | | |
| 社区/行政村 | | | 访谈开始时间 | ___月___日___时___分(24 小时制) |
| 被访者姓名 | | | | |
| 户籍来源地 | 省　　市　　县 | | 访谈结束时间 | ___月___日___时___分(24 小时制) |

# 第一部分　个人情况

首先请您让我了解您和您的家人的一些基本情况（如系迁移劳动力，请回答在打工地共同居住并具有血缘或姻缘关系的家庭成员）：

| N | 家庭成员编码 | 1 | 2 | 3 | 4 | 5 | 6 | 7 | |
|---|---|---|---|---|---|---|---|---|---|
| A1 | 与被访者关系：<br>1. 被访者本人　2. 配偶　3. 父母(公婆、岳父母)　4. 子女(媳婿)　5. 兄弟姐妹　6. 孙子女<br>7. 祖父母　8. 其他亲戚 | | | | | | | | A11 ＿＿＿＿ A12 ＿＿＿＿ A13 ＿＿＿＿<br>A14 ＿＿＿＿ A15 ＿＿＿＿ A16 ＿＿＿＿<br>A17 ＿＿＿＿ |
| A2 | 性别:1. 男　2. 女 | | | | | | | | A21 ＿＿＿＿ A22 ＿＿＿＿ A23 ＿＿＿＿<br>A24 ＿＿＿＿ A25 ＿＿＿＿ A26 ＿＿＿＿<br>A27 ＿＿＿＿ |
| A3 | 年龄(周岁) | | | | | | | | A31 ＿＿＿＿ A32 ＿＿＿＿ A33 ＿＿＿＿<br>A34 ＿＿＿＿ A35 ＿＿＿＿ A36 ＿＿＿＿<br>A37 ＿＿＿＿ |
| A4 | 婚姻状况：<br>1. 未婚　2. 初婚　3. 再婚<br>4. 离婚　5. 丧偶　6. 其他 | | | | | | | | A41 ＿＿＿＿ A42 ＿＿＿＿ A43 ＿＿＿＿<br>A44 ＿＿＿＿ A45 ＿＿＿＿ A46 ＿＿＿＿<br>A47 ＿＿＿＿ |
| A5 | 户口类型：<br>1. 非农户口　2. 农业户口<br>3. 没有户口　4. 其他(＿＿＿＿) | | | | | | | | A51 ＿＿＿＿ A52 ＿＿＿＿ A53 ＿＿＿＿<br>A54 ＿＿＿＿ A55 ＿＿＿＿ A56 ＿＿＿＿<br>A57 ＿＿＿＿ |
| A6 | 户口所在地：<br>1. 居住地　2. 本镇的其他社区<br>3. 本市的其他乡镇　4. 本省的其他县市　5. 外省/直辖市/<br>6. 持境外护照<br>7. 其他情况(＿＿＿＿) | | | | | | | | A61 ＿＿＿＿ A62 ＿＿＿＿ A63 ＿＿＿＿<br>A64 ＿＿＿＿ A65 ＿＿＿＿ A66 ＿＿＿＿<br>A67 ＿＿＿＿ |
| A7 | 最高(或在读)学历：<br>1. 不识字　2. 小学　3. 初中<br>4. 高中/职高　5. 中专/中师<br>6. 大专　7. 大学本科　8. 硕士/双学士　9. 博士 | | | | | | | | A71 ＿＿＿＿ A72 ＿＿＿＿ A73 ＿＿＿＿<br>A74 ＿＿＿＿ A75 ＿＿＿＿ A76 ＿＿＿＿<br>A77 ＿＿＿＿ |
| A8 | 政治面貌：<br>1. 群众　2. 共青团员　3. 共产党员　4. 民主党派及无党派人士<br>9. [不回答] | | | | | | | | A81 ＿＿＿＿ A82 ＿＿＿＿ A83 ＿＿＿＿<br>A84 ＿＿＿＿ A85 ＿＿＿＿ A86 ＿＿＿＿<br>A87 ＿＿＿＿ |
| A9 | 在村/社区内的身份：<br>1. 村/社区干部　2. 村民/居民小组长　3. 村民/居民代表<br>4. 普通村民/居民 | | | | | | | | A91 ＿＿＿＿ A92 ＿＿＿＿ A93 ＿＿＿＿<br>A94 ＿＿＿＿ A95 ＿＿＿＿ A96 ＿＿＿＿<br>A97 ＿＿＿＿ |

# 第二部分　职业情况

下面我们想了解一下您目前从事生产、工作或经营活动的情况。一部分问题与您的工作和工作单位有关，请注意：我们只要说到工作单位，指的就是您的工资关系所在的企业或机构，或者向您发放工资的企业或机构；如果是个体经营或家庭经营也要回答有关工作单位的问题。

| | | |
|---|---|---|
| B1 | 您的主要工作(包括农业和非农业)是什么？请详细说明内容(如果是农业生产，直接跳答第三部分)[调查员详细记录，然后查阅职业分类表，找出具体职业代码]_____<br>97.[不适用(跳答 C1)]　　　98.[不清楚]　　　99.[不回答] | B1[　\|　\|　] |
| B2 | A　这个企业、单位或机构具体是做哪一类业务的？(如果您的工作活动属于家庭经营、个人单独做事或无具体工作单位就填写您自己从事的活动)[请调查员详细记录，然后查阅行业编码，找出具体行业代码]_____<br>97.[不适用]　　98.[不清楚]　　99.[不回答] | B2a[　\|　] |
| | B　这个企业、单位或机构属于下面哪一类？<br>1. 党政机关　　2. 事业单位　　3. 军队　　　4. 社会团体(社会组织)<br>5. 国有企业　　6. 集体企业　　7. 私营企业　8. 外资/合资企业<br>9. 个体、家庭经营、自由职业　10. 其他<br>97.[不适用]　　98.[不清楚]　　　99.[不回答] | B2b[　\|　] |
| | C　您的身份是(请调查员根据回答情况，如属上题选 1~6 项，则提问)：<br>1. 公务员　　　2. 事业编制　　3. 参公编制　　4. 借调<br>5. 合同聘用制　6. 临时工　　　7.[不适用] | B2c[　　] |
| B3 | 在您工作的企业、单位或机构里，您的职位是：<br>1. 雇主　　2. 高层管理人员　　3. 中层管理人员　　4. 基层管理人员<br>5. 非管理人员/普通员工　7.[不适用]　　　8.[不清楚]<br>9.[不回答] | B3[　　] |
| B4 | 下面是了解您的初职情况，请您回忆下以下情况： | |
| | A　工作开始年_____97.[不适用]　98.[不清楚]　99.[不回答] | B4a[　\|　\|　] |
| | B　工作结束年_____(如未换过工作则不填)97.[不适用]　98.[不清楚]　99.[不回答] | B4b[　\|　\|　] |
| | C　职业[参见职业分类表]_____　97.[不适用]　98.[不清楚]　99.[不回答] | B4c[　\|　] |

续表

| | 请您回答您刚参加工作时父亲、母亲的有关情况： | 父亲的情况 | 母亲的情况 |
|---|---|---|---|
| B5 | 户口类别：1. 非农户口　2、农业户口<br>97.［不适用］　98.［不清楚］　99.［不回答］ | B5a1［　　　　］ | B5a2［　　　　］ |
| | 职业：_____［请调查员详细记录，然后查职业分类表，找出具体职业代码］<br>97.［不适用］　98.［不清楚］　99.［不回答］ | B5b1［　\|　\|　］ | B5b2［　\|　\|　］ |
| | 就业身份：　1. 雇主　2. 受雇者　97.［不适用］<br>98.［不清楚］　99.［不回答］ | B5c1［　　　　］ | B5c2［　　　　］ |
| | 单位所有制：<br>1. 党政机关　　2. 国企　　　3. 事业单位<br>4. 集体　　　　5. 军队　　　6. 私企<br>7. 社团　　　　8. 外资/合资<br>9. 个体、家庭经营、自由职业　97.［不适用］<br>98.［不清楚］　　99.［不回答］ | B5d1［　　　　］ | B5d2［　　　　］ |

# 第三部分　家庭与社会交往情况

| | | |
|---|---|---|
| C1 | 目前您家有多少亩承包地？_____亩_____分（包括滩涂、池塘、山地、林地、草原等）<br>97.［不适用］（跳答 C3）　98.［不清楚］　99.［不回答］ | C1［　\|　\|　\|　］ |
| C2 | A　现在是否转包给他人？<br>1. 是　　2. 否　97.［不适用］（跳答 C3）　98.［不清楚］　99.［不回答］ | C2a［　　　　］ |
| | B　您家土地流转方式是：<br>1. 村内私人流转　　　2. 流转给外村人　　　3. 流转给外地（非本市）人<br>4. 流转给集体　　　　5. 流转给公司　　　　6. 其他_____ | C2b［　　　　］ |
| C3 | 2010 年, 您家庭的总花销是多少元？_____<br>（访问员注意：家庭指在当地居住单位, 如个人单独生活, 请询问个人情况；个人的部分支出项目, 如伙食等, 请按月来询问。） | C3<br>［　\|　\|　\|　\|　\|　］ |

| C3a | 伙食 | _____/月 | C3b | 子女教育 | _____/年 | C3c | 文化休闲娱乐支出 | _____/年 |
|---|---|---|---|---|---|---|---|---|
| C3d | 医疗卫生支出 | _____/年 | C3e | 人情往来支出 | _____/年 | C3f | 父母（岳父母）的赡养费） | _____/年 |

续表

| | | | | | | | |
|---|---|---|---|---|---|---|---|
| C3g | 居住支出（房租、房贷、水电、燃料） | _____/月 | C3h | 交通、通信支出 | _____/月 | C3i 其他支出 | _____/年 |

| C4 | 2010年,您的个人收入有(包括所有收入来源)_____元 | C4 [ \| \| \| \| \| \| ] |
|---|---|---|

| C4a | 工资收入 _____/年 | C4b | 房补收入 _____/年 | C4c | 车补收入 _____/年 |
|---|---|---|---|---|---|
| C4d | 家庭经营 _____/年 | C4e | 农业收入 _____/年 | C4f | 房屋出租 _____/年 |
| C4f | 银行利息 _____/年 | C4h | 村集体分红 _____/年 | C4i | 公司股份分红 _____/年 |
| C4j | 股份、基金收入 _____/年 | C4k | 低保 _____/年 | C4l | 子女给的赡养费 _____/年 |
| C4m | 养老金 _____/年 | C4n | 其他 _____/年 | | |

| C5 | A 您现在有没有借款？ 1. 是 2. 否(跳答C6) | C5a[ ] |
|---|---|---|
| | B 向谁借的？<br>1. 银行、信用社 2. 亲戚 3. 朋友 4. 同乡 5. 小额贷款公司<br>6. 担保公司 7. 其他_____ | C5b[ ] |

| C6 | 您现在居住的房屋类型？<br>1. 自建房屋 2. 宅基地置换房 3. 单位福利房 4. 集体宿舍<br>5. 保障房 6. 商品房 7. 租赁公房 8. 租赁私房<br>9. 其他(请具体填写)_____ | C6[ ] |
|---|---|---|

| C7 | [租、借公家或他人住房的人也请回答]您现在居住的房屋使用面积是_____平方米<br>998.[不清楚] 999.[不回答] | C7[ \| \| ] |
|---|---|---|

| C8 | A 请问您家有几辆小轿车？[外来人口则回答在本地属于自己的物品]<br>1. 1辆 2. 2辆 3. 3辆以上 4. 没有(跳答C9) | C8a[ ] |
|---|---|---|
| | B 请问您家的第一辆小轿车是在哪一年买的？_____ | C8b[ \| \| \| ] |
| | C 第一辆小轿车价格_____元;第二辆小轿车价格_____元;第三辆小轿车价格_____元<br>(备注:请访问员在C8c项核计出三辆小轿车的总价) | C8c [ \| \| \| \| \| \| ] |

| C9 了解一下您所在的社区或乡村社会组织发展情况 | A 在您的社区或村庄,是否存在这样的组织？<br>1. 有 2. 没有<br>3. 不清楚 | B 您有没有参与？<br>1. 有<br>2. 没有 | 您如果参加一些组织,最大的收获是什么？（单选）<br>1. 获得经济帮助 2. 交上更多的朋友<br>3. 身心愉悦 4. 奉献爱心 5. 更好地表达自己的利益 6. 学习知识和技能<br>7. 锻炼身体 8. 增强社会归属感、安全感 9. 获得更多发展机会和信息 10. 增加阅历 11. 其他 |
|---|---|---|---|

| | | | | | | | |
|---|---|---|---|---|---|---|---|
| 宗亲组织 | C9a1 [ | ] | C9b1 [ | ] | C9c1 [ | ] |
| 农业专业合作社 | C9a2 [ | ] | C9b2 [ | ] | C9c2 [ | ] |
| 红白理事会 | C9a3 [ | ] | C9b3 [ | ] | C9c3 [ | ] |
| 调解组织 | C9a4 [ | ] | C9b4 [ | ] | C9c4 [ | ] |
| 民间借贷组织 | C9a5 [ | ] | C9b5 [ | ] | C9c5 [ | ] |
| 民间慈善组织 | C9a6 [ | ] | C9b6 [ | ] | C9c6 [ | ] |
| 宗教组织 | C9a7 [ | ] | C9b7 [ | ] | C9c7 [ | ] |

| C10　了解一下2010年你们村/社区集体活动情况 | 去年你们村/社区内是否有过下列一种或更多活动？<br>1. 有　2. 没有　3. 不清楚 | 您或您的家人是否参与过以上活动？<br>1. 是　　　2. 否 |
|---|---|---|
| 1. 节日庆典 | C10a1 [　　　] | C10b1 [　　　] |
| 2. 集体娱乐活动 | C10a1 [　　　] | C10b2 [　　　] |
| 3. 一事一议协商 | C10a1 [　　　] | C10b3 [　　　] |
| 4. 需要为村庄或社区的事情出工出力 | C10a1 [　　　] | C10b1 [　　　] |

| C11　您知道村/居委会换届选举的时间吗？<br>1. 知道　　　　　　2. 不知道 | C11 [　　　] |
|---|---|
| C12　最近一次村/居委会换届选举的时候，您是否去投票了？<br>1. 投票了　2. 没有投票　7. [不适用]　8. [不清楚]　9. [不回答] | C12 [　　　] |

C13　在工作生活中，如果您与他人、工作单位或政府部门发生纠纷，您找谁维护自己的权益？（请按顺序选出3项）
1. 找亲朋好友帮助　2. 找当事者协商　3. 寻求媒体帮助　4. 托人找关系
5. 上访　6. 示威　7. 网上发帖　8. 打官司　9. 暴力解决　10. 忍了算了

C13a [　　　]
C13b [　　　]
C13c [　　　]

| C14　了解一下您亲戚朋友的职业状况 | A是否有亲戚朋友从事下列职业？<br>1. 有<br>2. 没有 | B亲友类型<br>1. 血亲　2. 姻亲　3. 同学<br>4. 战友　5. 同乡　6. 结拜兄弟　7. 朋友　8. 其他 |
|---|---|---|
| 1 市级以上的党政领导 | C14a1 [　] | C14b1 [　] |
| 2 乡镇领导 | C14a2 [　] | C14b2 [　] |
| 3 普通公务员（不含公检法机关工作人员） | C14a3 [　] | C14b3 [　] |
| 4 教师 | C14a4 [　] | C14b4 [　] |
| 5 医护人员 | C14a5 [　] | C14b5 [　] |
| 6 警察、法官、检察官 | C14a6 [　] | C14b6 [　] |
| 7 律师 | C14a7 [　] | C14b7 [　] |
| 8 企业领导或老板 | C14a8 [　] | C14b8 [　] |
| 9 村/社区主任或书记 | C14a9 [　] | C14b9 [　] |

# 第四部分　公共服务情况

| D1　2010 年,您是否存在下列健康问题?<br>1. 是　　2. 否 | 1. 严重、复杂疾病 | D1a1 [　　] |
| --- | --- | --- |
| | 2. 慢性病(比如高血压、心脏病、糖尿病、风湿性关节炎 | D1a2 [　　] |
| | 3. 经常生小病(如感冒、腹泻) | D1a3 [　　] |
| | 4. 行动不便 | D1a4 [　　] |
| | 5. 影响日常生活的其他健康问题 | D1a5 [　　] |

D2　过去一年,您和家人的疾病治疗情况

| 如果患小病,您和家人首选哪个医疗机构看病?(单选)<br>1. 个体开业<br>2. 村卫生室/社区卫生服务站<br>3. 镇卫生院/社区卫生服务中心<br>4. 企业/单位卫生室<br>5. 市(县)级医院<br>6. 民营医院<br>7. 外县市医院<br>8. 其他 | 如果患大病,您和家人首选哪个医疗机构看病?(单选)<br>1. 个体开业<br>2. 村卫生室/社区服务中心<br>3. 镇卫生院/社区卫生服务中心<br>4. 企业/单位卫生室<br>5. 市(县)级医院<br>6. 民营医院<br>7. 外县市医院<br>8. 其他 | 过去一年,您和家人治病住过院吗?<br>1. 是<br>2. 否 | 过去一年,您和家人看病总共花费了多少医药费用?(元) | 过去一年,您和家人看病报销了多少?(元) |
| --- | --- | --- | --- | --- |
| D2a [　　　] | D2b [　　　] | D2c [　　　] | D2d<br>[ \| \| \| \| \| \| ] | D2e<br>[ \| \| \| \| \| \| ] |

D3　您对以下医疗机构的服务怎么评价?

| | 服务态度<br>1. 比较满意　2. 一般<br>3. 不太满意 | 药品价格<br>1. 比较满意　2. 一般<br>3. 不太满意 | 医生技术<br>1. 比较满意<br>2. 一般<br>3. 不太满意 |
| --- | --- | --- | --- |
| 1. 个体开业诊所 | D3a1 [　　] | D3b1 [　　] | D3c1 [　　] |
| 2. 村卫生室/社区卫生服务站 | D3a2 [　　] | D3b2 [　　] | D3c2 [　　] |
| 3. 乡镇卫生院/社区卫生服务中心 | D3a3 [　　] | D3b3 [　　] | D3c3 [　　] |
| 4. 企业/单位卫生室 | D3a4 [　　] | D3b4 [　　] | D3c4 [　　] |
| 5. 市(县)级医院 | D3a5 [　　] | D3b5 [　　] | D3c5 [　　] |
| 6. 民营医院 | D3a6 [　　] | D3b6 [　　] | D3c6 [　　] |
| 7. 外县市医院 | D3a7 [　　] | D3b7 [　　] | D3c7 [　　] |
| 8. 其他 | D3a8 [　　] | D3b8 [　　] | D3c8 [　　] |

续表

| D4　您目前是否有下列状况<br>1. 是　　2. 否 | 1. 失眠　D4a[ ]　　　　2. 神经衰弱　D4b[ ]<br>3. 烦躁易怒　D4c[ ]　　4. 抑郁　D4d[ ] |
|---|---|
| D5　对应后面的问题，您觉得哪种描述适合您？<br>1. 非常适合　　2. 一般适合<br>3. 不太适合　　4. 一点也不适合<br>5. 不知道 | 1. 能够从容应付日常工作　　　　　　　　D5a[ ]<br>2. 能够从容应付家庭生活　　　　　　　　D5b[ ]<br>3. 能够从容适应环境变化　　　　　　　　D5c[ ]<br>4. 总是跟别人相处融洽　　　　　　　　　D5d[ ] |
| D6　您和您的家人最需要的医疗服务是什么？（单选）<br>1. 大病治疗　2. 小病治疗　3. 慢性病治疗　4. 健康教育　5. 体检　6. 护理<br>7. 其他 | D6[ ] |
| D7　您家里有需要护理的家庭成员（比如老人、残疾人）吗？（访问员注意：婴儿和儿童除外）<br>1. 有　　　　　　　2. 没有（跳答 D9） | D7[ ] |
| D8　现在是如何护理的？<br>1. 入住养老院　2. 社区护理机构和家庭结合护理　　3. 请保姆护理<br>4. 完全由家里人和亲戚照顾　　　　　　5. 没人照顾<br>6. 其他　97.［不适用］　　　　　　　98.［不清楚］<br>99.［不回答］ | D8[ ] |
| D9　您希望政府给您什么样的养老帮助（请按顺序选出 3 项）？<br>1. 办养老院　　　　　　2. 办社区养老服务机构（比如托老所、日间照料中心）<br>3. 给家属提供护理培训　4. 安排护理员上门服务　　5. 为老年护理提供现金补贴　　6. 没想过 | D9a[ ]<br>D9b[ ]<br>D9c[ ] |

D10　请问您家幼儿教育情况

| 您家是否有 3～6 周岁儿童？<br><br>1. 是<br>2. 否<br>（跳答 D11） | 您家是否有小孩正在读幼儿园？<br>1. 是<br>2. 否<br>（跳答 D11） | 去年您小孩的学费是多少？<br>（元） | 除正常学费之外，去年您家在小孩教育方面花费多少？<br>（包括兴趣班、特长班、辅导班、补习班等） | 您为子女/孙子女教育最烦恼的事情是什么？<br>（单选）<br>1. 学费太贵<br>2. 幼儿园乱收费<br>3. 本地幼儿园数量少，入学困难<br>4. 幼儿园太远，接送不方便<br>5. 幼儿园老师不负责任<br>6. 幼儿园门槛高，只收某些特定的学生<br>7. 本地幼儿园教育水平低<br>8. 其他（请注明）____<br>9. 没烦恼 | 请问您家小孩就读的幼儿园类型是？<br>1. 本村/社区/镇公办幼儿园<br>2. 本村/社区/镇上的私立幼儿园<br>3. 市里的公办幼儿园<br>4. 市里的私立幼儿园<br>97.［不适用］<br>98.［不清楚］<br>99.［不回答］ |
|---|---|---|---|---|---|
| D10a[ ] | D10b[ ] | D10c[ | | | | ] | D9d[ | | | | ] | D10e[ ] | D10h[ ] |

**D11 请问您家在校生教育情况**

| 您家是否有正在读小学或初中的小孩？ 1. 是 2. 否 （跳答 D12） | 去年您家小孩的学费是多少？ | 除正常学费之外，去年您家用在小孩教育方面的费用是多少？（包括兴趣班、特长班、辅导班、补习班等） | 您为子女/孙子女教育最烦恼的事情是什么？（单选） 1. 学费太贵 2. 学校乱收费 3. 学校太远，接送不方便 4. 本地教育水平低，升学困难 5. 择校困难，费用高 6. 家长没有能力辅导孩子的功课，需要课余辅导 7. 孩子放学之后无人管理 8. 其他（请注明）_____ 9. 没烦恼 | 请问您家小孩就读学校的类型是？ 1. 本村/社区/镇公办中小学 2. 本村/社区/镇上的私立中小学 3. 市里的公办中小学 4. 市里的私立中小学 5. 市外的公办学校 6. 市外的私立学校 |
|---|---|---|---|---|
| D11a[　] | D11b [ \| \| \| \| \| ] | D11c[ \| \| \| \| \| ] | D11d[　　　] | D11e[　　] |

**D12 请问您家高中生、大学生教育情况**

| 您家是否有正在读高中以上学校的学生？（包括高中、职高、中专、大专、大学、研究生及以上等） 1. 是 2. 否 （跳答 D13） | 去年您家小孩的学费是多少？ | 除正常学费之外，去年您家用在小孩教育的费用是多少？（包括兴趣班、特长班、辅导班、补习班、子女生活费、找工作的花销等） | 您为子女/孙子女教育最烦恼的事情是什么？（单选） 1. 学费太贵 2. 学校乱收费 3. 本地教育水平低，升学困难 4. 择校困难，费用高 5. 就业压力大 6. 其他（请注明）____ 7. 没烦恼 | 请问您家小孩就读的学校类型是？ 1. 本村/社区/镇公办学校 2. 本村/社区/镇上的私立学校 3. 市里的公办学校 4. 市里的私立学校 5. 市外的公办学校 6. 市外的私立学校 |
|---|---|---|---|---|
| D12a[　] | D12b [ \| \| \| \| \| ] | D12c[ \| \| \| \| \| ] | D12d[　　　] | D12e[　] |

续表

D13　请问您家职业教育情况

| 您家是否有人正在接受职业培训?(包括就业指导、技术培训等)<br>1. 是<br>2. 否 | 学费是多少? | 您对您接受过的职业培训满意吗?<br>1. 满意(跳答 D13e)<br>2. 不满意<br>3. 说不清(访问员不要读出来) | 职业培训让您最不满意的地方是什么?(单选)<br>1. 学费太贵<br>2. 培训太粗糙,之后就忘记了<br>3. 培训内容不实用<br>4. 培训之后依然没有就业机会<br>5. 其他(请注明)_____<br>6. 很满意 | 请问您参加过的职业培训包括?(多选)<br>1. 政府部门资助的职业培训<br>2. 企业为员工提供的职业培训<br>3. 非政府组织提供的职业培训<br>4. 经营性机构的职业培训<br>5. 其他(请注明)_____ |
|---|---|---|---|---|
| D13a[　　] | D13b<br>[ | | | | | ] | D13c[　　] | D13d[　　　] | D13e_1[　　　]<br>D13e_2[　　　]<br>D13e_3[　　　] |

| D14　您有没有享受下列社会保障?（多选,如被访者选择三项以上,请访问员增填编码）<br>1. 医疗保险或合作医疗　2. 养老保险　3. 最低生活保障　4. 失业保险　5. 住房公积金　6. 工伤保险　7. 老年人补贴或高龄津贴　8. 生育保险　9. 都没有 | D14_1[　　]<br>D14_2[　　]<br>D14_3[　　] |
|---|---|
| D15　您对现有的社会保障制度是否满意?<br>1. 满意　2. 不太满意　3. 很不满意　4. 没想过 | D15[　　] |
| D16　您目前最苦恼的事(请按顺序选三项):<br>1. 生病看病　2. 护理老人　3. 子女上学　4. 收入低　5. 生活不稳定　6. 找工作困难　7. 住房条件差　8. 朋友少　9. 升迁困难　10. 社会治安差　11. 办事没有社会关系　12. 遇到不公平的事无可奈何　13. 其他　14. 没有苦恼的事 | D16_1[　　]<br>D16_2[　　]<br>D16_3[　　] |
| D17　目前来看,您最需要政府对以下哪些方面提供支持(请按顺序选出 3 项)?<br>1. 医疗服务　2. 职业介绍　3. 技能培训　4. 治安巡逻　5. 矛盾纠纷调解　6. 环境管理和整治　7. 老人照料　8. 住房　9. 政策宣传　10. 交通、通信等基础设施服务　11. 教育补助　12. 支持民营经济的发展　13. 支持民间组织的发展　14. 增加本地幼儿园和小学　15. 其他　16. 无所谓 | D17_1[　　]<br>D17_2[　　]<br>D17_3[　　] |
| D18　您一般是通过什么渠道了解政府政策及国家法律法规呢?(请按顺序选出 3 项,如不足 3 项,可以减项)<br>1. 村或社区广播或广告栏　2. 电视　3. 报纸　4. 到村或社区办公室读有关文件　5. 互联网　6. 其他人转告　7. 没有任何渠道　8. 不关心 | D18_1[　　]<br>D18_2[　　]<br>D18_3[　　] |
| D19　您曾使用过哪些渠道表达对政府决策的看法?(请选出 3 项,如不足 3 项,可以减项)<br>1. 市长热线　2. 听证会　3. 信访　4. 参加座谈会　5. 通过媒体或网络　6. 利用私人关系　7. 其他　8. 没有表达过(跳答 D21) | D19_1[　　]<br>D19_2[　　]<br>D19_3[　　] |

续表

| D20 您觉得效果如何？<br>1. 效果很好　2. 效果一般　3. 效果不大　4. 完全没效果 | D20[　　] |
|---|---|

| D21　下列几种人，您认为在多大程度上值得信任？<br>1. 完全不信任　2. 不信任<br>3. 可信任　4. 完全信任<br>5. 不确定 | 1. 村干部 D21a[　　]　　　　2. 乡镇干部 D21b[　　]<br>3. 县政府干部 D21c[　　]　　4. 县以上政府干部 D21d[　　]<br>5. 医生 D21e[　　]　　　　　6. 教师 D21f[　　]<br>7. 专家 D21g[　　]　　　　　8. 记者 D21h[　　] |
|---|---|

D22　请您对个人的发展情况和社会的发展情况进行评价

| | | 您目前对下述情况是否满意？<br>1. 很不满意<br>2. 不太满意<br>3. 一般<br>4. 比较满意<br>5. 十分满意<br>6. 不清楚 | 您觉得跟 5 年前相比有什么变化？<br>1. 差了很多<br>2. 差了一点<br>3. 没变<br>4. 好了一点<br>5. 好很多<br>6. 不适用 | 您觉得在未来的 5 年会有什么变化？<br>1. 会差很多<br>2. 会差一点<br>3. 不变<br>4. 会好一点<br>5. 会好很多<br>6. 不知道 |
|---|---|---|---|---|
| D22a | 自己的收入情况 | D22a1[　　] | D22a2[　　] | D22a3[　　] |
| D22b | 家庭的住房情况 | D22b1[　　] | D22b2[　　] | D22b3[　　] |
| D22c | 自己的工作状况 | D22c1[　　] | D22c2[　　] | D22c3[　　] |
| D22d | 自己的生活状况 | D22d1[　　] | D22d2[　　] | D22d1[　　] |
| D22e | 自己的娱乐休闲状况 | D22e1[　　] | D22e2[　　] | D22e3[　　] |
| D22f | 当地的交通、通信设施 | D22f1[　　] | D22f2[　　] | D22f3[　　] |
| D22g | 当地的教育情况 | D22g1[　　] | D22g2[　　] | D22g3[　　] |
| D22h | 当地的医疗服务情况 | D22h1[　　] | D22h2[　　] | D22h3[　　] |
| D22i | 当地的环境卫生情况 | D22i1[　　] | D22i2[　　] | D22i3[　　] |
| D22j | 当地的社会治安 | D22j1[　　] | D22j2[　　] | D22j3[　　] |
| D22k | 当地的文化娱乐情况 | D22k1[　　] | D22k2[　　] | D22k3[　　] |
| D22l | 政府的办事作风和效率 | D22l1[　　] | D22l2[　　] | D22l3[　　] |
| D22m | 社会风气 | D22m1[　　] | D22m2[　　] | D22m3[　　] |
| D22n | 干群关系 | D22n1[　　] | D22n2[　　] | D22n3[　　] |
| D22o | 邻里关系 | D22o1[　　] | D22o2[　　] | D22o3[　　] |

非常感谢您的合作，祝您一切如意！

# 附录二

# 太仓社会建设调查（社区调查）

| 问卷编号 | | | | | | | | |
|---|---|---|---|---|---|---|---|---|

尊敬的＿＿＿＿＿＿＿＿＿：

    您好！本问卷是中国社会科学院课题组对江苏省太仓市的社会建设情况进行的一项调查，目的是了解社区/村的经济发展、社会发展情况，以帮助政府更好地制定政策。现抽取贵村/社区为调查对象，希望能得到您的支持！

中国社会科学院社会学研究所

2011 年 4 月

| | 名称 | 编码<br>(注:编码不需调查员填写) |
|---|---|---|
| 省(市) | | |
| 县/区 | | |
| 乡/镇 | | |
| 社区/行政村 | | |
| 调查员姓名 | | |
| 调查员电话 | | |

## 第一部分　社区基本信息

A001　请问您这里是居委会还是村委会？

1. 一直是村委会　　2. 从村委会改建的居委会　　3. 一直是居委会

A002 该村/居委会何时建立？ _____年（用 4 位数表示年；如果是从村委会改为居委会的，请填居委会成立时间）

A003 你们村/社区的占地面积是多少？_____平方公里

A004 2010 年你们村/社区家庭收入在下列档次的有多少户？

| 家庭收入 | 户数 |
| --- | --- |
| 1. 2 万元以下 | |
| 2. 2 万元至 5 万元 | |
| 3. 5 万元至 10 万元 | |
| 4. 10 万元至 20 万元 | |
| 5. 20 万元以上 | |

A005 你们村的三次产业收入分别有多少？

1. 农业收入_____万元 　　　2. 工业收入_____万元

3. 服务业收入_____万元

A006 2010 年你们村/社区集体收入有多少？（注：如村/社区会计同意提供更详细的集体收入账目表，可附在本问卷尾部，连同本问卷一同回收。）

| 收入项目 | 数额（元） | 如所列项目不合当地实际情况,请调查员备注 |
| --- | --- | --- |
| 1. 集体总收入 | | |
| 2. 政府财政转移支付（人员工资、办公经费） | | |
| 3. 政府项目投入（民政、卫生、广电局等投入项目） | | |
| 4. 村办企业收入 | | |
| 5. 非集体企业资助（定额上缴） | | |
| 6. 村民自愿募集经费 | | |
| 7. 外部捐赠资金（请备注） | | |
| 8. 其他项目 | | |
| 9. 其他项目 | | |
| 10. 其他项目 | | |

A007 2010 年，你们村/社区在下列项目中的投入情况？（注：如村/社区会计同意提供更详细的集体支出账目表，可附在本问卷尾部，连同本问卷一同回收。）

| 投入项目 | 数额(元) | 如所列项目不合当地实际情况,请调查员备注 |
|---|---|---|
| 1. 村总投资额 | | |
| 2. 修建基础生产设施(道路、灌溉设施等) | | |
| 3. 修建公共服务设施(幼儿园、诊所、广场等) | | |
| 4. 福利支出(合作医疗、五保、养老、救助、教育奖励、军烈属费用、残疾人补助等) | | |
| 5. 其他项目 | | |
| 6. 其他项目 | | |
| 7. 其他项目 | | |

以下问题针对村委会或从村委会改建的居委会

A008　到 2010 年底你们村有_____亩水田和旱地;_____亩水塘;_____亩滩头

A009　土地联产承包责任制以来,本村或村小组是否发生过土地调整或流转?

1. 是　　　　　　　2. 否（跳答 A011）

A010 最近一次村土地流转是哪一年发生的?_____年（用 4 位数表示年）

A011 最近一次村土地流转主要采取什么方式?有多少土地发生流转?

| 土地流转方式 | 数量(亩) | 百分比(占本村土地总量) |
|---|---|---|
| 1. 流转给本村人口 | | |
| 2. 流转给外村人口 | | |
| 3. 流转给外来人口(非本市人口) | | |
| 4. 流转给村集体 | | |
| 5. 流转给公司 | | |
| 6. 其他流转方式 | | |

A012　2010 年底,你们村/社区有_____家企业,其中至少有 8 个以上员工的企业有_____家,有_____家村办集体企业,有_____家外资企业,有_____家本村人开办的企业。

A013　2010 年底，大概有多少人在所在村或社区的这些企业工作？_____人。本地多少人在这些企业工作？_____；外地（指太仓之外）有多少人在这些企业工作？_____

A014　你们村有大姓吗？　　1. 有　　　　2. 没有

A015　你们村有几个大姓？分别有多少户？（如果是村改社区，也需填写此表格）

|  | 第 1 大姓 | 第 2 大姓 | 第 3 大姓 |
|---|---|---|---|
| 你们村主要的 3 个大姓 |  |  |  |
| 该姓的户数 |  |  |  |

# 第二部分　社区劳动力结构

B001　村/社区常住（指居住半年以上）人口数量：_____人

1. 本社区/村户籍人口_____人

2. 本镇非本社区/村户籍人口_____人

3. 本市而非本镇的人口_____人

4. 外地（本市之外）流入人口_____人

B002　年龄结构：

1. 14 岁以下_____人；　　　　2. 15 岁至 40 岁_____人；

3. 41 岁至 60 岁_____人；　　　3. 61 岁至 80 岁_____人；

5. 80 岁以上_____人

B003　性别结构：

1. 女：_____人；　　　　　　2. 男_____人

B004　文化结构：

1. 小学（含初小）_____人；　　2. 初中_____人；

3. 高中（中专、职业教育）_____人；4. 大专_____人

5. 本科以上_____人

B005　本村/社区劳动力就业结构：

1. 务农劳动力_____人；　　　　2. 经商劳动力_____人；

3. 工人_____人；                    4. 干部_____人；

5. 教师、医生和其他专业技术人员_____人

6. 没有就业的劳动力_____人

B006　本村/社区人口外出数量：_____人

1. 外出务工劳动力_____人；            2. 外出经商劳动力_____人

3. 在外求学的大学生_____人

B007　本村/社区人口流入数量：_____人

1. 流入的男性劳动力_____人

2. 流入的女性劳动力_____人

3. 流入的14岁以下儿童、青少年_____人

4. 流入的40岁以下劳动力_____人

5. 流入的40～60岁劳动力_____人

6. 流入的60岁以上人口_____人

# 第三部分　社区基础设施和公共服务

C001　请问你们村/社区是否有如下基础设施及公共设施？

如有，请注明数量；如没有，请填写从村/居委会办公室到最近的服务机构需要多少时间？（请将您选择项目前的数字填在表格内）

| 服务机构名称 | A 是否有如下公共服务机构<br>1. 有<br>2. 没有 | B 如有，请回答机构数量<br>（个） | C 如没有，请回答<br>从村/居委会办公室到最常去的机构需要多少时间？<br>1. 10分钟内　　2. 30分钟内<br>3. 1小时内　　4. 超过1小时 |
|---|---|---|---|
| 教育机构 | | | |
| 1 幼儿园 | | | |
| 2 小学（含初小） | | | |
| 3 初中 | | | |
| 4 高中 | | | |
| 5 中等职业学校 | | | |
| 6 高等职业学院 | | | |
| 7 职业培训中心 | | | |

续表

| 服务机构名称 | A 是否有如下公共服务机构 1. 有 2. 没有 | B 如有,请回答机构数量 (个) | C 如没有,请回答 从村/居委会办公室到最常去的机构需要多少时间? 1. 10 分钟内 2. 30 分钟内 3. 1 小时内 4. 超过 1 小时 |
|---|---|---|---|
| 医疗机构 | | | |
| 8 村诊所/医务室 | | | |
| 9 乡镇卫生院 | | | |
| 10 社区卫生服务站 | | | |
| 11 社区卫生服务中心 | | | |
| 12 药店 | | | |
| 13 中医院 | | | |
| 14 专科医院 | | | |
| 15 综合医院 | | | |
| 文化体育和娱乐场所和设施 | | | |
| 16 电影或剧院 | | | |
| 17 图书馆 | | | |
| 18 图书室或阅览室 | | | |
| 19 博物馆 | | | |
| 20 篮球场 | | | |
| 21 游泳池 | | | |
| 22 露天健身器材 | | | |
| 23 其他室外运动设施 | | | |
| 24 棋牌活动室 | | | |
| 25 乒乓球室 | | | |
| 其他公共服务机构 | | | |
| 26 邮局 | | | |
| 27 派出所 | | | |
| 28 银行或信用社 | | | |
| 29 敬老院或托老所 | | | |
| 30 便利店 | | | |
| 31 农贸市场 | | | |
| 32 超市 | | | |
| 33 公交车站 | | | |
| 34 火车站 | | | |

C002 你们村/社区的路主要是以下哪种类型?

1. 柏油路/水泥路 2. 土路 3. 砂石路 4. 其他

C003 2010 年,你们村的饮用水是（可多选,请在你选择的项目前面的数字上画圈）

1. 净化的自来水　　2. 井水　　3. 池塘水　　4. 江河湖水

5. 雨水、雪水　　6. 窖水　　7. 泉水　　8. 其他方式

C004　2010 年，你们村的主要燃料是：

1. 柴草　　　　2. 煤炭　　3. 沼气　　4. 管道天然气或煤气

5. 液化石油气　　7. 其他方式

C005　你们村/社区在冬天是否有集中供暖？

1. 有　　　　　　2. 没有

C006　你们村/社区有下水道系统吗？

1. 有　　　　　　2. 没有

C007　如果有，下水道系统是哪年建成投入使用的？ _____年（用 4 位数表示年）

# 第四部分　社区管理与组织

D001　请介绍一下本村/社区管理者的基本情况（请将您选择项目前的数字填在表格内）

| | A 年龄 | B 政治面貌 1. 群众 2. 共青团员 3. 共产党员 4. 民主党派及无党派人士 | C 文化程度 1. 没有上过学 2. 小学 3. 初中 4. 高中/职高/中专 5. 大专以上 | D 在此职位有几年了 | E 是否兼任其他职业（如是，请标注） | F 干部补贴 | |
| --- | --- | --- | --- | --- | --- | --- | --- |
| | | | | | | 政府补贴 | 集体补贴 |
| 1. 居委会主任（城镇社区） | | | | | | | |
| 2. 居委会书记（城镇社区） | | | | | | | |
| 3. 村主任（农村社区） | | | | | | | |
| 4. 村支书（农村社区） | | | | | | | |
| 5 村会计（农村社区） | | | | | | | |

D002　请介绍一下本村/社区组织的基本情况（请将您选择项目前的数字填在表格内）

| | A　你们村/社区有下列组织？<br>1　有<br>2　没有 | B　是你们村/社区发起的吗？<br>1　上级政府<br>2　本村/社区<br>3　本村民/社区居民<br>4　其他 | C　资金来源<br>1　本村/社区<br>2　国家财政<br>3　两者都有<br>4　其他 |
|---|---|---|---|
| 1. 就业服务中心 | | | |
| 2. 职业培训中心 | | | |
| 3. 医疗诊所 | | | |
| 4. 老年活动中心 | | | |
| 5. 老年协会 | | | |
| 6. 养老院/敬老院 | | | |
| 7. 民间借贷组织 | | | |
| 8. 宗亲组织 | | | |
| 9. 宗教协会 | | | |
| 10. 合作农场 | | | |
| 11. 专业合作社 | | | |
| 12. 专业技术协会 | | | |
| 13. 调解组织 | | | |
| 14. 慈善组织 | | | |
| 15. 体育协会 | | | |
| 16. 书画协会 | | | |
| 17. 舞蹈队或者其他锻炼队 | | | |
| 18. 协助老弱病残的组织 | | | |

# 第五部分　社区政策的变革

E001　你们村从哪一年实行家庭联产承包责任制？_____年（用4位数表示年）

E002　你们村的土地生产和经营方式是什么？

1. 个人承包　　2. 合作农场　　3. 村集体经营　　4. 其他_____

E003　请介绍一下你们村/社区的下列社会福利情况？（请填写下表）

| | A 你们村/社区从什么时候开始实行这些社会福利？（请填写年份） | B 当前你们村/社区有多少人享受了这些社会福利？ | C 社区/村集体是否给予补贴？1. 是　2. 否 | D 平均补贴标准 |
|---|---|---|---|---|
| 1. 城镇居民医疗保险 | | | | |
| 2. 新型农村合作医疗 | | | | |
| 3. 城镇居民养老保险 | | | | |
| 4. 新型农村养老保险 | | | | |
| 5. 就业培训补助 | | | | |
| 6. 失业补助 | | | | |
| 7. 最低生活保障金 | | | | |
| 8. 贫困补助 | | | | |
| 9. 贫困医疗补助 | | | | |
| 10. 五保户补助金 | | | | |
| 11. 特困户补助 | | | | |
| 12. 住房补贴 | | | | |
| 13. 农业补贴（包括粮食直补、良种补贴、农机具购置补贴和农资综合补贴等） | | | | |
| 14. 退耕还林补贴 | | | | |
| 15. 集体分红 | | | | |

E004　以下保险中哪些是在村/居委会办理？（可多选，请在您选择的项目前面的数字上画圈）

1. 城镇居民医疗保险　　2. 城镇居民养老保险　　3. 新型农村养老保险

4. 新型农村合作医疗　　5. 失业补助　　6. 低保补助

7. 医疗补助　　8. 特困户补助　　9. 农业补贴

10. 其他

F000　受访者职务_____

（1）村主任　（2）居委会主任　（3）村会计　（4）其他（请注明）_____

# 参考文献

阿历克斯·英格尔斯:《人的现代化》,殷陆君编译,四川人民出版社,
　　1985。

阿马蒂亚·森:《以自由看待发展》,任赜、于真译,中国人民大学出版社,
　　2002。

埃比尼泽·霍华德:《明日的田园城市》,金经元译,商务印书馆,2000。

埃莉诺·奥斯特罗姆:《公共事务的治理之道》,余逊达、陈旭东译,上海
　　三联书店,1999。

埃米尔·迪尔凯姆:《自杀论》,冯韵文译,商务印书馆,2008。

埃米尔·涂尔干:《社会分工论》,渠东译,生活·读书·新知三联书店,
　　2005。

艾里希·弗洛姆:《健全的社会》,孙恺祥译,上海译文出版社,2011。

安东尼·吉登斯:《现代性的后果》,田禾译,译林出版社,2002。

安东尼·吉登斯:《资本主义与现代社会理论》,郭忠华、潘华凌译,上海
　　译文出版社,2007。

安东尼·克罗斯兰:《社会主义的未来》,轩传树、朱美荣、张寒译,上海
　　人民出版社,2011。

保罗·霍普:《个人主义时代之共同体重建》,沈毅译,浙江大学出版社,
　　2010。

波兰尼:《大转型:我们时代的政治与经济起源》,冯钢、刘阳译,浙江人
　　民出版社,2007。

伯纳德·E.布朗:《法国的现代化》,载西里尔·E.布莱克编《比较现代
　　化》,杨豫、陈祖洲译,上海译文出版社,1996。

陈建国：《苏州农村劳动就业结构分析》，苏州市统计局，http：//
　　www. sztjj. gov. cn/news/2007/12/7/tjj/1. htm。

戴维·米勒：《社会正义原则》，应奇译，江苏人民出版社，2008。

丹尼尔·贝尔：《后工业社会的来临——对社会预测的一项探索》，高铦等
　　译，新华出版社，1997。

德鲁克基金会主编《未来的社区》，魏青江译，中国人民大学出版社，
　　2006。

邓伟志主编《创新社会管理体制》，上海社会科学院出版社，2008。

迪恩·C. 普蒂斯：《现代化理论与社会比较研究的批判》，载西里尔·E. 布
　　莱克编《比较现代化》，杨豫、陈祖洲译，上海译文出版社，1996。

丁元竹：《理解社区》，《中国农业大学学报》2008 年第 4 期。

丁元竹：《社区的基本理论与方法》，北京师范大学出版社，2009。

丁元竹：《走向社会共同体》，中国友谊出版社，2010。

杜赞奇：《文化、权力与国家——1900—1942 年的华北农村》，王福明译，
　　江苏人民出版社，1994。

斐迪南·滕尼斯：《共同体与社会》，林荣远译，北京大学出版社，2010。

费孝通：《乡土中国》，北京出版社，2004。

郭强：《试论中国社会结构的断裂与转型》，《北京交通大学学报》2004 年
　　第 4 期。

哈特利·迪安：《社会政策学十讲》，岳经纶、温卓毅、庄文嘉译，格致出
　　版社、上海人民出版社，2009。

何增科：《社会管理与社会体制》，中国社会出版社，2008。

胡锦涛：《高举中国特色社会主义伟大旗帜　为夺取全面建设小康社会新胜
　　利而奋斗——在中国共产党第十七次全国代表大会上的报告》，载《中
　　国共产党第十七次全国代表大会文件汇编》，人民出版社，2007。

黄黎若莲：《"福利国"、"福利多元主义"和"福利市场化"》，《中国改革》
　　2000 年第 10 期。

黄平、王晓毅：《公共性的重建——社区建设的实践与思考》，社会科学文
　　献出版社，2011。

景天魁等：《福利社会学》，北京师范大学出版社，2010。

科林·莱斯：《塞缪尔·亨廷顿与"经典"现代化理论的终结》，载亨廷顿

等《现代化：理论与历史经验的再探讨》，张景明译，上海译文出版社，1993。

C. 赖特·米尔斯：《社会学的想像力》，陈强、陈永强译，生活·读书·新知三联书店，2005。

雷蒙·阿隆：《社会学主要思潮》，葛智强、胡秉诚、王沪宁译，上海译文出版社，2005。

李程伟：《社会管理体制创新：公共管理视角的解读》，《中国行政管理》2005 年第 5 期。

李春玲：《中国中产阶级的发展状况》，《黑龙江社会科学》2011 年第 1 期。

李路路：《社会结构阶层化和利益关系市场化——中国社会管理面临的新挑战》，《社会学研究》2012 年第 2 期。

刘欣：《当前中国社会阶层分化的制度基础》，《社会学研究》2005 年第 5 期。

刘欣：《发挥中产阶层在城市社会建设中的作用》，《探索与争鸣》2010 年第 1 期。

陆学艺、浦荣皋主编《苏南模式与太仓实践》，社会科学文献出版社，2009。

陆学艺：《"三农论"——当代中国农业、农村、农民研究》，社会科学文献出版社，2002。

陆学艺主编《当代中国社会阶层研究报告》，社会科学文献出版社，2002。

陆学艺主编《当代中国社会结构》，社会科学文献出版社，2010。

陆学艺主编《当代中国社会流动》，社会科学文献出版社，2004。

陆学艺主编《晋江模式新发展——中国县域现代化道路探索》，社会科学文献出版社，2007。

罗伯特·帕特南：《独自打保龄——美国社区的衰落与复兴》，刘波等译，北京大学出版社，2011。

《马克思恩格斯选集》第 1 卷，人民出版社，2012。

马斯洛：《自我实现的人》，许金声、刘锋等译，生活·读书·新知三联书店，1987。

庞元正、丁冬红主编《当代西方社会发展理论新词典》，吉林人民出版社，2001。

彭华民：《社会福利与需要满足》，社会科学文献出版社，2008。

彭华民：《西方社会福利理论前沿》，中国社会出版社，2009。

齐格蒙特·鲍曼：《共同体》，欧阳景根译，江苏人民出版社，2003。

钱宁：《现代社会福利思想》，高等教育出版社，2006。

塞缪尔·亨廷顿：《变革社会中的政治秩序》，李盛平、杨玉生等译，华夏
　　出版社，1988。

塞缪尔·P. 亨廷顿：《导致变化的变化：现代化、发展和政治》，载西里
　　尔·E. 布莱克编《比较现代化》，杨豫、陈祖洲译，上海译文出版社，
　　1996。

塞缪尔·亨廷顿等：《现代化：理论与历史经验的再探讨》，张景明译，上
　　海译文出版社，1993。

《社会学教学参考资料》，中国社会学函授大学，1989。

孙炳耀：《社会管理与社会工作》，《加强社会工作人才队伍建设问题主题研
　　究班参考资料》。

孙立平：《走向积极的社会管理》，《社会学研究》2011 年第 4 期。

《太仓县志》，江苏人民出版社，1991。

童星：《发展社会学与中国现代化》，社会科学文献出版社，2006。

童星：《现代性的图景：多维视野与多重透视》，北京师范大学出版社，
　　2007。

王永钦：《伦理社会、市场社会与中间社会》，http：//www. douban. com/
　　group/topic/17703247/。

温铁军等：《解读苏南》，苏州大学出版社，2011。

西里尔·E. 布莱克编《比较现代化》，杨豫、陈祖洲译，上海译文出版社，
　　1996。

奚从清：《社区研究——社区建设与社区发展》，华夏出版社，1996。

《小城镇　大问题》，江苏人民出版社，1984。

熊万胜：《基层自主性何以可能——关于乡村集体企业兴衰现象的制度分
　　析》，《社会学研究》2010 年第 3 期。

亚伯拉罕·马斯洛：《动机与人格》，许金声等译，中国人民大学出版社，
　　2007。

英格尔斯：《人的现代化》，殷陆君编译，四川人民出版社，1985。

余英时：《中国文化的重建》，中信出版社，2011。

詹姆斯·奥康内尔：《现代化的概念》，载西里尔·E. 布莱克编《比较现代化》，杨豫、陈祖洲译，上海译文出版社，1996。

詹姆斯·米奇利：《社会发展——社会福利视角下的发展观》，苗正民译，格致出版社、上海人民出版社，2009。

郑凤田、阮荣平、程郁：《村企关系的演变：从"村庄型公司"到"公司型村庄"》，《社会学研究》2012 年第 1 期。

郑功成：《中国社会保障制度变迁与评估》，中国人民大学出版社，2002。

郑杭生：《总论：社会学视野中的社会建设与社会管理》，载郑杭生主编《走向更讲治理的社会：社会建设与社会管理》，中国人民大学出版社，2006。

中国社会科学院社会学研究所太仓经济社会发展研究中心：《太仓三十年现代化发展之路》，载陆学艺、浦荣皋主编《苏南模式与太仓实践》，社会科学文献出版社，2009。

中国现代化战略研究课题组、中国科学院中国现代化研究中心：《中国现代化报告 2006：社会现代化研究》，北京大学出版社，2006。

中国现代化战略研究课题组、中国科学院中国现代化研究中心：《中国现代化报告 2003：现代化理论、进程与展望》，北京大学出版社，2003。

周宏：《福利国家向何处去》，社会科学文献出版社，2006。

周晓虹：《中产阶级：何以可能与何以可为?》，《江苏社会科学》2002 年第 6 期。

Acton, H. B., *The Morals of Markets: An Ethical Exploration*, London: Longmans, 1971.

Barrera-Roldán, A. and A. Sald'var-Valdés, "Proposal and Application of a Sustainable Development Index," *Ecological Indicators*, 2002 (2): 251–256.

Esty, D. C., M. A. Levy, T. Srebotnjak, A. de Sherbinin, C. H. Kim, and B. Anderson, "Pilot 2006 Environmental Performance Index," Yale Center for Environmental Law and Policy (YCELP), New Haven, US., 2006.

Oi, Jean C., "Fiscal Reform and the Economic Foundations of Local State Corporatism in China," *World Politics*, 1992, 45 (2).

Levy, M. J., 1966, *Modernization and the Structure of Societies*, Vols. Ⅰ and Ⅱ,

Princeton: N. J. : Princeton University Press.

Lin, N. , "Local Market Socialism: Local Corporation in Action in Rural China," *Theory and Society*, 1995, 24 (3): 301 – 354.

Titmuss, R. M. , 1958, *Essays on the Welfare State*, London: George Allen & Unwin.

Yale Center for Environmental Law and Policy ( YCELP ) and Center of International Earth and Science Information Network ( CIESIN ) , "2005 Environmental Sustainability Index," Yale School of Forestry & Environmental Studies & Yale Law School, US. , 2005.

# 后 记

    本书曾作为《社会现代化：太仓实践》的下册出版，后来觉得有必要单独出书。这里有三个重要理由：第一，我们这本书自成体系，与上册的关联度不大，而且写作风格很不一样。第二，以此纪念 2013 年先后去世的两位令我们尊敬的长者——陆学艺老师和朱汝鹏主任。陆学艺老师是我的恩师，为中国的社会学和"三农"研究做出了巨大的贡献，朱汝鹏主任是我的老朋友，他们两位是中国社会科学院社会学研究所太仓社会经济研究中心的发起人和创建者，不幸的是两位老先生分别于 2013 年 5 月和 11 月猝然离世，是我们社会学研究所和太仓市的巨大损失。为了纪念两位先生为社会学研究所与太仓市的合作做出的巨大贡献，我们觉得有必要将这本书献给他们，以示深切的缅怀。第三，由于初版时比较仓促，有些地方仍需要修改和完善，因此，有必要利用重版机会对一些章节作一定的修改和完善。

    陆学艺老师曾指出，社会建设就是实现社会现代化，而社会现代化的本质是社会结构的合理化。那么，怎样才能实现社会现代化呢？中国的社会现代化是否有自己的经验可依凭呢？在过去的 10 多年中，我们一直在思考这些问题。由于我们与太仓市有着 20 多年的合作实践，对太仓在过去 30 多年的经过有比较多的了解，渐渐地发现太仓的故事在一定程度上可以作为中国社会现代化的案例来讲述，对我们认识中国会有很多启发。太仓虽然是一个县级市，但是，它从一个农业县演变为工业县、从乡村社会转变为城乡一体的社会、从没有外来流动人口的社会演变为流动人口与本地人口一样多的社会，在这个过程中，太仓人、太仓经济、太仓政府、太仓社会发生了巨大的变化，这些变化正在中国其他地方发生或即将发生。我们在这本书里，凭借深入的挖掘、分析和思考，以社会学的语言和想象给读者讲述了太仓。虽然以学术语言讲故事并不一定动听，但一定会是有条理、有逻辑和有深度的，相信读者会获得许多启发，也会提出更深刻的问题，供我们进一步去研究和探讨。

本书各章的写作分工如下：王春光负责导论、第三章、第九章，李振刚负责第一章，陈恩负责第二章，单丽卿负责第四章，梁晨负责第五章，周艳负责第六章，房莉杰负责第七章，王晶负责第八章。赵玉峰参加过问卷调查。

王春光

2014 年 10 月

**图书在版编目（CIP）数据**

县域社会现代化：太仓故事/王春光等著 . —北京：社会科学
文献出版社，2015.2

（当代中国社会变迁研究文库）

ISBN 978 - 7 - 5097 - 6956 - 0

Ⅰ.①县…　Ⅱ.①王…　Ⅲ.①社会变迁 - 研究 - 太仓市

Ⅳ.①K295.34

中国版本图书馆 CIP 数据核字（2015）第 000217 号

·当代中国社会变迁研究文库·

**县域社会现代化：太仓故事**

著　　者／王春光 等

出 版 人／谢寿光
项目统筹／谢蕊芬
责任编辑／张子昆　刘　荣

出　　版／社会科学文献出版社·社会政法分社（010）59367156
　　　　　地址：北京市北三环中路甲 29 号院华龙大厦　邮编：100029
　　　　　网址：www. ssap. com. cn
发　　行／市场营销中心（010）59367081　59367090
　　　　　读者服务中心（010）59367028
印　　装／北京季蜂印刷有限公司

规　　格／开　本：787mm×1092mm　1/16
　　　　　印　张：20.25　字　数：341 千字
版　　次／2015 年 2 月第 1 版　2015 年 2 月第 1 次印刷
书　　号／ISBN 978 - 7 - 5097 - 6956 - 0
定　　价／79.00 元